Juli 2022

||||| ||| | ||| |||| ||| ||| |||| |||
D1720694

NZZ **LIBRO**

Karl Lüönd

Selbstbestimmt bis zuletzt

Sterbehilfe in der Schweiz

Vom Tabu zum Modell für Europa

Mit 36 Porträts

NZZ Libro

Bibliografische Information der Deutschen Nationalbibliothek

Die Deutsche Nationalbibliothek verzeichnet diese Publikation
in der Deutschen Nationalbibliografie; detaillierte bibliografische Daten
sind im Internet über http://dnb.d-nb.de abrufbar.

Herausgeber: Jürg Wiler und Bernhard Sutter, Zürich
Lektorat: Regula Walser, Zürich
Gestaltung, Satz: Claudia Wild, Konstanz
Umschlaggestaltung: Res Eichenberger Design, Zürich
Bildbearbeitung: Fotosatz Amann, Memmingen
Druck, Einband: Beltz Grafische Betriebe GmbH, Bad Langensalza

ISBN 978-3-907291-46-7
ISBN E-Book 978-3-907291-70-2

www.nzz-libro.ch
NZZ Libro ist ein Imprint der Schwabe Verlagsgruppe AG.

Dieses Buch wurde unterstützt durch die Stiftung palliacura.

Inhalt

1

Polizeieinsatz im Morgengrauen: «Mitkommen, Herr Professor!»

Der Fall Haemmerli: Beginn einer grossen Debatte

Unterengstringen, Büelstrasse 30, ein Hochhaus, neun Geschosse. Es ist Montag, der 15. Januar 1975, 6 Uhr früh. Das Wetter ist ungewöhnlich mild an diesem Wintertag, es herrscht Föhn. In seiner Attikawohnung schläft Urs Peter Haemmerli (49) noch. Bald wird er sich bereit machen für einen langen Arbeitstag.

Da läutet die Türglocke. Von aussen ruft eine herrische Stimme: «Kantonspolizei! Aufmachen! Sofort!»

Damit beginnt eine der aufwühlendsten Affären im Schweizer Gesundheitswesen der Nachkriegszeit. Es geht im wahrsten Sinn des Worts um Leben und Tod. Haemmerli öffnet die Tür. Bewaffnete Polizisten in kugelsicheren Westen stürmen in die gepflegte Wohnung und halten den Hausherrn fest. Andere suchen nach Waffen und nehmen diese mit, darunter Haemmerlis Prachts- und Sammlerstück, eine Barockflinte mit Elfenbeinintarsien. Sie hängt, längst nicht mehr schussbereit, als Schmuck an der Wand.

«Mitkommen!» Nochmals dieser scharfe Befehlston! Haemmerli zieht sich an. In beschleunigtem Tempo, aber sorgfältig wie jeden Morgen bindet er die Krawatte.

Im Haftbefehl, den der Kommandoführer dem hochgewachsenen Endvierziger unter die Nase hält, steht «vorsätzliche Tötung».

Haemmerli ist Überraschungen und Stresssituationen gewohnt. Er bleibt ruhig, obwohl ihn der Vorwurf «wie ein Blitz» getroffen hat, wie er später berichtet. Wenigstens bleiben ihm die Handschellen erspart, und er darf noch sein Büro anrufen, wo er schon lange erwartet wird. Professor Dr. Urs Peter Haemmerli ist der Chefarzt der Medizinischen Klinik am Stadtspital Triemli, eines der grössten Krankenhäuser der Schweiz.

Der Tross setzt sich stadtwärts in Bewegung. Der Verhaftete steuert seinen silbergrauen Ford Mustang selber. Zwei Polizisten haben sich zu ihm ins Auto gesetzt. Haemmerli hat sich nur für den Vormittag abgemeldet, denn er rechnet mit einer schnellen Aufklärung.

Später berichtet der Arzt im privaten Kreis, er sei völlig überrumpelt worden und habe keine Ahnung gehabt, worum es überhaupt gehen könnte. Er habe an ein Missverständnis geglaubt.

Spezialist für schwierige Fälle

Urs Peter Haemmerli, geschieden, Workaholic, Sammler von Ikonen, Sporttaucher und Flugwildjäger, gilt als internationale Kapazität für schwierige Fälle in seinem Spezialgebiet, der Gastroenterologie. Zugleich ist er bekannt für seine direkte, manchmal schroffe Ausdrucksweise. Die hat er sich in langen Fortbildungsjahren in Amerika angeeignet. Leute wie ihn nennt man dort «outspoken».

Das Stadtspital Triemli gibt es erst seit fünf Jahren, aber seine Medizinische Klinik hat sich bereits einen internationalen Ruf erworben. In der Privatabteilung von Prof. Haemmerli liegt gerade eine Multimillionärin aus Brasilien mit einer noch ungeklärten, aber schweren und schmerzhaften Erkrankung. Nach einer Irrfahrt durch europäische Klinken hat ihr ein deutscher Professor den Rat gegeben: Wenn jemand helfen kann, dann ist es Haemmerli in Zürich. Der gilt als Spezialist für seltene innere Erkrankungen. Die Frau sagt später zu Journalisten, ihr gehe es in Zürich zum ersten Mal seit Monaten wieder besser.

Stundenlang verhört Bezirksanwalt (Untersuchungsrichter) Hans-Ruedi Müller den Chefarzt; dann nimmt er sich Oberärzte, Assistenten und Pflegefachfrauen vor. Alle erhalten von der Spitalleitung ein strenges Redeverbot gegenüber Aussenstehenden, insbesondere den Medien. Bei Zuwiderhandlung wird mit Entlassung gedroht. Auf Müllers Liste stehen über 100 Namen. Von Montagmorgen bis Freitagmittag muss der Professor in Haft bleiben.

Unter den Augen der Polizisten darf Haemmerli kurz sein Büro aufräumen, sich aber nicht von seinen Mitarbeitenden verabschieden. Ein Oberarzt erinnert sich: «Als ich ihm im Korridor begegnete, sagte er mir nur: ‹Kämpfen, kämpfen!›»

Am Mittwochnachmittag, 36 Stunden nach der Verhaftung des Chefarzts, tritt Stadträtin Regula Pestalozzi vor den Gemeinderat der Stadt Zürich, das Gemeindeparlament, das sich jeweils an diesem Wochentag im historischen Rathaus an der Limmat zur Sitzung trifft. Sie ist verantwortlich für das Gesundheitswesen und gibt bekannt, Chefarzt Prof. Haemmerli sei in seinem Amt eingestellt worden. Die Gemeinderäte von links bis rechts sind fassungslos.

Zur selben Stunde lässt die Bezirksanwaltschaft (Untersuchungs-richteramt) Zürich im Büro 7 verlauten, dass auf eine Anzeige der Vorsteherin des Gesundheitsamts Pestalozzi hin eine Strafuntersu-chung wegen des Verdachts auf vorsätzliche Tötung eingeleitet wor-den sei. «Es besteht der Verdacht, dass durch das inkriminierte Vorge-hen der Tod dieser Patienten beschleunigt werden sollte.»

Die Patienten, die gemeint sind, sind seit Monaten gelähmt und bewusstlos; es besteht keinerlei Aussicht auf Heilung. Wochen zuvor hat Prof. Haemmerli in einem Gespräch mit Stadträtin Pestalozzi ein-dringlich reklamiert, es herrsche in seiner Abteilung alarmierender Platzmangel. Zeitweise stünden die Betten mit Schwerkranken auf den Korridoren, weil alle Zimmer belegt seien. Der Chefarzt will gehörig Druck machen, damit die Politikerin die Platzverhältnisse in der Klinik überprüft. Und wie immer nimmt er kein Blatt vor den Mund. Seiner Vorgesetzten sagt er, er sei nun dazu übergegangen, hoffnungslos kranken Patienten im letzten Stadium nur noch «leeres Wasser» zuzuführen. Damit wollte er sagen: kalorienfreie Flüssigkeit.

Hat er sich zu direkt ausgedrückt, sodass die Politikerin Angst bekommen hat?

In der Tat: Frau Pestalozzi erschrickt. Sie bespricht sich mit dem Staatsanwalt und erstattet schliesslich Anzeige, allerdings erst meh-rere Wochen nach dem Gespräch mit dem Chefarzt. Dabei beruft sie sich auf eine Bestimmung im kantonalen Beamtengesetz, wonach eine

Amtsperson, die in ihrer amtlichen Funktion Kenntnis von einer Straftat erhält, zur Anzeige verpflichtet ist.

Schlagzeilen in ganz Europa: der Beginn einer grossen Debatte

«Tausende von Anrufern blockierten gestern die Telefonzentrale des Triemli-Spitals», berichtete die Boulevardzeitung *Blick* am 17. Januar 1975. «Die Mehrzahl wollte ihre Sympathien für Prof. Haemmerli zum Ausdruck bringen.» In Haemmerlis Büro trafen in den folgenden Tagen Hunderte von unterstützenden Briefen ein. Reporter aus halb Europa drängten auf Interviews. Medizinische Fachgesellschaften im In- und Ausland nahmen Stellung, am deutlichsten der Ehrenrat der Ärztegesellschaft des Kantons Zürich. Dessen Präsident, Dr. Felix Fierz, liess sich wie folgt zitieren: «Wenn das wirklich so passiert ist, wie es von Frau Dr. Pestalozzi dargestellt wird, müssen viele Leute im Spital davon gewusst haben, und zwar über längere Zeit. Der Chef allein kann das nicht machen. Was da geschehen ist, ist Ausdruck eines echten, tiefgehenden Problems.»

Dr. Fierz widersprach ausserdem der Auffassung, der Fall Haemmerli sei etwas Aussergewöhnliches. Er sagte, dass wahrscheinlich auch in vielen anderen Kliniken der Schweiz ähnlich verfahren werde. Bei der von Haemmerli angewandten «Null-Kalorien-Ernährung» würden die Lebensfunktionen langsam abgeschwächt; der Patient sei dann «wie eine verlöschende Flamme». Er spüre kaum Beschwerden.

Auch als er wieder ein freier Mann war, hielt sich Haemmerli zunächst, wohl auf Rat seines Anwalts, mit öffentlichen Äusserungen zurück. Er sagte, er wolle die Aussagen seiner Untergebenen vor dem Untersuchungsrichter nicht beeinflussen und erklärte nur: «Ich stehe voll und ganz zu dem, was ich getan habe, und ich habe nichts getan, was ich nicht auch bei meiner Mutter oder meinem Vater getan hätte, wenn es richtig und nötig gewesen wäre.» Später betonte er: «Ich habe nie aktive Sterbehilfe betrieben.»

Stadträtin Pestalozzi geriet unter Druck. Ihre Erklärungen wirkten schwach und formalistisch: «Ich hatte keine politischen Beweggründe ausser dem einzigen, dass in einem öffentlichen Spital nichts vorkommen darf, was verboten ist. In dieser Frage gehen eben die Ethik des

Arztes und die Ethik der Juristen weit auseinander. Ich bin Juristin, war lange Zeit Anwältin und kann diesen Fall nur juristisch sehen.»

Zehn Tage nach seiner Verhaftung, am 25. Januar 1975 gab Prof. Haemmerli seine Zurückhaltung auf und erklärte:

«Ich bin überwältigt. Sehr viele alte Leute haben mir geschrieben, auch Verwandte von Patienten, die ich einmal behandelt habe und natürlich auch Kollegen aus dem In- und Ausland. Eine 74-jährige Frau, die nach eigener Aussage nicht mehr lange zu leben hat, schrieb: ‹Ich wünsche mir vor meinem Tod nur noch, dass ich in den letzten Tagen meines Daseins von Ihnen oder einem gleichgesinnten Arzt behandelt werde.›»

Die geschickte Verknüpfung von Problem und Einzelschicksal, die rührende Erwähnung von Vater und Mutter: Auf einmal präsentierte sich der in der Öffentlichkeit zuvor unbekannte, in der Klinik für seine Direktheit gefürchtete Professor als einfühlender Arzt, als nahbarer Mensch, als guter Sohn.

Diese Vertiefung der Problemgeschichte zur menschlichen Seite hin entstand unter der Regie der politisch versierten PR-Agentur Farner, die von Freunden Haemmerlis mobilisiert worden war. Und sein Anwalt war nicht irgendeiner, sondern der berühmte Walter Baechi, der den Migros-Gründer Gottlieb Duttweiler in Dutzenden von Verfahren vertreten hatte und der sieben Jahre später als Mitgründer und erster Präsident der Vereinigung Exit für humanes Sterben hervortreten sollte. Der damalige Mandatsleiter bei Farner erinnert sich, Haemmerli sei vom Andrang der Medien überfordert gewesen und habe nicht nur Beratung, sondern auch Zuspruch gebraucht.

Legalisierung der aktiven Sterbehilfe gefordert

Möglicherweise war es ebenfalls der klugen Strategie Baechis und der Agentur Farner geschuldet, dass ausgerechnet zur selben Zeit bekannt wurde, die vom politischen Establishment längst vergessene und allgemein als aussichtslos beurteilte kantonale Volksinitiative des kaufmännischen Lehrlings Rolf Wyler für aktive Sterbehilfe sei zustande gekommen. Sie war rund sechs Monate vor der Verhaftung von Prof. Haemmerli zustande gekommen. Über 5300 Stimmberechtigte verlangten, der Kanton Zürich solle beim eidgenössischen Parlament eine Standesinitiative einreichen, damit Artikel 114 des Schweizerischen Strafgesetzbuchs so geändert werde, dass ein Arzt das Leben eines Patienten auf dessen Verlangen hin dann beenden dürfe, wenn dieser an einer unheilbaren, schmerzhaften und mit Sicherheit zum Tod führenden Krankheit leide.

Zwei Wochen nach der Verhaftung von Prof. Haemmerli kürzte der Basler Nationalrat Walter Allgöwer vom linksliberalen Landesring der Unabhängigen das Verfahren ab und reichte eine parlamentarische Einzelinitiative ein. Darin verlangte er die Anerkennung des «Rechts auf passive Sterbehilfe» oder gar das «Recht auf den eigenen Tod» in der Bundesverfassung und die Festlegung der dafür erforderlichen Bedingungen.

Damit war das Thema in der eidgenössischen Politik angekommen. Lehrling Rolf Wyler und die diskreten Agendasetter im Hintergrund hatten schon mehr erreicht, als sie je hatten erwarten können. Später kam es aber nie zu einer grundsätzlichen Debatte im National- oder im Ständerat.

Prof. Haemmerli ging als Sieger und Respektsperson aus der Affäre hervor. Nach einigen Monaten wurde die Strafuntersuchung gegen ihn eingestellt. Regula Pestalozzi dagegen wurde von den Stimmberechtigten regelrecht gemassregelt. 1975 wurde sie aus dem Kantonsrat (Kantonsparlament) und 1978 aus dem Stadtrat von Zürich abgewählt.

16

Prof. Haemmerli: streng und grosszügig

Urs Peter Haemmerli (1927–2012) bildete sich nach seinem medizinischen Studium in Zürich in den USA intensiv weiter und spezialisierte sich auf Krankheiten des Magen-Darm-Trakts (Gastroenterologie). Er trat schon in jungen Jahren mit Forschungsarbeiten hervor. Für seine Arbeit über die Milchintoleranz bei Erwachsenen erhielt er einen Preis, über die Gelbsucht während der Schwangerschaft verfasste er seine Habilitationsschrift.

1965 wurde er Titularprofessor, 1970 Chefarzt für Innere Medizin am neu eröffneten Zürcher Stadtspital Triemli, einer grossen Klinik mit 150 Betten, wovon stets die Hälfte durch chronisch Kranke belegt war. Diese Patienten, alle bewusstlos und in hoffnungslosem Zustand, besetzten die Plätze, die die akut Erkrankten dringend benötigt hätten.

An dieser Wegmarke seiner Laufbahn wurde aus dem klassischen «Halbgott in Weiss» ein bewusster, sozial und menschlich achtsamer Arzt. Als Nachkomme einer Familie von Fabrikanten in Lenzburg (Sportwaffen) war er finanziell unabhängig. Deshalb nahm er immer nur die Hälfte der ihm zustehenden Privatbetten in Anspruch. So konnten mehr allgemein versicherte Patienten aufgenommen werden. Als Chef war er streng und fordernd, zugleich lobten seine ehemaligen Untergebenen, er habe, anders als andere Chefärzte, grosszügig alle Einladungen zu Kongressen, Vorträgen und Publikationen an seine Untergebenen weitergereicht.

Nach Angaben der Universität Zürich hat Prof. Haemmerli im Lauf seines Lebens rund 250 Ärztinnen und Ärzte ausgebildet. Er sammelte Ikonen; 64 wertvolle Stücke schenkte er dem Museum seiner Heimatstadt Lenzburg samt einem Beitrag an den Museumsbau. Intensiv befasste sich Haemmerli auch mit Religionsgeschichte. Er war Sporttaucher und Jäger, allerdings nur auf Flugwild. Sein Lebensabend war überschattet von einer langjährigen, schweren Demenz.

Regula Pestalozzi: Opfer eines engen Pflichtbewusstseins

Die Anwaltskanzlei, die Regula Pestalozzi, geborene Henggeler (1921–2000), zusammen mit ihrem Mann aufbaute, war der Anfang von Pestalozzi Gmür & Patry. Sie fusionierte 2001 mit einer prominenten Genfer Kanzlei und zählt seither zu den bedeutenden Anwaltsfirmen der Schweiz, ihr Spezialgebiet sind Firmenübernahmen. Regula Pestalozzi war eine bürgerliche Feministin: dreifache Mutter, Anwaltspatent mit 38 Jahren, dann als FDP-Mitglied stark engagiert für Frauenfragen und soziale Anliegen.

1974 wurde sie in den Stadtrat gewählt und erhielt mit dem Gesundheits- und Wirtschaftsamt eines der anspruchsvollsten Departemente zugeteilt. Ihr waren zehn Dienstabteilungen unterstellt, von den gerade neu formierten Stadtspitälern über das Abfuhrwesen bis zum Arbeitsamt und zum Schlachthof.

Als der fordernde Chefarzt Haemmerli von Patienten sprach, die nur noch mit Wasser ernährt würden, war die Juristin alarmiert. Sie holte Rat bei Strafrechtlern ein und entschied sich für eine Strafanzeige. Später sagte sie, dies sei ihre gesetzliche Pflicht gewesen und sie habe die Sache nicht anders als juristisch beurteilen können. In der Tat gibt es im kantonalen Beamtengesetz die Bestimmung, dass ein Amtsträger zwingend Anzeige erstatten muss, wenn er von einer Straftat erfährt.

Indem sie das tat, tappte Frau Pestalozzi in eine politisch-emotionale Falle. Nach ersten erschrockenen Kommentaren – es war im Anklang an die Nazizeit von «Euthanasie» die Rede – stellten sich die Medien einhellig auf die Seite von Prof. Haemmerli und der aufrechten Stadträtin wurde die Rolle der sturen Paragrafenreiterin zugewiesen. Die Stadtzürcher Stimmberechtigten wählten sie schon nach der ersten Amtsdauer ab (1978). Nach aussen ertrug Regula Pestalozzi diese Demütigung ohne Gemütserregung. Sie kehrte in die Anwaltskanzlei zurück, in der sie bis zur Schwelle ihres 70. Lebensjahrs aktiv blieb.

2

Das Selbstbewusstsein der «Götter in Weiss»

Nach und nach werden die herrschenden Mentalitäten
infrage gestellt

Noch in den 1960er-Jahren war das Verhältnis zwischen Arzt und
Patient in der Regel vergleichbar mit dem Verhältnis von Chef und
Angestelltem oder von Lehrer und Schüler. Dass der Patient ein Wei-
sungsrecht gegenüber dem Arzt besass, war höchstens den mit dem
Auftragsrecht vertrauten Juristen geläufig. Fast jedermann wusste
über Begebenheiten aus dem Alltag zu berichten, die heute unglaublich scheinen. Drei Momentaufnahmen sollen dies belegen.

«Populärwissenschaftliche Publikationen stiften nur Verwirrung!»
Dass neue Heilmethoden, das Verhältnis zwischen Arzt und Patient
oder Gesundheitspolitik gar Themen der öffentlichen Darstellung und
Debatte sein könnten, war in den 1960er-Jahren noch nicht selbstverständlich. Über ein besonders krasses Beispiel berichtete damals Werner Meier, der langjährige Chefredaktor der *Schweizer Illustrierten*.
Er hatte es gewagt, einen Bericht über einen Berliner Professor zu ver-
öffentlichen, der mit einem neuen Serum Krebs lindern oder – nach
der Darstellung von mehreren Patienten – gar heilen konnte.

«Kaum war unser Blatt erschienen, erhob sich von Seiten der Pro-
fessoren der medizinischen Fakultät der Zürcher Universität ein wil-
der und entrüsteter Proteststurm. Sie übergaben der *Neuen Zürcher
Zeitung* eine Erklärung, in der sie ihren Berliner Kollegen als Schwind-

21

ler, Quacksalber und Scharlatan beschimpften, der aus der Leicht-
gläubigkeit seiner Patienten Kapital schlage. (…) Da uns zugleich
Hunderte von Lesern nach der Adresse des Professors fragten, begab
ich mich in die Universität und bat den Wortführer der medizinischen
Fakultät, die gegenüber dem Berliner Professor erhobenen Vorwürfe
und Anklagen in einem Artikel, den ich publizieren würde, einigermassen verständlich zu begründen. In einem Ton, den ich nicht anders
denn als schulmeisterlich, überheblich und arrogant bezeichnen kann,
wurde mir bedeutet, dass es eine unerhörte Anmassung der *Schweizer
Illustrierten* gewesen sei, ein Thema überhaupt aufzugreifen, das
öffentlich nicht erörtert werden dürfe. Populärwissenschaftliche
Abhandlungen über medizinische Gebiete würden in der laienhaften
Vorstellungswelt des breiten Volkes nur Verwirrung stiften. (…) Das
Gespräch schloss mit dem Satz: ‹Ob dieser Berliner Professor ein
Schwindler ist oder ein Genie, bestimmen wir!›»

Um 5.30 Uhr im Korridor stehend abgefertigt

Noch am Ende der 1960er-Jahre wies in einem grossen Kantonsspital
der deutschen Schweiz die Chefarztsekretärin einen jungen Ehemann
ab, der nach einem ernsten Eingriff bei seiner Frau um einen Termin
beim operierenden Chefarzt bat, um sich nach dem weiteren Verlauf
zu erkundigen, wovon die Zukunft des jungen Paars und dessen Fami-
lienplanung abhing. Der schnippische Bescheid lautete wörtlich: «Das
gibt es bei uns nicht. Der Oberarzt wird Ihnen das Nötige dann schon
mitteilen.» Als der junge Mann hartnäckig blieb und auf dem Treffen
mit dem Chef bestand, wurde er für den nächsten Tag um 5.30 Uhr in
der Früh in die Klinik bestellt und vom Professor auf dem Korridor im
Stehen abgefertigt.

«Die Pflegerin ersetzt die Mutter …»

Das Kinderspital St. Gallen erregte nicht nur in der Fachwelt Aufsehen, als es 1966 als erstes im ganzen deutschsprachigen Raum die
tägliche freie Besuchszeit einführte. Pflegekräfte des Zürcher Kinderspitals interessierten sich für diese Neuerung, fuhren nach St. Gallen

und liessen die dortigen Verantwortlichen zu Hörsaalveranstaltungen nach Zürich kommen. Dort waren aber zunächst heftige Widerstände zu überwinden. Manche Pflegende, nicht nur Diakonissen, wehrten sich entschieden gegen die vermehrte Präsenz der Mütter im Spital. In dieser Welt galt noch der Geist des ehemaligen Chefarzts Guido Fanconi: «Die Pflegerin ersetzt im Spital die Mutter – und keine Mutter fragt nach dem Achtstundentag.» Das Weltbild der herrschenden «Götter in Weiss» war patriarchalisch. Vom Pflegepersonal wurde bedingungslose Hingabe verlangt. Forderungen, die auch nur entfernt gewerkschaftlich aussahen, wurden scharf missbilligt. Wer nach Arbeitszeiten fragte, galt als «schlechte Mutter».

Das alles ereignete sich vor dem Hintergrund eines tiefgreifenden gesellschaftlichen Wandels, mit dem auch die Umwälzung individueller Mentalitäten und Haltungen einherging. Eine Pflegefachfrau am Kinderspital Zürich, die ihre Ausbildung in den frühen 1960er-Jahren begann, erinnert sich:

«Wir haben uns damals schlicht nicht um die Eltern gekümmert. Die Eltern lieferten das Kind im Spital ab und hatten Vertrauen, dass es in gute Hände kam. Spital und Ärzte waren unumstrittene Instanzen. Inzwischen haben sich nicht nur die Autoritätsbegriffe gewandelt, es sind auch viele verschiedene und einander widersprechende Lebens- und Familienformen möglich geworden. Erziehungsziele und Wertvorstellungen laufen – wo noch vorhanden – radikal auseinander.»

Früher als vom medizinischen und politischen Establishment erkannt, hatte sich eine Schere geöffnet: zwischen den gleichgültigen und den aktiv interessierten, informierten Eltern, die selbstbewusst ihre Forderungen durchzusetzen lernten. Es war die Zeit, als am Schweizer Fernsehen die von Hermann (Mäni) Weber geleitete Sendereihe *Praktische Medizin* hohe Einschaltquoten erreichte (1965–1978); sie wurde mit dem «Grand Prix de Cannes» für die beste Live-Dokumentarsendung ausgezeichnet (1967). Auch Lehrer, Schulbehörden und andere Autoritäten lernten im Vorfeld des umwälzenden Jahrs 1968 einen neuen, selbstbewussten Typ Eltern kennen. Die Kunden fassten Mut, Fragen und Forderungen zu stellen und Einwände zu erheben. Sie wurden durch die Medien, insbesondere durch das Fernsehen, das auf medizinische Themen erpicht war, über manches informiert, was früher von der herkömmlichen Medizin zum Tabu erklärt worden war.

Mit der Verbreitung des Internets und der sozialen Medien hat sich die damals angebahnte Wende in der Arzt-Patienten-Beziehung noch verfestigt. Seit der Mitte der 1990er-Jahre brachten die betroffenen Laien auch immer öfter ganze Dossiers voll ausgedruckter Teilinformationen aus dem Internet ins Arztgespräch mit und pochten vermehrt auf ihre Rechte. Sie traten kritischer und skeptischer auf, sie wollten informiert sein und mitreden. Die Mächtigen der Schulmedizin lernten Begriffe wie «Patientenorganisation» und «Patientenrechte» buchstabieren.

Nicht nur in den Spitälern und Universitäten, auch im Militär, in Verwaltungen und Firmen begann die Sachautorität die Rangautorität abzulösen. Zusehends verschwanden Uniformen, Titel und Statussymbole aus dem Alltag. Ganz allgemein nahm der gesellschaftliche Rechtfertigungsdruck auf die früheren «Respektspersonen» – Lehrer, Pfarrer, Ärzte, Offiziere – zu. Das Vorgesetztenverhältnis von einst wandelte sich langsam, aber sicher zu einer normalen Kunden-Dienstleister-Beziehung.

Es mag eine banale Beobachtung sein, dass heute immer weniger Ärzte Krawatten tragen. In den 1960er-Jahren gab es in Zürich noch Medizinprofessoren, die ihre Assistenten zum Umziehen nach Hause schickten, wenn sie ohne den Binder zum Dienst erschienen.

Die letzten Tage der Schwerkranken:
Ein Chefarzt schildert Standardsituationen

Die «Laienpresse» wurde von den konservativen Medizinern eigentlich nur gebraucht, wenn es störende Interventionen zu bekämpfen galt, wie sie in einer direkten Demokratie vorkommen können. In einem sehr langen, gegen die kantonale Volksinitiative für aktive Sterbehilfe gerichteten Artikel in der NZZ vom 17./18. September 1977 führte der Chefarzt Walter Hess die Denkart vor, die als repräsentativ für die damalige Generation der leitenden Ärzte betrachtet werden darf. Hess unterschied sich freilich von der Mehrzahl der «Götter in Weiss» dadurch, dass er auch aktiv politisierte; er war freisinniger Kantonsrat im Kanton Zürich. Und er war bereit, auf verständliche Art und durchaus plausibel fünf modellhafte Situationen aus dem Klinikalltag zu schildern – und die Art und Weise, wie Ärzte damit umgingen:

- **Der schwer Leidende mit ungünstiger Prognose,** aber erhaltenem Bewusstsein und Urteilsfähigkeit, dessen Tod kurzfristig vorauszusehen ist. Der Einsatz aller modernen Mittel der Lebenserhaltung wie Beatmung, Sauerstoff, Bluttransfusion, Hämodialyse usw. würde nur eine Verlängerung des Leidens bedeuten. Hier darf der Arzt sich auf Pflege und Linderung der Schmerzen beschränken; die Richtlinien verlangen darüber hinaus auch menschlichen Beistand. Es ist dies die klassische «passive Sterbehilfe», die immer geübt und auch kaum je bestritten wurde, selbst dann nicht, wenn man zum Beispiel als Nebenwirkung der schmerzmindernden Opiate eine Verkürzung des Lebens in Kauf zu nehmen hatte.

- **Der dauernd Bewusstlose,** der kein bewusstes, umweltbezogenes Leben mit eigener Persönlichkeitsgestaltung mehr führen kann und eine ungünstige Prognose hat, sei es infolge Krankheit oder Verletzung, also zum Beispiel bei schwerster seniler Demenz oder irreparabler Hirnverletzung. Auch hier darf der Arzt auf die an sich mögliche Lebenserhaltung verzichten und sich auf die Grundpflege beschränken, wozu auch die Ernährung gehört. Diese Situation hat anlässlich des «Falls Haemmerli» zu ausgiebigen Diskussionen Anlass gegeben. Prof. Haemmerli ging davon aus, dass hier der «Persönlichkeitstod» bereits eingetreten sei und verzichtete auch auf kalorische Ernährung. Die Richtlinien der Schweizerischen Akademie der Medizinischen Wissenschaften kennen diese Definition und diese Form der Sterbehilfe nicht – wohl mit Recht, denn gerade die Tatsache, dass in zwei Fällen die Bewusstlosen wieder erwachten und nach Nahrung verlangten, zeigt, wie unsicher die Diagnose «Persönlichkeitstod» doch ist.

- **Der Hirntote,** bei dem die Vitalfunktionen wie Atmung, Reflexe usw. erloschen sind und das EEG keine Hirnaktivität mehr nachweist. Hier ist die Situation völlig anders. Wenn auch das Herz noch schlägt, ist doch der Tod eingetreten und eine Fortsetzung zum Beispiel der Beatmung nicht gerechtfertigt.

- **Der Bewusstlose,** der früher – durch schriftliche Verfügung oder mündlich übermittelte Willenskundgebung – verlangt hat, dass auf lebenserhaltende Massnahmen zu verzichten sei. Eine solche Willensäusserung des Bewusstlosen kann zwar den Arzt nicht binden, denn es steht ja nicht fest, dass der frühere Wunsch jetzt wieder geäussert würde, sie muss aber doch als mutmasslicher Wille des Patienten weitgehend respektiert werden, auch wenn sie sich mit den medizinischen Indikationen nicht deckt. Letztlich aber muss das Gewissen des Arzts entscheiden. Der Wunsch der Angehörigen ist nur bei Unmündigen oder Entmündigten massgebend.
- **Der schwer Leidende und Urteilsfähige,** der seine aktive Tötung verlangt, durch eine tödliche Injektion zum Beispiel von Insulin, Kalium oder durcheine atemlähmende Dosis eines Barbiturats. Dies ist die eigentliche «aktive Sterbehilfe», der Gnadentod. Sie ist von Gesetz wegen unter Strafe gestellt und wird von den Richtlinien als ethisch unakzeptabel verworfen.

Walter Hess bezeichnete eine allfällige Standesinitiative zur Beseitigung oder Milderung der Artikel 114 und 115 des Strafgesetzbuchs (Verleitung und Beihilfe zum Selbstmord), wie sie aus dem Zürcher Volk durch die Initiative angeregt wurde, als «sicher aussichtslos». Er verwies auf das Schicksal von drei jüngeren Vorstössen im Nationalrat.

Unter dem frischen Eindruck der gerade in Zürich aufgebrochenen Affäre Haemmerli hatten Werner Reich (Republikaner) eine Kleine Anfrage, der freisinnige Walliser Aloys Copt ein Postulat und Walter Allgöwer (Landesring) eine Einzelinitiative eingereicht. Die Interventionen waren offenkundig koordiniert, denn sie waren alle am 27. Januar 1975 veröffentlicht worden und forderten übereinstimmend eine Legalisierung der aktiven Sterbehilfe. Das Anliegen stiess bei Bundesrat und Verwaltung auf eiserne Ablehnung. Die zuständige nationalrätliche Kommission kam zum Schluss, «das geltende Recht lasse genügend Raum für ein natürliches Sterbenlassen». Eine weitergehende Regelung aber sei «derzeit nicht erwünscht». Zum gleichen Ergebnis war schon 1973 die Expertenkommission für die Revision des Strafgesetzbuchs gekommen. Die drei Parlamentarier zogen sich enttäuscht zurück und bearbeiteten das Thema nicht weiter.

Der Arzt als letzte Instanz

Die Ärzte sollten und wollten auch im Sterbeprozess die Chefs und die letzte Instanz bleiben. Diesen unverhandelbaren Anspruch öffentlich zu äussern, war auch für verständnisvolle und politisch erfahrene Ärzte wie Walter Hess ganz selbstverständlich. In seinem NZZ-Artikel malte er dann aus, wie sich das von den Initianten etwas unbeholfen skizzierte Verfahren zur Verhinderung von Missbräuchen praktisch wohl abspielen müsste.

«Ein Arzt und der Kantonsarzt müssen gemeinsam das Vorliegen einer tödlichen Krankheit bestätigen, der Kranke muss seinen Sterbewunsch in öffentlicher Urkunde vor einem Notar und zwei Zeugen niederlegen, und 72 Stunden darnach hat ein Psychiater in einer weiteren öffentlichen Urkunde zu bestätigen, dass der Kranke urteilsfähig ist und am Sterbewunsch festhält. Darnach kann zur Tötung geschritten werden. Dieses Prozedere ist kaum praktikabel. Man kann sich schwer vorstellen, wie ein Sterbender vor so vielen Fremden seinen intimsten Bereich freilegen soll. Ein depressiver Kranker könnte zudem leicht missbräuchlich zur Abgabe einer solchen Erklärung motiviert werden. Und wie könnte bei einem unter Opiatwirkung stehenden Schwerkranken die Urteilsfähigkeit beurteilt werden? Oder müsste für 72 Stunden die Schmerzlinderung ausgesetzt werden? Und welcher Arzt würde endlich die tödliche Injektion vornehmen wollen?»

Solche Fälle seien sowieso nur seltene Ausnahmen, schrieb Hess weiter, und die Legalisierung der Tötung auf Verlangen würde einen ersten Einbruch in das absolute Tötungsverbot darstellen, was bald weiteren Einbrüchen den Weg bereiten könnte.

Die Rechte der Kranken sichern:
erste Ansätze zur Patientenverfügung

Walter Hess äusserte in seinem Artikel aber auch Verständnis für die Rechte der Kranken und Sterbenden. Er anerkannte, dass «weite Kreise Besorgnis und Angst haben, im Falle einer schweren Erkrankung hilflos den Ärzten und der medizinischen Technik ausgeliefert zu sein. Die erstaunlichen Möglichkeiten der modernen Medizin flössen oft mehr Angst als Zuversicht ein, der Kranke fürchtet sich vor dem

Spital.» Erst vor zehn Jahren hatte der Herzchirurg Christiaan Barnard in Kapstadt die erste Herzverpflanzung durchgeführt; sie war ein weltweites Fanal für die bewunderten und zugleich heimlich gefürchteten neuen Dimensionen der Heilkunst.

Hess verwies auf die Empfehlung Nr. 7779 und die Resolution Nr. 613 des Europarats vom 20. Januar 1976, die die Rechte der Kranken und Sterbenden kodifizieren und die Regierungen auffordern, sich dieser Problematik anzunehmen. Die kantonsrätliche Kommission forderte die Regierung in einem Postulat denn auch auf, diese Rechte für die Zürcher Spitäler als verbindlich zu erklären und sie in geeigneter Form den Patienten bekannt zu machen. Dies, immerhin, hatte die von Rolf Wyler angestossene Standesinitiative schon einmal bewirkt. Der Arzt und Gesundheitspolitiker Walter Hess erkannte klar:

«Insbesondere geht es um das Recht des Kranken auf Information, auf Bekanntgabe der vorgesehenen Therapien und deren Risiken, auf Orientierung über medizinische Versuche, Recht auf Diskretion, Verschwiegenheit und angemessene Pflege sowie auch um das Recht, diagnostische und therapeutische Massnahmen abzulehnen. Darüber hinaus soll eine Möglichkeit geschaffen werden, dass der Einzelne mit einer jederzeit widerrufbaren, vortestamentarischen Verfügung von beschränkter Rechtswirksamkeit seinen Wunsch auf Verzicht auf bloss lebensverlängernde Massnahmen frühzeitig äussern kann und dass Sterbende die nötige Unterstützung erhalten, um sich auf den Tod vorzubereiten.»

In Bezug auf die Rolle der Ärzteschaft fehlte es aber auch nicht an selbstkritischen, ja demütigen Stimmen. Der Luzerner Internist und Chefarzt Frank Nager (1929–2018), der auch als Publizist hervortrat, verstand die Medizin nicht bloss als Technik, sondern als ganzheitliches heilkundliches System, als Kulturleistung. Nager analysierte schonungslos: «Der Tod ist für die Mediziner des naturwissenschaftlich-technischen Zeitalters ein *factum brutum*, dem sie den unerbittlichen Kampf angesagt haben. Als *factum numinosum* und als das eigene unausweichliche Schicksal wird er (…) gerne ausgeblendet. Die tausend Totentänze vom Mittelalter bis zur Neuzeit hat die Medizin gründlich entmythologisiert. Vielmehr hat sie einen Feldzug gegen sie organisiert. Im 20. Jahrhundert hat sich die moderne Heiltechnik zu einer gigantischen Veranstaltung gegen Sterben und Tod entwickelt. (...) Von Berufs wegen ist der Tod unser Feind, um nicht zu sagen: unser Todfeind. Vor allem in *modernen Spitalzentren*, die so inbrünstig auf Heilung von Krankheit und auf Verlängerung des Lebens eingeschworen sind, ist der Tod ein Scandalon. Krankenhäuser wollen nicht Sterbehäuser sein.»

Viele klare Geister der damaligen Ärztegeneration sahen die Probleme durchaus, doch manche wollten die Kontrolle über die klinikinternen Vorgänge behalten. Der Patient war ihnen unterstellt; er besass zwar Rechte von nicht näher beschriebener «beschränkter Wirksamkeit» und mochte diese sogar kennen. Aber am Ende des Tages hatte er sich dem ärztlichen Urteil zu fügen.

Der frühe Ruf nach Sterbehilfe, ob aktiv oder passiv, war nichts anderes als ein stiller Aufstand der Patienten. Sie forderten die Umkehrung der faktischen Macht- und Befehlsverhältnisse in den Operationssälen, Intensivstationen und Bettenstationen. Mit der vage umschriebenen «vortestamentarischen Verfügung von beschränkter Rechtswirksamkeit» war – was realistische und politisch erfahrene Chefärzte wie Walter Hess wissen mussten – nichts anderes gemeint als die verbindliche Patientenverfügung. Der Patient war der Auftraggeber, der Arzt der weisungsgebundene Auftragnehmer. Die Patientenverfügung war fortan das erste und wichtigste Ziel der Emanzipationsbewegung der Patienten, eindeutig wichtiger als Freitodbegleitung und passive Sterbehilfe.

Gegründet wurde diese Selbsthilfebewegung erst fünf Jahre nach dem Machtwort des Zürcher Volks, im April 1982. Ihr Name war Exit.

3

Das Volk dachte voraus und handelte – Politiker und Medien merkten nichts

Verräterische Wortwahl und ein sensationelles Ergebnis

Eines Tages beschloss der kaufmännische Lehrling Rolf Wyler aus Zürich-Witikon, den Menschen am Lebensende zu helfen. Er selbst hatte kein tragisches Schicksal in der Familie erlebt, er las einfach einen Zeitungsartikel, der ihn aufwühlte und der ihn zum Handeln antrieb. Mit dem Mittel der kantonalen Volksinitiative konnte Rolf Wyler sein Ziel nur indirekt ansteuern. Und zwar so: Der Kanton Zürich soll bei dem für das Strafgesetzbuch einzig zuständigen Bund eine Standesinitiative einreichen, um im Strafgesetzbuch den Grundsatz zu verankern, dass die Tötung eines Menschen auf dessen eigenes Verlangen unter bestimmten Umständen straffrei ist. Den juristisch durchaus verkehrsfähigen Text, der zu einer Änderung von Artikel 114 (Tötung auf Verlangen) führen sollte, habe er allein verfasst, betont Wyler noch heute.

Genau 180 Tage hatte der junge Mann nun Zeit, die erforderlichen 5000 Unterschriften zu sammeln. In einem Kopierladen liess er die Unterschriftenbögen drucken. «Mein eisernes Ziel waren 30 Unterschriften pro Tag, und ich war jeden Tag auf den Beinen. Es war wirklich ein Alleingang. Wenn ich irgendwo auf öffentlichem Grund einen Stand aufstellen wollte, musste ich eine polizeiliche Bewilligung einholen. Wenigstens kostete die nichts.»

Schnell lernte der fleissige Initiant die wichtigste Regel der politischen Werbung auf der Strasse: Du sollst nicht diskutieren! Wenn jemand zögert oder die Unterschrift ablehnt, bedankt man sich freundlich und geht sofort zum Nächsten über, sonst verliert man zu viel Zeit. Rolf Wyler erinnert sich:

«Die Reaktionen der Menschen auf der Strasse waren fast ausnahmslos positiv. Manche begannen sofort, von Freunden und Bekannten zu erzählen, die in auswegloser Situation gerne erlöst worden wären. Aggressionen gab es nur zweimal: Als ich, wie damals, als es die briefliche Stimmabgabe noch nicht gab, wie üblich vor den Abstimmungslokalen Unterschriften sammelte, pöbelte mich ein Medizinstudent an. Und in der Zürcher Bahnhof-Unterführung Shopville zerriss ein Betrunkener einen Unterschriftenbogen. Später stellte sich heraus, dass er einfach wütend war über eine Niederlage des Schweizer Autorennfahrers Clay Regazzoni.»

Auch die erforderliche Beglaubigung der Unterschriften durch die Gemeindekanzleien musste Rolf Wyler im Alleingang erledigen. «Behindert oder schikaniert wurde ich aber nirgends», betont er. Wo immer Rolf Wyler mit seinen Unterschriftenbögen auftrat, spürte er starken Rückenwind von den einfachen Bürgerinnen und Bürgern. So erreichte er schon nach vier Monaten sein Ziel. Knapp 5400 Unterschriften konnte er bei der Staatskanzlei einreichen – ausgerechnet Mitte Januar 1975, als in Zürich die Affäre Haemmerli platzte.

«Es gab aber keinen Zusammenhang», betont Rolf Wyler. «Ich lernte Prof. Haemmerli erst später kennen. Er fand die Initiative sympathisch, hielt sich aber mit der Unterstützung zurück.» Die kantonsrätliche Kommission anerkannte, dass ein Bedarf nach einer Formulierung der Rechte der Patienten bestand (später bekannt als Patientenverfügung). Der Kantonsrat empfahl dem Volk die Initiative mit 136 zu 0 Stimmen zur Ablehnung.

Von fast allen Parteien geschnitten

Der Abstimmungstermin wurde auf den 25. September 1977 angesetzt. Die Diskussion im Vorfeld war flau. Die etablierten Parteien nahmen den Einzelkämpfer Wyler nicht ernst. Zu Parteiversammlungen wurde er nicht eingeladen. Dazu kam, dass der Abstimmungskalender mit anderen, vermeintlich wichtigeren Geschäften reich befrachtet war. Ein gewisses Interesse bekundete die Evangelische Volkspartei (EVP). Sie liess verlauten, der Initiative sei zugutezuhalten, «dass sie die Diskussion um das Sterben angeregt hat. Dabei hat sich gezeigt, dass alle Anstrengungen unternommen werden müssen, um diesen letzten Lebensabschnitt, der oft durch Hospitalisierung und medizinische Massnahmen belastet wird, menschenwürdiger zu gestalten. In diesem Sinn unterstützt die EVP das Postulat der kantonsrätlichen Kommission, welches eine Formulierung und Regelung aller Rechte der Kranken anstrebt.» Die Initiative als solche lehnte die EVP ab, da sie die Forderungen für zu weitgehend und undurchführbar hielt.

Auch die freisinnige Partei erachtete an ihrer Delegiertenversammlung das Thema als einer Diskussion nicht würdig. Das Geschäft wurde – wie auch bei SVP und SP – vom Vorstand mit einer nicht näher begründeten Nein-Parole erledigt. Mit anderen Worten: Die etablierte Politik gab zu verstehen, dass sie das Thema als nachrangig betrachtete.

Als einzige Partei gab die kommunistische Partei der Arbeit die Ja-Parole aus.

Verräterische Wortwahl und ein sensationelles Ergebnis

In der Woche vor dem Urnengang muss allen freisinnigen Parteigremien klar geworden sein, dass das Anliegen des Initianten beim Volk mehr Anklang fand, als sie es für möglich gehalten hatten. Darauf griff das medizinische Establishment in der Person von Prof. Dr. med. Walter Hess (Forch) in die Harfe. Ihm stellte die *Neue Zürcher Zeitung*, die das Thema zuvor wochenlang nur am Rand behandelt hatte, plötzlich mehr als eine halbe Zeitungsseite zur Verfügung.

Damals gab es noch keine briefliche Stimmabgabe, deshalb erliess die Redaktion der NZZ diese prominente Abstimmungsempfehlung erst am Donnerstag vor dem Abstimmungssonntag (NZZ, 22. September 1977). Martin Neuenschwander, der für kantonale Politik zuständige Redaktor, belehrte seine Leser in einem begleitenden Kommentar, die Standesinitiative besitze «einen vergleichsweise geringen politischen Stellenwert». Die Erfolgschancen in diesem Fall seien gleich null.

Verräterisch war die Wortwahl der meinungsführenden bürgerlichen Zeitung: «In den nach menschlichem Ermessen aussichtslosen Fällen könnten es die Rechte des Kranken zwar erfordern, dass unerträgliche Schmerzen und Leiden nicht künstlich verlängert werden.» Diesem Fall trage aber das geltende Recht ausreichend Rechnung, «indem es dem Arzt, in dessen Verantwortung der Entscheid fällt, den dazu notwendigen Spielraum offenhält».

Aufmerksame Ärzte wie Prof. Hess hatten durchaus erkannt, dass mit dem allmählichen Mentalitätswandel bei den Bürgerinnen und Bürgern ein grundlegender Angriff auf ihre Vormachtstellung im Gang war. Die politischen Parteien dagegen hielten, mit Ausnahmen der erwähnten EVP und der kommunistischen Partei, das Anliegen des unbekannten Aussenseiters Wyler für nachrangig und kaum durchführbar.

Gemessen an der vorangegangenen allgemeinen Missachtung des Themas und an der nachlässigen Behandlung durch Politiker und Parteien war das Abstimmungsergebnis eine Sensation: 203 148 Ja gegen 144 822 Nein, 58,3 Prozent Ja-Stimmen! Und da war kein Stadt-Land-Graben zu erkennen, auch keine Differenz zwischen Links und Rechts oder Arm und Reich. Alle Bezirke des Kantons und sämtliche Zürcher Stadtkreise mit Ausnahme des Kreises 7 (Zürichberg/Witikon) stimmten zu.

Wer etwas von Politik verstand, musste schon damals sehen: In dieser Frage war das Volk nicht mehr bereit, den Doktoren und den grossen Parteien zu gehorchen. Der Meinungsumschwung zum lange tabuisierten Thema Sterbehilfe war spätestens seit der Affäre Haemmerli mehrheitsfähig. Das Volk war seinen Vertretern, seinen Parteien, auch seinen Medien weit voraus. Der später durch den raketenhaften Aufstieg von Exit beglaubigte Mentalitätswandel war längst eingetreten.

Die *Neue Zürcher Zeitung* war verschnupft und titelte: «Panne der Demokratie». Es handle sich bei diesem Abstimmungsergebnis um einen «staatspolitischen Unglücksfall». Wie hatte es so weit kommen können? Die NZZ erklärte es so:

«Die Stimmberechtigten haben, so muss man annehmen, in Unkenntnis des Begehrens nach dessen Titel ‹Sterbehilfe auf Wunsch für

Unheilbar-Kranke› entschieden. Es ist nicht zu bezweifeln, dass das Ja zu dieser Initiative seinen Ursprung in einer echten Sorge hat, im Fall einer unheilbaren Krankheit der medizinischen Technik hilflos ausgeliefert zu sein, an furchtbaren Schmerzen leidend zum Weiterleben ‹gezwungen› zu werden. In diesem Sinne erscheint der Volksentscheid nicht zuletzt als Kundgebung des Unmutes gegen die fortschreitende Technisierung der Medizin, als Ausdruck des Gefühls, die Medizin verliere in ihren extremen Erscheinungsformen ihre humanen Züge. Gleichwohl ist es erschreckend, festzustellen, dass die Stimmbürger offenbar allein auf Grund bestimmter Emotionen entschieden haben.»

Im Weiteren seien die Parteien schuld, die das Volksbegehren zu wenig beachtet hätten. Und der Regierungsrat solle gefälligst den beleuchtenden Bericht zu den Abstimmungsvorlagen «attraktiver und zeitgemässer gestalten».

Andere freilich merkten gleich, dass Urs P. Haemmerli und Rolf Wyler einen Zentralnerv der verunsicherten Gesellschaft getroffen hatten. Ein junger Mitarbeiter des Schweizer Radios realisierte eine *Doppelpunkt*-Sendung: eine abendliche Konfrontation zu dem aktuellen Thema. Als in der Folge 400 Hörerbriefe beim Radio eintrafen, sagte der Journalist: «Das war für mich ein Schlüsselerlebnis: der Beweis für die gesellschaftspolitische Brisanz des lang tabuisierten Themas.» Der junge Journalist hiess Andreas Blum. Nach seinem Rücktritt als langjähriger Radiodirektor engagierte er sich von 2001 bis 2007 intensiv für die Sterbehilfeorganisation Exit.

Rolf Wyler: Ein Lehrling testet die Demokratie

Gerade 20 Jahre alt war er geworden und am Ende seiner kaufmännischen Lehre angelangt, da war Rolf Wyler aus Zürich-Witikon (geb.
1954) eines Morgens fassungslos. In der Zeitung las er von einer holländischen Ärztin, die ihre hoffnungslos kranke Mutter getötet hatte.
Das milde Gerichtsurteil – 14 Tage Gefängnis bedingt – sagte deutlich
genug, dass die Richter die Tat verstanden hatten, aber dennoch eine
Strafe aussprechen mussten. Gesetz ist Gesetz!

Das Thema traf den jungen Mann unvorbereitet. Aus der Distanz
von mehr als 40 Jahren sagt er heute: «Dasselbe hätte auch bei uns
passieren können. Ich wollte unbedingt etwas unternehmen, um die

erleichterte Sterbehilfe auch in der Schweiz durchzusetzen. Nein, ich war weder persönlich noch in meiner Familie mit dem Problem konfrontiert worden. Aber ich hatte in der Berufsschule gelernt, dass auch ein einfacher Bürger in der direkten Schweizer Demokratie ein Anliegen lancieren kann.» Also beschloss der junge Mann, die direkte Demokratie zu testen.

Rolf Wyler, der damals von Nachhilfestunden lebte, zahlte 1000 Franken vom eigenen Geld in das Konto des Aktionskomitees ein, das zunächst nur aus ihm selbst bestand. Später kam das Honorar für ein Radiointerview dazu; mit der Zeit tröpfelten noch ein paar Spenden herein.

Zuerst trommelte Wyler weitere Personen für das Komitee zusammen. Seine Mutter kannte den Anwalt Dr. Walter Baechi, weil er ihre beste Freundin bei der Scheidung vertreten hatte. Er sagte sofort zu. Auch der bekannte Publizist François Bondy und prominente Chefredaktoren wie Hans Jürg Deutsch (*Schweizer Illustrierte*) und Beat Hirt (*Tele*) unterstützten Wylers Anliegen, ohne sich aber aktiv ins Zeug zu legen.

Rolf Wyler setzte sich später bei Exit für organisatorische Arbeiten ein. Er bestand die Erwachsenenmatura, studierte und arbeitete danach als selbstständiger Jurist.

4

Der Geist von 1968 bestimmte das Klima von 1982

Anbruch des Zeitalters des Selberdenkens

Der Friede von 1945 ging in keiner Weise nahtlos in den wirtschaftlichen Aufschwung über. Vielmehr fürchteten sich viele Menschen in der Schweiz vor einer Wiederholung der Geschichte. War nicht am Ende des Ersten Weltkriegs die grosse Krise samt Währungszerfall ausgebrochen? Zugleich forderten die Menschen die Genüsse ein, an die in den Kriegsjahren nicht zu denken war; vom ofenfrischen Brot zum Frühstück bis zum eigenen Motorroller, später zum Volkswagen.

Viele Menschen mit Jahrgängen etwa zwischen 1890 und 1920 fühlten sich als Angehörige einer «verlorenen Generation» benachteiligt: aufgewachsen im beengenden Mangel der Krisenjahre, geprellt um die Auslandserfahrung durch die Grenzsperre zwischen 1939 und 1945. Die Jüngeren wurden als Erwachsene und Eheleute zu früh in die Verantwortung für Familie und Staat gestellt, dies alles in einem beengten und von Ungewissheit gekennzeichneten Umfeld und mit der Angst vor einem möglichen neuen, vorläufig erst «kalten» Krieg. Die Sowjetmacht wurde vor allem anlässlich des Ungarn-Aufstands von 1956 als reale Bedrohung empfunden.

Die Lebensverhältnisse einer durchschnittlichen Schweizer Familie in dieser frühen Nachkriegszeit umschrieb der Historiker Georg Kreis wie folgt:

«Eine Mehrheit der Menschen dürfte, bei einer mittleren Lebenserwartung von 63 Jahren bei den Männern und 67 Jahren bei den

Frauen, an dem Ort gestorben sein, wo sie zur Welt gekommen war. Sie dürfte, nachdem sie in grossen Schulklassen von gut und gerne 35 Schülern und Schülerinnen unterrichtet worden war, einen Beruf ergriffen haben, den man ein Leben lang auszuüben gedachte. Man war in einer Familie mit mehreren Kindern beziehungsweise Geschwistern eingebunden, praktizierte den katholischen oder protestantischen Glauben und war Mitglied oder Anhänger einer durch familiäre Tradition vorgegebenen politischen Partei.»

Die Enge der 1950er-Jahre

In der Nachkriegszeit kam an manchen Orten der Milchmann noch mit Ross und Wagen. Gegessen wurde zu Hause. In manchen Familien hatten die Kinder am Tisch zu schweigen. Drei von vier Haushalten bebauten einen eigenen Gemüsegarten. Auslandsferien waren für die meisten zu teuer. Die Mehrheit der Schweizerinnen und Schweizer starb, ohne je die Landesgrenzen überschritten zu haben. Mit den Jahren nahm die Binnenwanderung zu, die städtischen Agglomerationen wuchsen. Doch der Lebensstandard entwickelte sich nur zögernd. 1950 besassen erst 36 Prozent der Haushalte eine Waschmaschine und nur jeder zehnte einen Kühlschrank. Noch waren im Land 6500 Hausierer unterwegs; sie spielten eine wichtige Rolle für die Versorgung der ländlichen Gebiete.

1948 wurde die seit Langem bestehende Verfassungsgrundlage realisiert und die Alters- und Hinterlassenenversicherung (AHV) eingeführt, eine gewaltige soziale Errungenschaft! Nun konnten die bis dahin auf die Solidarität ihrer Familien angewiesenen Seniorinnen und Senioren selbstständiger an der sich stürmisch entwickelnden Konsumgesellschaft teilhaben. Der Anteil der Nahrungsmittel an den Haushaltsausgaben sank rapide, je grösser die Marktanteile der Migros, der Konsumvereine und der ersten Discounter wurden. Mittel wurden dadurch frei für die lange entbehrten schönen Seiten des Lebens: für die ersten Auslandsferien etwa, auf denen manche Reiseleiter noch das Taschengeld ihrer Gäste verwalteten, weil diese mit dem Geldwechsel und den Fremdsprachen nicht zurechtkamen.

Nun durfte man ohne ängstlichen Blick auf die Karte mit den Lebensmittelmarken das Ausgehen geniessen: etwa in moderne Restaurants wie Mövenpick (gegründet 1948), die die bis dahin unerreichbaren Genüsse der Oberklasse demokratisierten: Rauchlachs, Riz Casimir, Flaschenwein im Glas. Jelmoli, Tuch-Ackermann, Charles Veillon, Charles Vögele und andere bauten den Versandhandel auf und wurden zu strahlenden Marken.

Frauenarbeit, Fernsehen, erschwinglicher Komfort

Allenthalben herrschte in den 1950er-Jahren Fachkräftemangel, denn nach dem Ende des Koreakriegs begannen die 20 langen Jahre der fast ungebremsten Hochkonjunktur. Noch besassen die Schweizer Frauen das Stimm- und Wahlrecht nicht, aber ihr Selbstbewusstsein nahm zu, und die Dominanz der Männerwelt wurde zunehmend infrage gestellt. Die Nachfrage nach Arbeitskräften wuchs stürmisch, die Frauenarbeit ausser Haus wurde unentbehrlich.

Das 1953 zaghaft als Versuchsbetrieb gegründete Fernsehen wurde innert weniger als zehn Jahren zum neuen, dominierenden Massenmedium. Es diente als Ausguck in die Welt und veränderte die Wahrnehmung des Weltgeschehens von Grund auf, indem es das Bild als Informationsträger gleichwertig neben das Wort setzte. Die Menschen wurden mobil, zuerst mit Mopeds und Motorrädern, später mit Autos. Das seit 1958 entstehende Autobahnnetz erhöhte die Reichweite des Individuums und eröffnete ihm neue Möglichkeiten für Naherholung, Sport und für eine bis dahin kaum bekannte Dimension des Lebens: Freizeit.

Die «verlorene Generation» mit den Jahrgängen 1890 bis 1920 fand sich in einer grundlegend veränderten Welt wieder, in der neue Werte galten. Die Kriegszeit hatte Durchhalten, Verzicht, Unterordnung und Alltagsdisziplin erfordert. Nun war die Bedrohung durch Hitler weg und es waren Zeit und Geld da für individuelle Lebenspläne, für Auslandskarrieren auf den Spuren der Wissenschaft, der Technik oder der expandierenden Exportindustrie, Zeit und Geld auch für Aus- und Weiterbildung in den boomenden Dienstleistungsbranchen sowie für neue Berufsbilder. Unternehmerische Naturen wagten den Schritt in die Selbstständigkeit. Mit dem Selbstwertgefühl wuchs bei den Menschen, vor allem den jüngeren, der Hang zum Selberdenken. Überlieferte Autoritäten wurden bereits lange vor 1968 immer aufsässiger infrage gestellt.

Und die Schweiz wurde internationaler. Mit der starken Zuwanderung von Arbeitskräften – zuerst aus Italien, dann aus Spanien, Griechenland, der Türkei usw. – hielten auch fremde, aber attraktive Lebensgewohnheiten Einzug. Die Schweizer lernten Pizza und Paella essen, bereits in den 1950er-Jahren wurden die ersten China-Restaurants eröffnet. Ab 1957 gab es billige Charterflüge in alle Welt; 1961 begann der ehemalige Kuoni-Angestellte Hans Imholz sagenhaft günstige Städteflüge anzubieten. Immer mehr Schweizerinnen und Schweizer eigneten sich mit den fremden Sprachen, die sie erlernten, einen weltläufigen Lebensstil an. Dessen augenfälligster Ausdruck war die Amerikanisierung des Alltags: Cornflakes auf dem Frühstückstisch, Cola zur Erfrischung, Kaugummi, Bluejeans am Leib und der Rock 'n' Roll von Bill Haley und Elvis Presley in den Beinen ... 1969 sollte die Amerikabegeisterung aus Anlass der erfolgreichen Mondlandung ihren Höhepunkt erreichen.

Von der Bewunderung zur Kritik

Die Errungenschaften der Grosstechnik wurden in den ersten 15 Jahren der Hochkonjunktur (etwa 1953–1968) zunächst bewundert, später infrage gestellt. Kaum zu glauben, aber 1956 plante die Eidgenössische Technische Hochschule noch ein kleines Atomkraftwerk mitten im Zürcher Hochschulviertel, weil das bestehende Fernheizwerk der ETH am Ende seiner Lebensdauer angekommen war. Schweizerische Weltfirmen wie BBC und Sulzer waren an dieser Planung beteiligt. Der Stadtrat von Zürich, die Kantonsregierung und der Regierungsrat stimmten den Plänen zu und bewilligten sogar Beiträge. Sicherheitsbedenken wurden nicht geäussert. Fallen gelassen wurden die Pläne schliesslich aus wirtschaftlichen Gründen.

Später sollten die Atomkraftwerke Beznau I (1969), Beznau II (1971), Mühleberg (1972) und Leibstadt (1984) bewilligt und in Betrieb genommen werden, Letzteres mit einem 144 Meter hohen Kühlturm, ohne den Hauch einer Opposition bewilligt und in Betrieb genommen. Auch in Kaiseraugst, nahe am Rhein, wurden die ersten Atomkraftwerkpläne von den Einheimischen zunächst freundlich begrüsst. Von diesen Werken versprachen sich vor allem die Standortgemeinden hohe Steuereinnahmen. 1966 stimmte die Gemeindeversammlung von Kaiseraugst erstmals den Plänen zu. Die Stimmung kippte erst, als die Bundesbehörden, gestützt auf ein Gutachten, die Flusswasserkühlung verboten und zwei 115 Meter hohe Kühltürme verlangten. In Genf entstand ab 1955 in vielen Teilschritten und mit gewaltigem Aufwand eine physikalische Grossversuchsanlage namens CERN, von der ausser den Beteiligten niemand wirklich verstand, wozu sie eigentlich gut sein sollte.

Das Zeitalter des Selberdenkens

Um 1968, das Jahr der weltweiten Studentenproteste und des steigenden Widerstands gegen den Vietnamkrieg, begann die öffentliche Meinung zu kippen. Umweltbewusstsein, Konsumkritik und soziale Bewegungen säten vor allem bei der jungen Generation Zweifel an der Wachstumseuphorie der Nachkriegsjahre, die das Bauen und Expandieren sozusagen zur patriotischen Pflicht gemacht hatte. Aus dem Widerstand gegen die lokale Linienführung der Autobahn entstand in Neuenburg der erste Vorläufer der Grünen Partei. Ihr Glück war, dass praktisch gleichzeitig mit den Gemeindewahlen, einige Wochen nach dem Jom-Kippur-Krieg, die erste Ölkrise ausbrach. Sie leitete eine vorübergehende scharfe Rezession ein und führte die Abhängigkeit der westlichen Industriestaaten von den ölproduzierenden Ländern vor Augen – und damit die grundsätzliche Fragwürdigkeit der fossilen Brennstoffe.

Die Schweiz, stolz auf ihre direkte Demokratie, erlebte einen neuen Stil der politischen Auseinandersetzung, mit ausserparlamentarischen Aktionen, Besetzungen und Protestzügen nach dem Muster der Ostermärsche der Friedensaktivisten in den späten 1950er-Jahren. 1971 wurde Greenpeace gegründet, und unter dem Einfluss des 1968 gegründeten Club of Rome wurde der Umweltschutz mehrheitsfähig. Am 6. Juni 1971 sagten 92,7 Prozent der Stimmenden und sämtliche Stände Ja zum Umweltschutzartikel in der Bundesverfassung.

5

Gründung von Exit dank weiblichem Gespür

Der Schritt vom Lesen zum Handeln:
Rentnerin und Anwalt gründen Exit

Ohne Hedwig Zürcher (1905–1989) wäre Exit nicht oder erst viel
später gegründet worden. Wie Rolf Wyler fast fünf Jahre zuvor war
auch sie durch einen Zeitungsbericht auf das bisher verdrängte Thema
Freitodhilfe und Sterbebegleitung aufmerksam geworden. Hedwig
Zürcher genoss ihren Ruhestand zusammen mit ihrer ebenfalls allein-
stehenden Schwester Gertrud Chodan in ihrer Heimatgemeinde
Oberägeri, in einem schönen Haus hoch über dem See mit prächtiger
Aussicht auf See und Berge.

Am 16. November 1979 erschien im *Tages-Anzeiger* ein Bericht
über eine Gesellschaft für freiwillige Euthanasie in London. Diese
kündigte für den Beginn des folgenden Jahrs ein Handbuch für die
Selbsttötung an. Es war eine kleine Schrift mit praktischen Anleitun-
gen über sichere Methoden. Später schrieb Hedwig Zürcher:

«Ich las mit Interesse – und immer wieder. Waren da nicht Menschen, die meine eigene Auffassung teilten, dass letzte Fragen vorbereitet und besprochen sowie überlebte Tabus gebrochen werden sollten?
Wurde da nicht Hilfe angeboten den vielen, die eventuell ein schweres
Sterben erleiden müssen, weil grausame Gesetze, Vorurteile und Bigot-
terie herrschen? Ich war begeistert und fragte mich: Sollte nicht auch
in der Schweiz eine solche Gesellschaft gegründet werden?»

Ein Rückzug aufs Altenteil ohne Aktivität war für Hedwig Zürcher ebenso undenkbar wie ein Lesen ohne Weiterdenken und konsequentes Handeln. «Sie hat ihre Kinder, die Schüler, vermisst und damit das Echo, die Wirkung ihrer Worte», sagt ein Bekannter. Hier war es, das neue Betätigungsfeld, für das einzustehen sich lohnte! Die alte Dame tat dies mit Freundlichkeit und Charme; sie war eine gewinnende, vitale Persönlichkeit.

Hedwig Zürcher nahm Kontakt mit der Gesellschaft auf, die den vornehmen Namen Exit Society for the Right to Die in Dignity trug. Der schottische Arzt und Exit-Pionier George B. Mair beschrieb in der nur 31 Seiten umfassenden Schrift eine Reihe sicherer Methoden zur Selbsttötung, warnte aber auch vor anderen.

Die pensionierte Lehrerin schrieb Parlamentarier an und suchte brieflich den Kontakt mit Persönlichkeiten, die sich schon öffentlich für das Anliegen stark gemacht hatten: mit dem deutschen Professor Julius Hackethal, mit Hans Henning Atrott, Vorsitzender der deutschen Gesellschaft für Humanes Sterben (DGHS), dem südafrikanischen Herzchirurgen Christiaan Barnard, aber auch mit der Schauspielerin Lilli Palmer, die sich schon früher öffentlich für das selbstbestimmte Lebensende ausgesprochen hatte. Hedwig Zürcher sammelte Expertenmeinungen und Berichte über unheilbar kranke Menschen und Unfallopfer, die nur noch künstlich am Leben erhalten wurden. Was immer sie an Korrespondenz und Dokumenten sammelte, schickte sie den Politikern, nicht ohne den wiederholten Hinweis darauf, dass ihr Anliegen im Volk längst mehrheitsfähig sei, wie das Abstimmungsresultat von 1977 aus dem Kanton Zürich bewiesen habe.

Die Schrift von Dr. Mair wurde zum Vorbild der ersten Freitodanleitung der Deutschschweizer Exit-Vereinigung, die noch im Gründungsjahr von Exit 1982 erschien.

Was in der rückblickenden Beschreibung wie ein Start-Ziel-Sieg aussieht, war in Wirklichkeit ein Hindernislauf. Hedwig Zürcher lobbyierte unermüdlich und geschickt. Unter anderem schaltete sie sich in die Revision des Strafgesetzbuchs ein mit dem Ziel, die Artikel 114 (Tötung auf Verlangen) und 115 (Verleitung und Beihilfe zum Selbstmord) zu mildern, um Raum für die aktive Suizidhilfe zu schaffen. Sie unterhielt Kontakte mit dem Präsidenten der vorbereitenden national-rätlichen Kommission. Immer wieder betonte sie in Interviews, dass ein grosser Teil der Ärzte das Selbstbestimmungsrecht der Patienten mehr und mehr respektiere und dass der Einfluss der Kirchen über-schätzt werde. Aber im entscheidenden Augenblick stiess sie immer wieder an gläserne Wände.

Das letzte Mandat des Staranwalts

Hedwig Zürchers Glück war, dass sie im Lauf ihrer angestrengten Lobbytätigkeit auch den prominenten Zürcher Rechtsanwalt Walter Baechi kennenlernte, der weder heikle Themen noch das Licht der Öffentlichkeit scheute und sich sein Leben lang für seine Klienten immer weit aus dem Fenster gelehnt hatte. Dies brachte ihm den Ruf ein, ein «Staranwalt» zu sein. Baechi war einer der wenigen, die Inte-resse an dem heiklen Thema der Freitodbegleitung zeigten, und er war wie immer bereit, sich ohne Rücksicht auf Anfeindungen zu exponie-ren. Als Frau Zürcher bei ihm anklopfte, hatte sich Baechi vom Anwaltsberuf bereits zurückgezogen. Sein Engagement für die Selbst-bestimmung im letzten Lebensabschnitt war sozusagen sein letztes grosses Mandat. Er war in der Folge sieben Jahre lang der erste Präsi-dent von Exit, und man bewundert in der Rückschau seine Ausdauer ebenso wie die politische Klugheit, mit der er die aus lauter starken Persönlichkeiten zusammengesetzte Gründungsmannschaft führte.

Walter Baechi und Hedwig Zürcher liessen im März 1982 in meh-reren Deutschschweizer Zeitungen Chiffre-Inserate erscheinen, in denen der Plan zur Gründung einer Vereinigung für selbstbestimmtes Sterben skizziert wurde. Es meldeten sich über 200 Personen, darun-ter auch der Sterbehilfepionier und promovierte Psychologe Rolf Sigg, der damals noch reformierter Pfarrer in Grenchen war und sich sogleich als Chefideologe der entstehenden Bewegung profilierte.

Am Samstag, dem 3. April 1982 fanden sich zahlreiche Interes-sentinnen und Interessenten zur Gründungsversammlung im Zürcher Restaurant Du Pont beim Bahnhofplatz zusammen, «vorwiegend ‹mittelalterliche› Personen», wie der *Tages-Anzeiger* beobachtete. 69 von ihnen trugen sich als Gründungsmitglieder in die Liste ein. Sie genehmigten einstimmig den Namen Exit (Deutsche Schweiz), Vereinigung für humanes Sterben sowie die von Baechi vorbereiteten Statuten. Walter Baechi, Hedwig Zürcher und Rolf Sigg wurden in den elfköpfigen Vorstand gewählt.

Einige Wochen zuvor war schon in Genf – ebenfalls dank weiblicher Intuition, hier vor allem auf die Initiative einiger Ärztinnen und Arztgattinnen hin – eine gleichgerichtete Organisation für die Westschweiz gegründet worden. Sie nannte sich Exit A. D.M. D. (Association pour le Droit de Mourir dans la Dignité). In der Folge arbeiteten die beiden Schweizer Exit-Organisationen freundschaftlich zusammen, blieben aber rechtlich unabhängig.

Prominente Runde am Fernsehen, Klartext von Hedwig Zürcher

Sieben Jahre nach der Gründung zählte Exit in der deutschen Schweiz bereits 37 000 Mitglieder. In einer stark beachteten *Club*-Sendung des Schweizer Fernsehens vom 21. März 1989 wurden die Argumente für eine Sterbehilfe zum ersten Mal publikumswirksam diskutiert. Hedwig Zürcher fiel durch überlegte Voten auf. Die Runde war prominent besetzt, unter anderem mit Rolf Sigg, der damals nach eigenem Bekunden schon 31 Sterbebegleitungen durchgeführt hatte, mit dem äusserlich freundlichen, in der Sache aber streng ablehnenden Sekretär der Bischofskonferenz, Roland-Bernhard Trauffer, mit dem Krebsarzt Dr. Urs Strebel, mit Betroffenen und Angehörigen. Alle redeten eifrig durcheinander. Gesprächsleiter Ueli Schmezer liess die Diskussion bewusst frei laufen und ermöglichte damit eine gute Auslegeordnung der Motive und Emotionen rund um das schwierige und damals noch unvertraute Thema.

Hedwig Zürcher war in ihrem eleganten Kostüm von allen in der Runde nicht nur am besten angezogen. Sie wirkte auch überlegter und glaubwürdiger als die meisten anderen und war die mit Abstand am wenigsten erregbare Teilnehmerin in der lebhaften Diskussion. Erst schwieg sie mehr als eine halbe Stunde lang, dann vermittelte sie in einfachen Worten ihre Botschaft: dass in aussichtslosen Situationen der Wunsch des Kranken auf Abbruch des Lebens allem anderen vorzuziehen habe. Hedwig Zürcher liess keinen Zweifel darüber offen, dass sie auch die aktive Sterbehilfe befürwortete; dies im Gegensatz zu den männlichen Exit-Pionieren der ersten Stunde, Walter Baechi und Rolf Sigg, die politisch dachten und schon früh von diesem Postulat abrückten, weil sie unnötigem Widerstand ausweichen wollten. Im Rückblick muss man diese kluge Zurückhaltung als einen der Hauptgründe dafür sehen, dass sich die legale Sterbehilfe in der Schweiz im Gegensatz zum Ausland auch wirklich durchsetzte.

Live am Bildschirm: die Auslegeordnung der Argumente

Zum ersten Mal wurden an diesem Abend dem Schweizer Fernsehpublikum die wichtigsten Argumente für und gegen die Sterbehilfe, die dogmatischen wie die emotionalen, im Massstab eins zu eins und mehrheitlich von Menschen mit persönlicher Erfahrung vorgeführt.

Pfarrer Rolf Sigg erwähnte das Beispiel von Sigmund Freud, der nach 33 Operationen bezeugte: «Von Bedeutung ist, dass jemand einem in dieser Situation die Sicherheit gibt, helfend da zu sein, wenn es nicht anders geht.» Freud war von seinem Londoner Arzt Max Schur mit der für einen Suizid erforderlichen Menge Morphium versehen worden.

Der Krebsarzt Dr. Urs Strebel stellte zunächst die Schmerzbekämpfung in den Vordergrund, pochte aber auf die ärztliche Autorität und drehte das Argument der anderen Seite um: «Solange Sie die persönliche Freiheit als Patient für sich beanspruchen, weise ich auf die persönliche Freiheit der Ärzte und des Pflegepersonals hin.» Diese seien mit solchen Patienten stark belastet. Aktive Sterbehilfe sei mit dem Arztberuf nicht vereinbar, betonte Dr. Strebel. «Das würden wir psychisch nicht aushalten. Wir können mit Morphiumpräparaten die Schmerzen zu 99,9 Prozent unterdrücken.»

Als Angehöriger berichtete Max Braun, es bestehe im täglichen Medizinbetrieb «eine Tendenz zur Bevormundung, selbst bei Patienten, die nach 35 Jahren im Rollstuhl nur noch bewusstlos vor sich hinleben».

Wie alle guten Journalisten formulierte Gesprächsleiter Ueli Schmezer, mit seinen 28 Jahren damals mit Abstand der Jüngste in der Runde, die entscheidende Frage ganz einfach: Wem gehört das Leben?

Braun: «Wir werden ungefragt geboren. Aber fürs Militär, für die Steuern usw. sollen wir da sein.»

Sigg: «Es gibt keine Pflicht zu leben. Ich finde es unmenschlich, wenn ein anderer kommt und sagt: Du musst leben!»

Dr. Strebel: «Exit hat eine moderne, konsumorientierte Vorstellung vom Tod. Sie wollen den problemlosen Tod. Die Werbung von Exit schürt die Aggressivität von den Ärzten und die Aggressivität gegen sie.»

Schmezer stellte das Erscheinungsbild von Exit in der Öffentlichkeit zur Debatte. Zuerst waren es Testimonial-Inserate von Prominenten, die Aufsehen erregten, später wurden sie durch Direct Marketing abgelöst.

Dr. Strebel kritisierte diese Werbung mit harten Worten. Zugleich anerkannte er die damals neue Patientenverordnung als ein Zeichen dafür, dass sich der Patient mit dem schlimmsten Fall beschäftigt hat. Er setzte Fragezeichen zur Sterbebegleitung und zu Sterbehospizen. «Manchmal kommt mir Exit vor wie die Pannenhilfe vom Touring Club. Ich habe stundenlang mit einer terminalen Patientin gesprochen. Die Exit-Leute haben alle Vorabklärungen in zwei Stunden erledigt.»

Dann kam die Stunde von Hedwig Zürcher. Sie berichtete ganz einfach über Erfahrungen und stellte naheliegende Fragen. «Ich habe Verbindung und Kontakt mit ausländischen Sterbehilfegesellschaften. Ich sehe aus den Berichten, wie schwer das Sterben für viele ist und wie es in London erleichtert wird. Ich sah die Verhältnisse in England, ich sah sie in Schottland ... Sie können doch nicht leugnen, dass der Arzt in manchen Fällen nichts mehr tun kann.»

Der Arzt Dr. Strebel: «Doch, ich kann zuhören, ich kann Schmerzen lindern.»

Helena Z., eine betroffene Patientin, zitierte den Starchirurgen Christiaan Barnard: «Ich sah einen Patienten mit Knochenkrebs, der vor Schmerzen schrie. Ich hätte ihm helfen können, aber ich durfte nicht.»

Nochmals stellte Ueli Schmezer eine einfache, aber wichtige Frage: Warum haben wir so grosse Mühe mit dem Thema Sterben?

Dr. Strebel: «Man sieht die Toten kaum mehr. Sterben und Tod sind aus dem Alltag entfernt.»

Sigg: «Weil die Mehrheit der Menschen im Diesseits lebt. Exit-Mitglieder sind eine Minderheit, die zu respektieren ist.»

Ivo Graf, der Vertreter der Caritas, die gerade eine eigene Patientenverfügung herausgegeben hatte: «Für mich ist Freitodhilfe ein Verdrängen des Sterbens.»

Trauffer: «Sterben und Tod gehören zur Realität des Lebens.»

Das abschliessende Wort hatte wieder Hedwig Zürcher, die Frau mit der beneidenswerten Gabe, Wichtiges einfach auszudrücken.

«Sterben ist die letzte Lebensphase,» sagte sie. «Am Anfang gibt es Geburtshilfe. Warum soll es dann nicht auch Sterbehilfe geben?»

Hedwig Zürcher: offene Augen, offenes Herz

Hedwig Zürcher (1905–1989) war eine ungewöhnliche Frau, klein von Gestalt, aber selbstbewusst und furchtlos. Als sie zum ersten Mal im *Club* des Schweizer Fernsehens auftrat, erschien sie im eleganten sonnenblumengelben Kostüm. Hedwig Zürcher verstand es, die schönen Seiten des Lebens zu geniessen. Sie war eine temperamentvolle Frau, die das Leben liebte, eine blendende Unterhalterin, vielseitig informiert und belesen. Wenn Besuch angesagt war, liess sie Lachs- und Crevetten-Canapés aus erstklassigen Zürcher Confiserien kommen und führte die Gäste mit ihrem Volvo Oldtimer, Baujahr 1963, durch die Landschaft.

Sie sprach wenig über sich selbst. In einem Interview mit der *Welt-woche*-Journalistin Yvonne-Denise Köchli sagte Frau Zürcher über ihre persönliche Befindlichkeit nur: «Irgendwann hat bei mir das biologische Alter nicht mehr mit dem chronologischen übereingestimmt.» Kurz vor ihrem Tod berichtete Hedwig Zürcher, diese zehn Jahre zwischen Wort und Tat seien eine «Leidenszeit» gewesen, «ein endloses Hin- und Herpendeln zwischen Hoffnung und Enttäuschung, zwischen zaghafter Zustimmung und schroffer Ablehnung», wie sie der *Weltwoche* anvertraute. Aber es war ein erfüllter Lebensabend. Hedwig Zürcher klapperte ihre Bekannten ab, vor allem die Politiker und Journalisten, die sie kannte. Die wenigsten verstanden sie oder wollten sich auf das heikle Thema einlassen. Einer, ein Redaktor, dem sie von der Sterbehilfe erzählte, habe allein schon den Gedanken an Selbsttötung für so unanständig gehalten, dass er sie förmlich aus seinem Büro gejagt habe, «wie den Hofhund, wenn er die Wohnung betritt».

Hedwig Zürcher war zu diskret, um am denkwürdigen Fernsehabend im März 1989 ihre eigene Geschichte zu erzählen. Wahrscheinlich wusste sie damals selbst noch nicht, wie nahe ihr eigener Tod war. Wenige Wochen nach der Sendung erforderte ein Schilddrüsenkrebs bei ihr zwei schwere Operationen. Eine dritte lehnten die Ärzte ab. «Den Tod durch Aufbrechen des Tumors oder qualvolles Ersticken vor Augen, wählte sie den begleiteten Freitod – tief dankbar für diese Möglichkeit.» So hiess es in der Todesanzeige von Exit (Deutsche Schweiz) vom 8. Juni 1989.

Vier Tage später ging auch ihre Schwester den gleichen Weg.

Walter Baechi, unbequem, unerschrocken, unberechenbar

Der Anwalt Walter Baechi (1909–1989) hatte in zahlreichen stark beachteten Prozessen prominente Klienten vertreten; vor allem war er der Anwalt von Migros-Gründer Gottlieb Duttweiler in vielen Prozessen, die dieser als Mittel seiner Öffentlichkeitsarbeit planmässig provozierte und ohne Rücksicht auf deren Ausgang führte. 1945 berief Duttweiler seinen Anwalt zum Direktor bei der Migros, aber Baechi kündigte schon nach einem halben Jahr, weil er sein Arbeitsgebiet anders sah als der Chef.

Baechi exponierte sich gerne und ohne Rücksicht, auch auf sich selbst: im Alltag als gefürchteter Scheidungsanwalt, immer wieder auch für prominente Klienten. In den 1960er-Jahren führte er einen landesweit beachteten Kampf gegen die damalige Spitze des Touring Clubs der Schweiz, der er Korruption vorwarf. Als Anwalt des Schriftstellers Hans Habe verklagte er Friedrich Dürrenmatt und erreichte dessen Verurteilung zu einer Geldstrafe von 100 Franken wegen Beschimpfung; Dürrenmatt hatte Habe als «Faschisten» bezeichnet. Baechi wollte um jeden Preis unabhängig bleiben. 1966 hätte er als Nachfolger des zum Zürcher Stadtpräsidenten gewählten Sigmund Widmer in den Nationalrat nachrücken können, aber er lehnte ab, weil er ein Parlamentsmandat für unvereinbar hielt mit der Rolle eines Anwalts.

Politisch war Baechi beim Landesring beheimatet, aber in den 1960er-Jahren war er ein bekennender Anhänger des Nationalisten James Schwarzenbach gewesen. Er präsidierte die reiche Göhner-Stiftung und war Verwaltungsrat beim Stauffacher Verlag, der Praesens-Film und beim Circus Knie.

Sterbehilfe wurde zu seinem Thema, als er 1975/76 Urs Peter Haemmerli erfolgreich vertrat. Deshalb gelangte Hedwig Zürcher mit der Idee für Exit an ihn. Baechi war der erste Präsident (1982–1989). «Heiteren Sinnes und nicht gewillt, im Alter den geistigen und körperlichen Abbau bis zu Ende hinzunehmen», wie er in seiner Todesanzeige schrieb, nahm er sich mit Kohlenmonoxid das Leben.

Elke Baezner: die diskrete Vermittlerin

Die Westschweizer Vereinigung Exit wurde ein paar Wochen früher gegründet als die deutschschweizerische. Dies hatte mit der Entschlossenheit einiger Genferinnen – Ärztinnen und Arztgattinnen – zu tun, die kürzere Wege hatten als die Deutschschweizer. Der Gruppe gehörte auch Elke Baezner (geb. 1945) an, eine studierte Germanistin und Romanistin. Die Arztgattin war sprachgewandt und fungierte in den ersten Jahren als Drehscheibe im Verkehr zwischen der west- und der deutschschweizerischen Exit-Organisation, die beide selbstständig blieben, aber freundschaftlich zusammenarbeiteten.

Von 1999 bis 2003 übernahm sie auf dringenden Wunsch ihrer Vorstandskollegen das Präsidium von Exit (Deutsche Schweiz) und trug stark zur Beruhigung der Gemüter nach den heftigen Ereignissen des Jahrs 1998 bei, bei denen der Geschäftsführer Peter Holenstein entlassen wurde, Ludwig A. Minelli aus der Vereinigung ausstieg und Dignitas gründete.

«Erleichtert, aber nicht leichten Herzens» legte Elke Baezner vorzeitig das Präsidium nieder. Der Tod ihres Gatten hatte sie viel Kraft gekostet. Am Ende ihrer nur knapp vierjährigen Amtszeit konnte sie aber für sich in Anspruch nehmen, den sachlich und menschlich schwierigen Generationenwechsel bei Exit (Deutsche Schweiz) gut gemeistert zu haben, obwohl ihrem freundlichen und konzilianten Wesen jede Art von Führungsanspruch und Profilierungswillen fern lag.

Dank ihrer internationalen Parkettsicherheit und ihrem mit hervorragenden Sprachkenntnissen unterlegten, freundlichen, verbindlichen Wesen wurde Elke Baezner in späteren Jahren wieder mit Präsidialämtern betraut: während drei Jahren beim europäischen Dachverband der Right-to-Die-Gesellschaften und bei der Deutschen Gesellschaft für Humanes Sterben (2008–2016). Ausgerechnet sie, der auch in hitzigen Debatten jede Feindseligkeit fremd war, wurde 2014 das Ziel eines Angriffs mit Buttersäure. Es war der einzige tätliche Übergriff von Gegnern auf Exit-Exponenten. Der Täter konnte gefasst werden; er stammte aus der fundamentalistischen Lebensrechtsbewegung. Elke Baezner blieb unverletzt.

6

Fragen auf Leben und Tod im Land der Kompromisse

Erste Freitodbegleitung auf steinigem Boden

Zwei starke Persönlichkeiten, kämpferisch und eigensinnig, bestimmten in den ersten Jahren den Kurs von Exit: Rechtsanwalt Walter Baechi und Pfarrer Rolf Sigg. Zwei Jahre nach ihrer Gründung hatte die Vereinigung zwar 2500 Mitglieder, aber noch keine ausformulierte Strategie.

Die Definition der Ziele für die ersten Jahre wurde zu einem Musterbeispiel für interne Konflikte, die es im Lauf der Exit-Geschichte immer wieder gab, und das war kein Zufall. Das Szenario war immer dasselbe: Starke, eigenwillige Persönlichkeiten waren bereit, sich freiwillig, im Gegensatz zur überlieferten öffentlichen Meinung, und zunächst ohne materielle Interessen auf die humane Regelung der letzten Dinge im menschlichen Leben einzulassen. Ihnen ging es buchstäblich um Leben und Tod. Wer immer sich in diese Szene begab, bewegte sich in einem hochemotionalen Feld. Hier herrschte nicht das landesübliche Klima der voreiligen Kompromisse. Gegensätze wurden ausgekämpft.

Die beiden in den Anfangsjahren massgebenden Herren – Damen erschienen nur vereinzelt – standen zudem in vorgerücktem Alter. Beide mussten sich nichts mehr beweisen, mussten keine Karriere mehr machen und neigten folglich zu einer gewissen Altersradikalität. Der ehemalige Pfarrer Rolf Sigg, im Exit-Gründungsjahr 66 Jahre alt, wurde beschrieben als «weitsichtig, mutig, eigensinnig, hartnäckig, unbequem, bis hin zu arrogant. Aber er konnte auch charmant und sensibel sein», wie Elke Baezner in ihrem Nachruf auf Rolf Sigg 2017 schrieb (www.palliacura.ch). Der Anwalt Walter Baechi (73), damals schon aus dem Tagesgeschäft ausgeschieden, liebte exponierte Mandate, kämpfte gern auch in der Öffentlichkeit für seine Klienten, beherrschte aber zugleich, wie jeder gute Anwalt, die Kunst des Vergleichs.

Diesen beiden Persönlichkeiten stand die besondere politische Kultur gegenüber, die in der Schweiz seit je auf allen Ebenen dominiert: die Neigung zum frühen, manchmal voreiligen Ausgleich der Interessen, vor allem durch das Mittel der Vernehmlassung; im Lauf des Entscheidungsprozesses dann das Ideal der Konkordanz, das heisst die Aushandlung von gemeinsamen Zielen. Das Ergebnis ist in aller Regel der Kompromiss. Dieser setzt die Fähigkeit voraus, Idealziele nach ihrer Wichtigkeit zu sortieren und unter Umständen, dem positiven Schlussresultat zuliebe, von nachrangigen oder schwer durchsetzbaren Programmpunkten abzurücken. Der 100-prozentige Erfolg, den klar denkende und willensstarke Persönlichkeiten immer anstreben, ist in diesem von den Machtmitteln der direkten Demokratie – Initiative und Referendum – kontrollierten Prozess fast nie erreichbar. Das bestmögliche erzielbare Ergebnis ist die gleichmässige mittlere Unzufriedenheit aller Beteiligten.

Erste Freitodbegleitung auf steinigem Boden

Am Sonntag, dem 5. Januar 1985 führte Exit die erste Freitodbegleitung in ihrer Geschichte durch. Wann bitte? Richtig: erst zwei Jahre und neun Monate nach der Gründung der Vereinigung in Zürich! Allein schon diese Datierung belegt, dass die Priorität der jungen Exit (Deutsche Schweiz) ganz woanders lag, nämlich bei der Durchsetzung des Patientenwillens gegenüber dem Gesundheitssystem. Das erste grosse Thema von Exit war die Patientenverfügung (PV). Alle Protokolle aus der Gründungszeit beweisen, dass der Vorstand auf die Formulierung dieses Dokuments grösste Sorgfalt verwendete. Intensiv beschäftigte er sich auch mit vermeintlichen Details, etwa dem Format und der grafischen Gestaltung der Ausweiskarte für die Brieftaschen der Mitglieder.

Im Tessin starb auf eigenen Wunsch eine ältere, alleinstehende Frau, die durch eine unheilbare Krankheit und zahlreiche Operationen stark behindert war. Die Sterbebegleiter waren Rolf und Lucia Sigg. Auch in den folgenden drei Jahren blieb die Zahl der Freitodbegleitungen durch Exit unter einem halben Dutzend pro Jahr. Noch immer war die PV wichtiger als die Freitodbegleitung, zumal es damals noch an praktischer Erfahrung fehlte; so war man sich über die Wahl des geeigneten Sterbemittels lange nicht im Klaren.

Beim ersten Mal rückte die Tessiner Polizei nach dem Anruf der Freitodbegleiter noch mit Blaulicht und Sirene aus. Rolf und Lucia Sigg wurden in der Folge während vier Stunden verhört. Dass der erste durch Exit assistierte Freitod im Tessin stattfand, war eher zufällig, denn eigentlich war das Tessin immer ein steiniger Boden für die Idee der Autonomie am Lebensende gewesen. Hier waren die regionalen Mentalitätsunterschiede in all den Jahren des Aufbaus der Sterbehilfeorganisationen deutlich zu spüren. Die ersten Versuche von Exit, im Tessin um Mitglieder zu werben, schlugen gegen Ende der 1980er-Jahre fehl. An dieser Sachlage hat sich übrigens bis heute wenig geändert. Noch immer sind die meisten Tessiner Mitglieder deutschsprachig: ausgewanderte Zürcher, Berner und Basler Rentner. Überhaupt stammt noch heute die grosse Mehrheit der Exit-Mitglieder aus den Grossstädten und den grossen Agglomerationen. Die Ursachen für dieses Ungleichgewicht sind bisher nicht erforscht worden.

Der Krebsforscher und Politiker Franco Cavalli, der 1968 als Spitalarzt im Südkanton angefangen hat, beschreibt sehr anschaulich die mentalen und emotionalen Hintergründe, mit denen damals zu rechnen war:

«Die Menschen hier waren autoritätsgläubiger als in den calvinistisch geprägten Kulturen. Dazu kam der Einfluss der Kirche. Selbstbestimmung war nie ein katholisches Prinzip. Dort galt der Wille der Vorsehung. Dazu kam, dass die Idee von Exit aus der deutschen Schweiz kam, von den ‹zücchin›. Vergessen Sie nicht: Das Tessin wurde 200 Jahre lang von Deutschschweizer Vögten regiert. Lange waren wir das Armenhaus der Schweiz, dann glitten wir unter Umgehung der industriellen Wirtschaft direkt in die postindustrielle Gesellschaft mit Tourismus und Finanzwesen als Schwerpunkten. Die Spitalsituation im Tessin war noch in den 1970er-Jahren mittelalterlich. Die Onkologie hatte anfänglich nicht einmal eigene Betten; die Internisten verwehrten ihr dies. Wenn es mit einem Patienten zu Ende ging, hat man den Priester gerufen, und der Patient wurde nach Hause geschickt. Manchmal wurde ich gerügt, wenn ich den Patienten die Wahrheit über ihr Krebsleiden sagte. Als ich anfing, Berichte über die Patienten an die Hausärzte zu senden, kam ein Verweis vom Chefarzt: ‹Sie geben zu viel Geld für Briefmarken aus!›»

Im Widerstreit der Mentalitäten und Emotionen

Diese Momentaufnahme aus dem Tessin zeigt, mit welchen mentalen Barrieren und alltagsbürokratischen Realitäten die Verfechter der Autonomie im letzten Lebensabschnitt und ihre wenigen ärztlichen Begleiter immer wieder zu kämpfen hatten. Dazu kamen schon in den ersten Jahren von Exit Meinungsverschiedenheiten innerhalb der Organisation. Walter Baechi und Rolf Sigg vertrugen sich persönlich nicht gut. Dennoch war die Arbeitsteilung schon nach den ersten Vorstandssitzungen klar. Baechi war verantwortlich für die Strategie und die grossen inhaltlichen Linien. Der dominante und energische Praktiker Rolf Sigg besorgte, tatkräftig unterstützt von seiner Ehefrau Lucia, den Innendienst und die Administration. Baechi war zwar konzeptionell stark und nicht nur nach aussen konfliktfreudig. Aber er liess auf der Ebene des für das Ansehen jeder jungen Organisation wichtigen Tagesgeschäfts viele Lücken offen. Sie wurden vom temperamentvoll und manchmal eigenmächtig vorwärtsdrängenden Rolf Sigg sofort besetzt.

In der Politik war der scharfsinnige strategische Denker Baechi jedoch zugleich ein geschickter Taktiker. Er erkannte früh, dass Exit in einem emotionalen Minenfeld tätig war und nicht alles auf einmal erreicht werden konnte. Deshalb setzte er schon an der Generalversammlung 1984 gegen erheblichen internen Widerstand – unter anderem von der Mitgründerin Hedwig Zürcher – die Abkehr von der aktiven Sterbehilfe und deren Rückstufung zum «Fernziel» durch. Zugleich grenzte man sich auch sorgfältig gegen andere Organisationen ab. So wurde das erste kollektive Beitrittsgesuch der Freidenker-Vereinigung zurückgestellt.

Das war die Handschrift Baechis. Er nahm viele Einwände und Widerstände vorweg und war bestrebt, möglichst viel emotionalen Druck wegzunehmen und das Abfluggewicht der neuen Organisation nicht unnötig zu erhöhen. Baechi wusste nur zu genau, wie frisch vor allem bei den älteren Leuten – und sie waren die wichtigste Zielgruppe von Exit – die Erinnerung an die vom Nationalsozialismus begangenen Verbrechen noch war und wie hartnäckig die Exit-Gegner, vor allem die katholische Kirche, die neue Bewegung schlechtredeten.

Problemlos war die Koordination mit Exit A.D.M.D., der etwas früher gegründeten Exit Suisse Romande. Man verständigte sich auf eine Arbeitsteilung und auf die gegenseitige Zuweisung von Interessenten entsprechend ihrer Sprache. Die beiden Vorstände versprachen einander, sich jeden Sommer in Bern zu treffen zwecks Koordination.

© Felix Aeberli

Rolf Sigg: unermüdlich, uneigennützig, eigensinnig

Rolf Sigg (1917–2017) stammte aus der Stadt Zürich. Er wurde evangelischer Pfarrer, war während langer Zeit in Schaffhausen tätig, zuletzt in Grenchen-Bettlach. Dazwischen entfaltete er mit unglaublicher Energie und Leidenschaft eine vielfältige Tätigkeit. Er studierte Psychologie und doktorierte, war einige Jahre als Schulpsychologe und Dozent tätig und kehrte ins Pfarramt zurück, als Exit gerade gegründet wurde.

Rolf Sigg trat der Vereinigung als Gründungsmitglied bei; zwei Jahre später war er schon Geschäftsführer und blieb dies 13 mitunter turbulente Jahre lang. Den Antrieb für die intensive Beschäftigung mit Tod und Sterben war das Schicksal eines Freunds, der qualvoll sterben musste. Sigg setzte grosse Kampagnen für die Mitgliederwerbung durch, und der Erfolg gab ihm recht. Gescheitert ist jedoch sein Lieblingsprojekt, das Exit-Sterbehospiz in Burgdorf – einerseits wegen des hartnäckigen Widerstands der Ärzteschaft und des Pflegepersonals am Standort, andererseits wegen finanzieller und organisatorischer Problemen

Rolf Sigg war mutig, eigensinnig und streitbar. Ohne Scheu verkrachte er sich auch mit engen Weggefährten, wenn ihm das Klima zu lau war oder wenn die Dinge zu langsam vorankamen. Mehr als einmal mobilisierte er mehrere Hundert Anhänger, die Exit-Generalversammlungen majorisierten und seinen Anliegen zum Durchbruch verhalfen. Zugleich war er, immer begleitet von seiner Frau Lucia Sigg, von grösster Uneigennützigkeit. Sein Geschäftsführergehalt spendete er jahrelang für die Stiftung Sterbehospiz, und kurz vor der Pensionierung verlor er wegen Exit seine Pfarrstelle. Da er von Haus aus vermögend war, konnte er sich das leisten.

Sigg war auch ein begnadeter Fundraiser: Er verstand es, wohlhabende Exit-Mitglieder, die den Weg über eine Freitodbegleitung wählten, dazu zu bewegen, Exit in ihrem Testament zu bedenken. Selber allerdings war er äusserst sparsam: So etwa meldete er sich in Berlin, wo er eine schwer kranke Ärztin mit geschmuggeltem NaP begleitet hatte, bei der Polizei mit der Bemerkung, man möge ihn über Nacht in Haft nehmen; am nächsten Tag werde er dann wohl entlassen werden – um sich so Übernachtungskosten im Hotel zu ersparen. Jener Fall trug ihm übrigens einen Strafprozess ein, der in letzter Instanz beim 5. Strafsenat des Bundesgerichtshofs in Leipzig mit einer blossen Strafwarnung endete: Er solle nicht noch einmal NaP nach Deutschland schmuggeln.

Rolf Sigg engagierte sich bis zum Ende seines langen Lebens vor allem für die Freitodbegleitung und die Aus- und Weiterbildung der damit betrauten Mitarbeitenden. Selber begleitete er 370 Menschen in den Tod. Die Leserinnen und Leser der Zeitschrift *Beobachter* verliehen ihm 2012 den «Prix Courage».

7

Das erste grosse Thema: die Patientenverfügung

Streit der Argumente in Sachlichkeit:
Sterben wird zum öffentlichen Thema

Das erste Sachthema an der allerersten Vorstandssitzung von Exit (Deutsche Schweiz) im Jahr 1982 war die Patientenverfügung (PV). Diese Priorität – und nicht etwa die von den Medien in den Vordergrund gestellte Begleitung beim Suizid – war prägend für die ersten Jahre der stark wachsenden Organisation und blieb es bis zum heutigen Tag. Exit hat die Patientenverfügung als erste Organisation in die Schweiz gebracht und bekannt gemacht. Dies bestätigt die Medizinethikerin Daniela Ritzenthaler, die Patientenverfügungen in der Schweiz wissenschaftlich untersucht. Die Exit-Patientenverfügung ist 1984 erstmals erschienen, inzwischen ist sie eine von vielen. Die damalige Problemlage umschreibt Ritzenthaler wie folgt:

«Die Ärzte entschieden damals meist alleine über Therapien, und die meisten technisch machbaren lebensverlängernden Massnahmen wurden ausgeschöpft. Viele Mitglieder der Sterbehilfeorganisation, die schwer kranke Angehörige hatten, empfanden damals ein starkes Unbehagen bei der medizinischen Betreuung am Lebensende. Die Behandlung wurde oft als Übertherapierung empfunden. Der Ruf nach einem selbstbestimmten Sterben wurde immer lauter. Im Vordergrund stand dabei die Selbstbestimmung als Abwehrrecht gegen eine Medizin, die Therapien durchführte, die der Patient nicht mehr gewollt hätte, wenn er sich in der aktuellen Situation hätte äussern können.»

Die ersten Patientenverfügungen waren nach Ritzenthaler «von Kampfgeist geprägt» und an Vorbilder aus der angelsächsischen Welt – USA, Kanada, Australien, Grossbritannien – angelehnt, wo sie teilweise unabhängig von den dortigen Right-to-Die-Organisationen geschaffen wurden.

In der Schweiz war offenkundig die pragmatische Denkart des Haudegens Walter Baechi stilbildend. Sein wichtigster juristischer Hebel in der sich anbahnenden Grundsatzdiskussion war das Auftragsrecht. Ob Baechi als Erfinder der Patientenverfügung bezeichnet werden kann, lässt sich wegen der schlechten Quellenlage nicht mit Sicherheit feststellen. Klar ist aber, dass die Organisation Exit unter seiner Leitung dieses Dokument erstmals allgemein bekannt gemacht hat. Ohne fremde Hilfe lancierte der erste Exit-Vorstand eine höchst wirkungsvolle Informationskampagne, die das zuvor buchstäblich totgeschwiegene Thema der autonomen Lebensbeendigung auf die Traktandenliste der gesundheitspolitischen und ethischen Diskussion setzte.

Streit der Argumente in Sachlichkeit: Sterben wird zum öffentlichen Thema

Nicht nur die Medien griffen das Thema auf, sondern auch die medizinische Fachwelt. Schon im Februar 1983 lud die Schweizerische Gesellschaft für Gesundheitspolitik zu einer Diskussionsveranstaltung nach Zürich ein. Rund 100 Personen fanden sich zu dem «unpolemischen Gespräch über Sterbehilfe» ein (NZZ-Titel, 3. Februar 1983).

Walter Baechis Gesprächspartner war der Arzt Dr. Karl Zimmermann, Präsident der Verbindung der Schweizer Ärztinnen und Ärzte (FMH) und Mitglied der Schweizerischen Akademie der Medizinischen Wissenschaften (SAMW). Damit setzte sich ein Schwergewicht des medizinischen Establishments mit der bislang kaum bekannten jungen Organisation an den Tisch. Der Berichterstatter der *Neuen Zürcher Zeitung* schien überrascht zu sein vom Diskussionsstil, den die junge und mit dem Ruf der Radikalität behaftete Vereinigung pflegte: «Angesichts der Emotionsgeladenheit, mit der unterschiedliche Standpunkte über die Legitimation der Sterbehilfe bisweilen ausgetragen werden, wirkte die ausgesprochen sachliche und unpolemische Art des Gesprächs zwischen Arzt und Jurist wohltuend und klärend.»

Exit-Präsident Walter Baechi stellte mit Nachdruck klar, es gehe Exit vor allem darum, dass der Wille des Patienten berücksichtigt werde, namentlich in medizinisch aussichtslosen Situationen. Der Patient könne mit der rechtzeitigen Patientenverfügung (PV) anordnen, dass Massnahmen unterlassen oder gestoppt würden (passive Sterbehilfe) – dies vor allem für den Fall, dass er, der Patient, nicht mehr urteilsfähig sei, wenn es darauf ankomme. Baechi drückte es juristisch aus: «Wenn der Arzt einen nicht urteilsfähigen Menschen in Pflege nimmt, kommt dies, juristisch ausgedrückt, einer ‹Geschäftsführung ohne Auftrag› gleich, die dann rechtswidrig wird, wenn der Wille des Partners, also des Patienten, festlegt, dass dieser eine solche Geschäftsführung nicht wünscht.»

Die Freitodhilfe ausserhalb der Spitäler, etwa durch die Bereitstellung tödlich wirkender Medikamente durch den Arzt, «die seit eh und je geleistet wird», wie Baechi unwidersprochen anfügte, sei nach schweizerischem Recht nicht strafbar, solange sie nicht aus eigennützigen Motiven (z. B. Beseitigung des Ehepartners oder Beerbungsabsicht) geschehe.

Ähnlich differenziert äusserte sich der prominente Arzt Karl Zimmermann. Die Entwicklung der Intensivmedizin und der Chemotherapie habe überhaupt erst zur Sterbehilfediskussion geführt, bemerkte er einleitend. Problematisch sei vor allem der Umgang mit nicht urteilsfähigen Patienten.

Wie sehr sich die Debatte damals noch am Anfang befand, verriet Baechis Hinweis auf die Forderung von Exit, dass die Richtlinien über Sterbehilfe der Akademie der Medizinischen Wissenschaften (SAMW) dahingehend korrigiert werden sollen, dass die Patientenverfügungen (PV) vom Arzt ernst zu nehmen seien und dass auch die Freitodhilfe anerkannt werde. Baechi beanstandete, dass die SAMW in ihren Richtlinien die PV nicht als absolut verbindlich betrachte, sondern nur als gewichtiges Indiz. Abschliessend bemerkte die *Neue Zürcher Zeitung*:

Dass das Problem der inhumanen Verlängerung des Lebens sich vor allem in den Spitälern stelle, wo Ärzte mit den Patienten nicht näher bekannt sind, im legitimen Eifer, alles technisch Mögliche unternehmen, um den Tod hinauszuzögern, darüber war sich auch das Plenum, bestehend aus Ärzten und Vertretern paramedizinischer Berufe, einig. Ob hier eine Patientenverfügung nur als Entscheidungshilfe oder aber als verbindlicher Auftrag aufgefasst wird, blieb der strittige Punkt der Diskussion.

Was die aktive Sterbehilfe betrifft, bezeichnete Baechi an diesem Abend diese nur noch als «Fernziel». Wenn die straflose Freitodhilfe sich verbreite, bei der der Sterbewillige den tödlichen Trank selber einnehmen müsse, sei die aktive Hilfe nur noch in verhältnismässig wenigen Fällen ein Thema. Dann beispielsweise, wenn der Kranke nicht mehr in der Lage sei, die Medikamente selbst einzunehmen, etwa bei vollständiger Lähmung. Damit hatte Walter Baechi eine Kernaussage gemacht zum Grund, weshalb die Suizidbeihilfe in der Schweiz so schnell und so deutlich mehrheitsfähig wurde.

Die Quellen über die damaligen Aussagen von Baechi sind völlig klar. Es gab in der Gründergeneration von Exit eine starke Tendenz auch für die aktive Sterbehilfe. Sowohl aus der NZZ-Berichterstattung wie aus den Vorstandsprotokollen geht hervor, dass Baechi aus politisch-taktischen Gründen diese Maximalforderung in den Hintergrund rücken wollte. Er wollte in erster Linie die Patientenverfügung durchsetzen und dieses Ziel nicht mit einer zusätzlichen Grundsatzdiskussion belasten.

Ein prominenter Gutachter verstärkt die Argumentation

Baechi sorgte in der Folge für die Vertiefung der rechtswissenschaftlichen Argumentation und damit für die Festigung der von Exit vertretenen Grundidee von der Autonomie des Menschen am Lebensende. Schon 1986 gewann er den angesehenen Privatrechtsspezialisten Prof. Max Keller von der Universität Zürich für ein Gutachten über die Verbindlichkeit von Patientenverfügungen. Ein Hauptargument, das der PV entgegengehalten wurde, betraf Fälle, in denen der Patient bei der Abfassung seiner Verfügung zwar urteilsfähig war, später diese Urteilsfähigkeit aber verlor. Keller schrieb Klartext:

«Dass die PV im Zeitpunkt, in dem sie wirksam werden soll, noch aktuell ist, ergibt sich ohne weiteres daraus, dass der Patient sie nicht widerrufen hat. Die von Exit vorgesehene Aktualisierung mittels jährlich anzubringender Marken ist zwar nützlich, aber nicht nötig. Ist sie unterblieben, so darf keinesfalls vermutet werden, die PV sei nicht mehr aktuell. (…) Wer eine PV trifft, will ja gerade vermeiden, im anvisierten Zeitpunkt infolge Handlungsunfähigkeit nicht mehr oder nicht mehr gültig verfügen zu können. Er sorgt für diesen Fall vor. Er handelt, solange er noch kann, in Freiheit und Verantwortung.»

Keller fügte bei, die Befolgung der Weisungen des Patienten sei nicht standeswidrig, sondern im Gegenteil auch unter dem standesrechtlichen Aspekt geboten. Er zitierte den Rechtsgrundsatz: «Voluntas aegroti suprema lex» (Der Wille des Kranken ist das höchste Gesetz). Oder mit anderen Worten: Der Patient ist Herr der Behandlung und weisungsberechtigt. Der Arzt, der der PV zuwiderhandelt, erfüllt den ihm erteilten Auftrag nicht und wird daher genugtuungs- und schadenersatzpflichtig.

Die heikle Frage nach der Urteilsfähigkeit

Ist der Patient wirklich urteilsfähig, wenn er den Todeswunsch äussert? Diese wichtigste aller Fragen hat die Sterbehilfe in der Schweiz durch die vergangenen 40 Jahre begleitet. Für den ebenso häufigen wie heiklen Fall, dass der Patient, der noch in guten, klaren Zeiten eine Verfügung unterzeichnet hat, zur kritischen Stunde wirklich urteilsunfähig sein sollte, stellte Gutachter Keller folgende Überlegung an:

«Viele Patienten verfügen ja ganz bewusst voraus, nämlich zu einem Zeitpunkt, in dem sie noch voll urteilsfähig sind, um sich vor sich selbst zu schützen, weil sie sich misstrauen; um auszuschliessen, dass sie in einer Extremsituation anders entscheiden, als es ihren Vorstellungen von Humanität – würdigem Sterben – entspricht. Obwohl die Gefahr der Aufhebung unter Stress somit unverkennbar ist, wird man im Zweifel doch dem deutlich geäusserten Willen des Patienten, seine getroffene Patientenverfügung sollte ganz oder teilweise nicht mehr gelten, Rechnung tragen, weil auch hier gilt: Voluntas aegroti suprema lex.»

In einer zweiten Phase – vor allem gegen Ende der 1990er-Jahre – wurde die Selbstbestimmung als Basis der Beziehung Arzt-Patient auch von der Ärzteschaft zunehmend anerkannt. Das hatte u. a. gewiss auch mit der Tatsache zu tun, dass der Anteil der Frauen an der Ärzteschaft in all den Jahren ständig zunahm; im Jahr 2019 betrug der Anteil der Ärztinnen 43,2 Prozent. Zugleich stieg mit der Entwicklung der Therapiemöglichkeiten die Zahl der hochaltrigen Patientinnen und Patienten. Das seit etwa 2010 aktuell gewordene Problem der freitodwilligen Patienten mit psychischen bzw. kognitiven Beeinträchtigungen hat die Frage der Urteilsfähigkeit abermals aktualisiert. Daniela Ritzenthaler, die dem Problem dieser Menschen ihre Doktorarbeit gewidmet hat, macht auf einen Ausweg aufmerksam, der von amerikanischen Studienautoren benannt wurde. Sie unterschieden zwei Arten von Patientenverfügungen: solche mit Handlungsanweisungen und Verfügungen und solche, die einfach eine Vertrauensperson benennen, die anstelle der Patientin oder des Patienten die Entscheidungen trifft. Die letztere Variante habe sich für geistig Beeinträchtigte als einfacher erwiesen, hielt die Studienautorin fest.

Wer sind die Menschen, die Patientenverfügungen verfassen?

Anhand der Geschichte der Patientenverfügung formuliert die Ethikerin Ritzenthaler eine Hypothese, die diesem Buch als Leitmotiv zugrunde liegt und als Hauptgrund für den grossen Erfolg und die allgemeine Akzeptanz der Selbstbestimmung am Lebensende genannt wird. Ritzenthaler schreibt in ihrer 2017 erschienenen Dissertation:

«Die Generation der Menschen, die heute über 80 Jahre alt sind, hat einen ganz anderen Umgang mit Autoritäten erlebt. Sie sind viel stärker der Meinung, die Ärztin oder der Arzt wisse schon, was in ihrem Interesse ist. Eine Hypothese ist auch, dass diese Generation mehr Vertrauen in die Ärztinnen und Ärzte hat und deshalb weniger stark das Kontrollbedürfnis erlebt, für das Lebensende eine Patientenverfügung erstellen zu müssen, um einen friedlichen Tod sterben zu können. Die Generation, die in den späten 1940er-Jahren geboren worden ist, hat bereits das Paradigma der Selbstbestimmung internalisiert. Deshalb wollen sie am Lebensende mehr mitentscheiden. Diese

Argumentation kommt zum Schluss, dass in zwanzig Jahren ein viel grösserer Anteil der Bevölkerung eine Patientenverfügung erstellt haben wird.»

Zuverlässige Angaben über den Anteil der über 65-jährigen Schweizerinnen und Schweizer, die Patientenverfügungen unterzeichnet haben, gibt es nicht. 2009 gab das Bundesamt für Gesundheit eine repräsentative Umfrage in Auftrag. Damals wussten 66 Prozent der Befragten, was eine PV ist. Mit dem Alter stieg die Informiertheit leicht an: Von den über 75-Jährigen waren 69 Prozent auf dem Laufenden. Von diesem informierten Teil der älteren Bevölkerung hatten wiederum ein Fünftel bzw. knapp ein Drittel tatsächlich eine PV. Vergleiche mit vereinzelten deutschen Studien legen den Schluss nahe, dass ungeachtet der seit Jahrzehnten steigenden Popularität der Idee und des anhaltenden Wachstums der Selbstbestimmungsorganisationen heute höchstens knapp 20 Prozent der Gesamtheit der Menschen über 65 Jahren in der Schweiz eine PV haben.

Aus dem von der Forscherin Ritzenthaler angestellten summarischen Vergleich mit zahlreichen Studien in Deutschland, den USA, Indien usw. kann man grob folgern, dass es klare Zusammenhänge gibt: Wer einen höheren Bildungsstand und Kinder hat, neigt eher zur PV. Manche Studienautoren fanden Zusammenhänge mit der Schwere der Krankheit und mit dem Zivilstand: Verheiratete neigen stärker zur PV als Alleinstehende, wer Kinder hat ebenfalls. Eltern möchten ihren Kindern durch die PV wohl die Last des finalen Entscheids ersparen. Keine Zusammenhänge waren aus den Studien ersichtlich zwischen der Neigung zur Patientenverfügung und der Religionszugehörigkeit.

45 Varianten und ständig steigende Nachfrage

Ungewöhnlich viele Körperschaften und Firmen halten die Patientenverfügung für eine wichtige Dienstleistung, manche nutzen sie wohl auch als Marketinginstrument. Alle sind sie im Lauf der Jahre dem Beispiel von Exit gefolgt. Zahlreiche Non-Profit-Organisationen, von Pro Senectute über die Krebshilfe bis zur Parkinson-Vereinigung, haben ihre eigenen Patientenverfügungen entwickelt, in denen sie auch auf die besonderen Bedürfnisse ihrer Klienten eingehen. Anfang 2021 zählte der Theologe und Ethiker Heinz Rüegger im Auftrag des Branchenverbands Curaviva nicht weniger als 45 verschiedene Patientenverfügungen in der Schweiz. Es profilierten sich damit Spitäler und kantonale Landeskirchen oder die Verbindung der Schweizer Ärztinnen und Ärzte (FMH), Pflegezentren, Hilfswerke von der Caritas bis zur Heilsarmee, aber auch Versicherungen und Zeitschriftenverlage. Manche Patientenverfügungen sind mit individuellen Beratungsangeboten und anderen Dienstleistungen verknüpft, zum Beispiel Aufbewahrung der Verfügung, Hilfe bei der Durchsetzung. Seit dem Inkrafttreten des neuen Erwachsenenschutzrechts (2013) hat Rüegger einen nochmaligen Aufschwung in diesem Bereich festgestellt. Die grosse Zahl und der hohe Spezialisierungsgrad der Patientenverfügungen sind Beweise für die langfristige Aktualität und Relevanz des ersten grossen Themenkomplexes, mit dem Exit nach der Gründung an die Öffentlichkeit getreten ist.

Seit Langem können Exit-Mitglieder ihre Verfügung online bei der Geschäftsstelle deponieren. Im Anwendungsfall wird das Mitglied bei der Durchsetzung seines Willens medizinisch und juristisch unterstützt.

Hohe Priorität genoss schon in der ersten Vorstandssitzung, die sich mit der PV befasste, die Öffentlichkeitsarbeit. In Auftrag gegeben wurde als Erstes ein Faltprospekt. Fast zeitgleich mit der Gründungsversammlung im April 1982 erschien in der Migros-Zeitung *Brückenbauer* ein Interview mit Walter Baechi, der wohl alte Beziehungen aktiviert hatte. Auch die Vorstandsmitglieder wurden aufgefordert, ihre eigenen Netzwerke zu informieren und besonderes Gewicht auf die Präsentation von Exit bei Ärztinnen und Ärzten sowie in Krankenschwesternschulen zu legen.

Parallel dazu startete Exit eine diskrete, aber professionelle und wirksame Lobby-Arbeit. Die Organisation legte ein Register der ihrem Anliegen freundlich oder ablehnend gesinnten Ärzte an. Die Mitglieder wurden aufgefordert, mit den Ärzten ihres Vertrauens über Exit zu sprechen und deren Reaktionen zu melden. Welcher Arzt verstand den Todeswunsch seines unheilbar kranken Patienten und war bereit, ihm das Rezept für das Sterbemittel auszustellen? 1988 umfasste die Liste dieser Exit-freundlichen Ärzte bereits 142 Namen.

Zu ihnen gehörte unter anderem der auch als Buchautor bekannte Dr. Jürg Wunderli, Stadtarzt von Zürich (1966–1981). Offenkundig hatte es Exit damals noch mit vielen Ärztinnen und Ärzten zu tun, die die Ausstellung des Rezepts für das Sterbemedikament ablehnten; es ging bei dieser Liste offenkundig darum, liberaler gesinnte Mediziner in geografisch erreichbarer Nähe nachzuweisen. Veröffentlicht wurden die Listen natürlich nie.

Als sich manche Krankenkassen gegenüber der Idee der Sterbehilfe ablehnend verhielten, intervenierte Walter Baechi beim Eidgenössischen Departement des Inneren, worauf es zu den gewünschten Verhandlungen kam. Dabei ging es nicht um Fragen der Vergütung, sondern wiederum wohl eher um eine PR-Zielsetzung. Walter Baechi wusste um den Einfluss und die Meinungsmacht der Krankenkassen und ihrer auflagenstarken Mitgliederzeitschriften und wollte die korrekten Informationen an geeigneter Stelle platzieren, was anscheinend auch gelang.

Exit hat einen Nerv getroffen!

Der Zeitgeist der 1970er- und 1980er-Jahre förderte die Ziele von Selbsthilfeorganisationen, die auf allen erdenklichen Gebieten entstanden. Plötzlich wurde in der betulichen Schweiz das Aufbegehren geprobt, gelegentlich auch der bürgerliche Ungehorsam. 1975 wurde zum Beispiel das Baugelände des geplanten Kernkraftwerks Kaiseraugst besetzt. Für kurze Zeit erwog der Bundesrat den Einsatz von Gewalt gegen die Besetzer. Als der sozialdemokratische Bundesrat Willi Ritschard, dcr das Energiedossier führte, mit seinem sofortigen Rücktritt drohte, war diese gewaltsame Lösungsvariante blitzartig vom Tisch. Kaiseraugst wurde auf eine fast endlose bürokratische Umlaufbahn geschickt. Je mehr Zeit verging, desto schlechter rechnete sich die Anlage. Am Ende wurde das Projekt unter der Regie von Christoph Blocher schicklich beerdigt. Die zunächst spontane, später organisierte Opposition hatte sich durchgesetzt. Die bis dahin tonangebende bürgerlich-wirtschaftsnahe Mehrheit fügte sich aus einer Einsicht, die aus politischer Analyse und wirtschaftlicher Berechnung gemischt war.

In den folgenden Jahren stärkte eine Serie von grossen Unglücks-fällen – Vergiftung in Seveso (1976), Kernkraftwerk Three Mile Island bei Harrisburg, Pennsylvania (1979), Chemiekatastrophe von Bho-pal, Indien (1984), Grossbrand in Schweizerhalle (1986) – die Zweifel vieler Bürgerinnen und Bürger an der bisher beinahe kritiklos geglaub-ten Machbarkeit fast aller Dinge. Zugleich wurden in Tausenden von individuellen Biografien die Kehrseiten der gewaltigen Errungenschaf-ten von Medizin und Pharmaindustrie sicht- und fühlbar: Überalte-rung, Leiden in ausweglosen Lebenslagen, die einseitig technokrati-sche Ausrichtung vieler medizinischer Fachkräfte, die unbeantwortete Frage nach dem Sinn der Lebensverlängerung auch bei bewusstlosen Todkranken.

Eine starke Wirkung übten unter anderem die in hohen Auflagen verbreiteten Schriften des katholischen Theologen und Philosophen Ivan Illich mit ihrer fundamentalen Kritik an der «Expertokratie» der modernen Medizin aus. Illich stellte diesem Konzept dasjenige der «Konvivialität» gegenüber, was bedeutete: ethische Werte an die Stelle der technischen Errungenschaften zu setzen und vor allem die von Experten entworfenen Grosssysteme des Bildungs- und Gesundheits-wesens auf die Dritte Welt zu übertragen. Damit waren wichtige geis-tige Grundlagen für die erstarkende Wachstums- und Fortschrittskri-tik gelegt.

Ein anderer Pionier, der ebenfalls die theoretische Grundlage für dieses neue Denken legte, war der amerikanische Medizinsoziologe David Mechanic, der in den 1980er-Jahren als leitender akademischer Lehrer und mit grundlegenden Arbeiten zu Gesundheitsrisiken und Krankheitsprävention hervortrat. Sie bildeten später eine der intellek-tuellen Grundlagen für die von US-Präsident Barack Obama durchge-setzte Reform des Gesundheitswesens (Obamacare).

Das Thema, das Tausende mobilisierte

Gelassenheit und Nüchternheit waren in der damaligen Zeit selten. Das Thema Freitodhilfe wurde, da hochemotional, in den meisten Medien immer häufiger, aber auch immer nervöser behandelt.

Drei Monate nach der Gründung von Exit setzte die schweize-risch-amerikanische Sterbeforscherin Elisabeth Kübler-Ross einen starken neuen Akzent. 1983 gelang es der Wochenzeitung *Züri Woche*, die weltberühmte Psychiaterin und Buchautorin zu einem Referat nach Zürich zu holen. Trotz schwüler Junihitze und Abendverkauf kamen über 2000 Personen ins Kongresshaus. Auch der für das Gesundheitswesen zuständige Zürcher Stadtrat Max Bryner war da, ebenso zahlreiche Ärzte und Pflegefachleute in verantwortlichen Positionen. Frau Kübler-Ross sprach frei und in amerikanisch gefärbtem Schweizerdeutsch zwei Stunden lang über Sterben und Tod und regte die Errichtung von Sterbehospizen an.

In der Folge stellte die Zeitung die Verbindung mit dem Gesundheitswesen und den Behörden her. Dies führte zur Gründung der heute noch bestehenden und mehrfach kopierten Freiwilligenorganisation für die Betreuung Schwerkranker und Sterbender. Nach dem Anlass meldeten sich über 50 Personen, die bereit waren, diesen freiwilligen und unbezahlten Dienst zu leisten. (*Züri Woche*, 16. Juni 1983 und 9. Februar 1984)

Exit hatte in der Tat einen Zentralnerv getroffen und den richtigen Zeitpunkt ebenfalls. Überall im Land wurde die Hilfe für die letzten Tage zu einem Traktandum in der öffentlichen gesundheitspolitischen Diskussion. 450 Personen kamen zum Beispiel zu einem Orientierungsabend, den die Weiterbildungsgruppe des Krankenschwestern- und Krankenpflegervereins beider Basel organisiert hatte. In Bern brachte die *Berner Zeitung* eine fünfteilige Serie «Sterben in Bern» mit anschliessender Telefonsprechstunde, die stark genutzt wurde. Die Arbeitsgemeinschaft der Hauspflegeorganisationen in Graubünden und Glarus veranstaltete eine Weiterbildungstagung unter dem Motto «Der Umgang mit Sterbenden ist lernbar». In einem Bericht vom 20. Oktober 1984 über einen Vortragszyklus zum Thema Tod und Sterben in Nidau bemerkte das *Bieler Tagblatt*, dass schon eine 1973 durchgeführte Umfrage in der Schweiz 60 Prozent Zustimmung zur gesetzlich erlaubten Sterbehilfe in aussichtslosen Fällen ergeben habe, während nur 23 Prozent gegen eine solche Legalisierung gewesen seien.

In den 1980er-Jahren trat auch das Konzept der palliativen Medizin wieder in den Vordergrund. Seit dem Mittelalter bestand es als Gegenstück zur kurativen (behandelnden, operierenden) Medizin und umfasste ursprünglich die Betreuung und Behandlung von Menschen mit unheilbaren, lebensbedrohenden Krankheiten.

Heute wird in der Palliative Care aber auch lebensverlängernd behandelt, wenn dies die Lebensqualität des Patienten erhöht und wenn der Patient dies wünscht. Die Ethikexpertin Daniela Ritzenthaler schreibt dazu: «Es gibt auch eine steigende Anzahl von Patienten, die alle möglichen Therapien auf sich nehmen möchten, um länger zu leben. Selbstbestimmung bedeutet auch, dass ich das in Anspruch nehmen kann, was medizinisch möglich und indiziert ist» (Zuschrift an den Autor vom 7. September 2021).

Medienwirksam in die Öffentlichkeit getragen wurde die palliative Medizin durch die Ärztin Mildred Scheel (1931–1985), Gattin des deutschen Bundespräsidenten Walter Scheel (1919–2016). Die von ihr präsidierte Deutsche Krebshilfe eröffnete 1983 an der chirurgischen Abteilung der Universitätsklinik Köln eine kleine Modellstation als Vorbild für andere palliative Einrichtungen. Bis heute sind allein in Deutschland rund 300 ähnliche Stationen entstanden.

In der Schweiz trat diese neue Betreuungsform zum ersten Mal im Zusammenhang mit der Krankheit Aids in Erscheinung. 1991 wurde in Zürich das erste Lighthouse eröffnet, das heute als Palliativhospiz ein fester und hochgeschätzter Teil des Gesundheitssystems ist.

Exit, in ihrem Selbstverständnis seit je ein Kompetenzzentrum für die Begleitung und Betreuung terminal kranker Menschen, beteiligte sich früh an der Förderung dieser behutsamen pflegerischen Alternative zum begleiteten Freitod. 1988 gründete Exit die Stiftung für Schweizerische Exit-Hospize (heute Stiftung Palliacura) mit bemerkenswert offen formulierten Zielen. In deren Statuten heisst es:

«Die Stiftung hat den Zweck, Institutionen und Projekte zu schaffen, zu betreiben und zu unterstützen, die sich für die Erleichterung der letzten Lebenszeit von unheilbar kranken oder sterbenden Menschen engagieren, insbesondere durch pflegerische Betreuung und palliative Behandlung.

Die Stiftung fördert namentlich Institutionen und Projekte, welche ein derartiges Engagement unmittelbar am Patienten erbringen oder in die Forschung/Ausbildung dazu investieren oder das Bewusstsein der Bevölkerung für diese Belange stärken.»

Einspruch von links: Wer redet? Wer verdient? Wer stirbt?

Einen scharfen Gegenkurs zu der damals herrschenden öffentlichen Meinung in der Schweiz fuhr einzig die linke *WochenZeitung* in einem umfangreichen Themendossier (Nr. 9/1984), das unter anderem von der intensiven Mitarbeit des Psychiaters Ralf Binswanger profitierte. Als Grund für die plötzliche Aktualität und Dringlichkeit des Themas Sterbehilfe nannte das Blatt individuelle und gesellschaftliche Gründe mit respektabler Präzision:

«Atomisierung der Gesellschaft: Die Zahl jener nicht ausschliesslich alten Leute wächst, deren vertraute Welt sich mehr und mehr reduziert auf eine gemietete Wohnung, Haustier, Radio + Fernsehen, einen Abwart und einen Pöstler. Die Zahl jener wächst, deren existentielle Entwurzelung, deren ‹Kulturschock› mit dem Schritt über die Türschwelle beginnt. Sterbehilfe ist für diese Leute die Hoffnung, im letzten Réduit der Vertrautheit, dem des Alleinseins in den ‹eigenen› vier Wänden, sterben zu können; die Hoffnung, um das Altersheim, die psychiatrische Klinik, das Spital herumzukommen. Für jene, die später in Ermangelung eines eigenen sozialen Netzes von vertrauten Leuten nichts anderes mehr zu erwarten haben als die ‹Lebenshilfe› von karitativen Funktionären, ist das Interesse für die Sterbehilfe eine Frage des verbliebenen Stolzes.

In seinem Buch *Hand an sich legen – Diskurs über den Freitod,* hat Jean Améry 1976 geschrieben:

«Nur schlecht begreift, wer immer da den Gedanken des Freitods, und sei es auch nur stundenweise, sei es sogar kokett-spielerisch, zu fassen sich anschickt, die zudringliche Besorgtheit der Gesellschaft um sein Endgeschick. Sie hat, diese Gesellschaft, sich wenig gekümmert um sein Dasein und Sosein. Krieg wird angezettelt: Man wird ihn einziehen und ihm aufgeben, dass er sich wohlbewähre inmitten von Blut und Eisen. Sie hat ihm die Arbeit genommen, nachdem sie ihn zu ihr erzog: Jetzt ist er arbeitslos, man fertigt ihn ab mit Almosen, die er verbraucht und sich mit ihnen. Er fällt in Krankheit: nur leider, es sind zu wenig Spitalbetten verfügbar, die kostbaren Linderungen sind rar, ihrer aller kostbarste, das Einzelzimmer, wird ihm nicht zugänglich gemacht. Erst jetzt, wo er der Todesneigung nachzugeben wünscht, wo er dem Ekel vor dem Sein nichts mehr entgegenzustellen gewillt ist, wo Dignität und Humanität ihm gebieten, die Sache sauber abzutun und zu vollbringen, was er ohnehin eines Tages wird müssen: zu verschwinden – nur jetzt gebärdet die Sozietät sich, als sei er ihr teuerstes Stück, umstellt ihn mit scheusslichen Apparaturen und führt ihm den höchst abstossenden Berufsehrgeiz der Ärzte vor, die dann seine ‹Rettung› auf ihr professionelles Habenkonto schreiben, gleich Jägern, wenn sie die Strecke des abgeschlachteten Wildes abschreiten. Sie haben ihn, so meinen sie, dem Tode abgejagt und gebärden sich wie Sportler, denen eine ausserordentliche Leistung gelang.»

Mit ungewöhnlicher Schärfe attackierte die *WochenZeitung* sodann die junge Vereinigung Exit:

«Während der individuelle Entschluss zum Freitod, den Améry meint, gesellschaftlich weiterhin geächtet bleibt, wird Exit, die ‹Vereinigung für ein humanes Sterben›, zur Modeerscheinung, die auch fortschrittliche Kreise als fortschrittlich missverstehen. Mit beispielloser politischer Dummheit fordert Exit aus ‹humanitären Überlegungen› ‹passive› oder ‹aktive Sterbehilfe› sowie ‹Freitodhilfe›. Der Zwang der faschistischen Euthanasieprogramme soll ersetzt werden durch einen testamentarisch hinterlegten ‹letzten Willen in absoluter geistiger Frische und Unabhängigkeit›, sich unter gewissen Umständen ohne viel Aufhebens töten zu lassen. So soll der ‹Gnadentod› wieder salonfähig gemacht werden.»

Die WoZ-Autoren – Christoph Eggli, Ralf Binswanger, Fredi Lerch – offenbaren in aller Offenheit ihre marxistisch unterfütterte antiinstitutionelle Haltung in dem von Exit ausgelösten öffentlichen Disput:

«Weder für den Zwang zum Leben noch für das Recht zum Sterben brauchen wir einen kategorischen Imperativ. (…) In der Sterbehilfediskussion geht es für uns auf keinen Fall darum, ‹Rechte› zu fordern, die man sich zwar nehmen, nie aber schenken lassen kann.

Warum beginnt man jenen Leuten, um deren Leiden sich ein Leben lang niemand gross gekümmert hat, plötzlich den Kopf vollzuschwatzen, für sie sei es das beste, sich das Leiden beim Sterben verkürzen zu lassen? Gesetzt, es stimmt, dass die ‹Freut-euch-des-Sterbens-Welle›, die wir zu beobachten glauben, eine lancierte ist: Wer garantiert uns, dass ein institutionalisiertes ‹Recht auf einen würdigen Tod› nicht zur freiheitlich-demokratischen Sanierung des überalterten, zu wenig effizienten ‹Volkskörpers› mittels ‹Freitodhilfe› missbraucht werden könnte?

Wer redet? Wer verdient? Wer stirbt?»

Erstaunlicherweise wurde diese heftige Gegenposition von der Exit-Vereinigung, die unter Walter Baechi sonst schnell und empfindlich auf Medienkritik zu reagieren pflegte, ignoriert. Und auch von der politischen Öffentlichkeit wurde sie weder aufgenommen noch diskutiert. Das Manifest der WoZ-Autoren blieb eigentlich für viele Jahre die einzige Fundamentalkritik von linker Seite an den von Exit vertretenen Positionen – ein auffallender Unterschied zu den Verhältnissen in Deutschland, Frankreich und Italien.

Elisabeth Kübler-Ross: «Sterben ist schön!»

Früher als andere setzte sich die in Zürich geborene Elisabeth Kübler (1926–2004), Tochter eines wohlhabenden Kaufmanns, mit den Themen von Tod und Sterben auseinander. Auf väterliches Geheiss durchlief sie eine Laborantinnenlehre im Kantonsspital und bereitete sich, hinter dem Rücken des Vaters und unterstützt von Verwandten, auf die Maturaprüfung vor. Ihr Medizinstudium finanzierte sie als Werkstudentin. 1958 wanderte sie in die USA aus und heiratete einen amerikanischen Kommilitonen. Ihre medizinischen Staatsexamen musste sie zweimal wiederholen, weil die schweizerischen Ausweise nicht anerkannt wurden und es auch in den USA Differenzen zwischen den Bundesstaaten gab.

Nach Jahren der Weiterbildung wurde Elisabeth Kübler-Ross Assistenzprofessorin für Psychiatrie an der Universität von Chicago. Dort entdeckte sie in Seminaren der Klinikseelsorge für die Begleitung von Sterbenden das Thema ihres Lebens. Auch in den USA wichen die Ärzte dem Thema Tod aus; Elisabeth Kübler-Ross studierte es vertieft und schrieb ihr erstes Buch *On Death and Dying*, das ein Weltbestseller wurde. Sie beschrieb fünf Phasen, die der Mensch durchläuft, wenn er eine tödliche Diagnose erhält: Nicht-wahrhaben-Wollen, Zorn, Verhandeln, Depression und, nach einer letzten Auflehnung, die Akzeptanz.

Elisabeth Kübler-Ross wurde zur grossen Autorität, was die letzten Dinge betraf. Sie schrieb Bücher, hielt Vorträge, wurde mit Anfragen und Aufträgen überhäuft. Das meiste liess sie unerledigt liegen. Ihr Forschergeist war stärker als ihr Ordnungssinn. Ihre letzte Lebenszeit verbrachte sie in einer New-Age-Gemeinschaft von Geistheilern mit Bücherschreiben und schlagzeilenträchtigen Behauptungen, zum Beispiel: «Es ist wissenschaftlich bewiesen, dass es ein Leben nach dem Tod gibt!» Etwa 30 Ehrendoktortitel, Filme und Bücher machten sie weltberühmt. Ihre Kernbotschaft tröstete Tausende: «Der Tod ist nichts, was du fürchten müsstest. Er kann zur schönsten Erfahrung deines Lebens werden. Alles hängt davon ab, wie du gelebt hast.»

Kübler-Ross hat der Idee der Sterbehilfe in der Schweiz vor allem durch Publizität und vereinzelte Vorträge geholfen.

8

Kräftiger Schub aus dem Ausland

Erst lag die Schweiz weit zurück, dann an der Spitze

Die Idee, eine Selbsthilfeorganisation für ein würdiges, selbstbestimmtes Lebensende zu gründen, ist nicht auf schweizerischem Boden gewachsen. Sogar der Name wurde aus England importiert. Schon lange vor der schweizerischen Exit gab es in England und Schottland erste Vereinigungen dieses Namens. Insgesamt existierten im Gründungsjahr der beiden schweizerischen Exit-Bewegungen (1982) schon in mindestens zwölf anderen Ländern nationale Organisationen, die für das selbstbestimmte Lebensende eintraten. Deren erster Weltkongress hatte 1976 stattgefunden. Seit 1980 gab es sogar in Deutschland die Deutsche Gesellschaft für Humanes Sterben (DGHS) – in dem Land, das noch durch das Erbe der unmenschlichen nationalsozialistischen Ideologie belastet war. Die damals verübte Vernichtung sogenannt unwerten Lebens, verbunden mit verbrecherischen medizinischen Versuchen, hatte zwar mit der Freitodhilfe, wie sie in den 1980er- und 1990er-Jahren in ganz Europa angestrebt wurde, nichts zu tun. Aber die gesellschaftliche Debatte zu diesem Themenkreis war von vornherein vergiftet und die Gegner der Selbstbestimmung am Lebensende, allen voran die katholische Kirche, schürten hartnäckig die Begriffsverwirrung, allein schon damit, dass sie die Freitodhilfe immer als «Euthanasie» bezeichneten. In der Folge wichen die meisten Politiker, unabhängig von ihrer Parteizugehörigkeit, dem heiklen Thema aus.

Von einem starken Einfluss auf die öffentliche Meinung, geschweige denn von Erfolgen der DGHS auf politischer oder juristischer Ebene, ist denn auch wenig bekannt geworden, jedenfalls bis zum Grundsatzurteil des Bundesgerichtshofs von 2020, das die Selbstbestimmung über das Lebensende in den Rang eines Menschenrechts erhob.

Eliteorganisation und Massenbewegung

Die englische Voluntary Euthanasia Society (VES), 2006 umbenannt in Dignity of Dying, wurde 1935 in London von Ärzten, Theologen und Anwälten gegründet. Schon die Gründungsversammlung in den Räumen der British Medical Association wurde von etwa 40 Demonstranten gestört, die einer katholischen Jugendorganisation angehörten.

Es gab aber einen wesentlichen Unterschied zur Organisationsgeschichte von Exit in der Schweiz: Die englische Organisation, obwohl hierzulande von den Gründerinnen und Gründern von Exit als Vorbild betrachtet, war nie als Massenbewegung angelegt, sondern durchaus elitär als ein Netz von besonderen Sympathisanten, die auf höherer Ebene Einfluss auf die Politik nehmen wollten. Wie alle Organisationen dieser Art hielt sie sorgfältig Distanz zu allen politischen, religiösen oder weltanschaulichen Richtungen.

Im Jahr 2010 zählte die englische Exit 25 000 Mitglieder. In der ungleich kleineren Schweiz waren es damals schon mehr als doppelt so viele.

Die schottische Exit entstand 1980 als Abspaltung von der britischen Dignity of Dying, als sich diese gegen die Publikation eines Handbuchs für würdigen Suizid aussprach. Die Exit in Schottland veröffentlichte 1980 auf eigene Faust das erste Handbuch dieser Art auf der Welt. Ungeachtet der auch in diesen Organisationen nicht seltenen Meinungsdifferenzen in solchen Einzelfragen sprach sich die öffentliche Meinung im Vereinigten Königreich über Jahrzehnte hinweg klar für den Grundsatz der Selbstbestimmung in der letzten Lebensphase aus. 2010 hatte die Zustimmung zur aktiven Sterbehilfe durch Ärzte 82 Prozent erreicht, wie eine Erhebung von British Social Attitudes Survey ergab. Von den Personen, die sich selbst als nicht religiös bezeichneten, waren sogar 92 Prozent dieser Meinung.

Aber auch bei den Religiösen ergab sich eine klare Mehrheit von 71 Prozent.

Der unmittelbare Anlass zur Gründung der Exit-Vereine in der Romandie und in der deutschen Schweiz war ein Artikel, der am 16. November 1979 im Zürcher *Tages-Anzeiger* erschien. Darin wurde über die Voluntary Euthanasie Society in London berichtet und über die Bestrebungen, anfangs 1980 das erwähnte Handbuch herauszugeben.

Die pensionierte Lehrerin Hedwig Zürcher in Oberägeri las den Artikel und war fasziniert. Noch wusste sie nichts von ihrem eigenen Schicksal, das sie zehn Jahre später veranlassen würde, selbst Freitodhilfe in Anspruch zu nehmen. Aber sie war eine kluge Frau, die mit der Möglichkeit einer hoffnungslosen Krankheit rechnete.

Erst lag die Schweiz weit zurück, dann an der Spitze

Auffallend ist, dass zu Beginn der 1980er-Jahre das Thema Sterbehilfe in der Schweiz, von der Affäre Haemmerli und den Auseinandersetzungen um die Zürcher Volksinitiative (1975/1977) abgesehen, in der öffentlichen gesundheitspolitischen Debatte ausserhalb der medizinischen und theologischen Fachkreise noch kaum Gewicht hatte. Wenige Jahre nach ihrer Gründung zählten aber die beiden Schweizer Exit-Organisationen im Verhältnis zur Bevölkerungszahl und fast auch in absoluten Zahlen weltweit am meisten Menschen, die sich durch eine Mitgliedschaft zur Selbstbestimmung am Lebensende bekannten.

Die offizielle Politik hingegen hing auf Bundesebene weiterhin zurück. Die erste und bisher einzige parlamentarische Debatte zum Thema Sterbehilfe wurde erst am 11. Dezember 2001 im Nationalrat geführt, und niemand hat hinterher behauptet, es sei dies eine Sternstunde des Parlamentarismus gewesen.

Im Vergleich etwa zu England, Skandinavien, Österreich, Frankreich oder Deutschland hinkte die Schweiz anfänglich der internationalen Entwicklung hinterher. Woran lag es, dass das Thema nach der Gründung von Exit in der Westschweiz und in der deutschen Schweiz plötzlich so viel Fahrt aufnahm und in der täglichen Praxis von Pflegeheimen und Spitälern schneller durchgesetzt wurde als in anderen Staaten, wo die Frage schon früher diskutiert worden war?

Eine plausible Antwort gibt der Präventivmediziner Felix Gutzwiller, der zugleich aktiver freisinniger Politiker war, zuerst als Nationalrat (1999–2006), dann als Vertreter des Kantons Zürich im Ständerat (2007–2015):

«In der Schweiz dauert es sehr oft lang – aber wenn dann nach langjähriger Arbeit und Diskussion der richtige Weg für alle klar ist, geht es ganz schnell, weil alle Beteiligten wissen: In der direkten Demokratie muss man schnell auf klare Mehrheitspositionen einschwenken. Wahrscheinlich hat die langjährige Überzeugungsarbeit von Exit Früchte getragen. Ich habe deren Lobbying immer als fundiert und sachlich erlebt. Oft sind die Bürger am Ende eben progressiver als die Offiziellen. Ganz ähnlich verlief der Prozess der Meinungsänderung ja bei der Heroinabgabe für Drogenabhängige, die ursprünglich nicht nur für viele Politiker, sondern auch für Fachleute etwas Undenkbares war. In der direkten Demokratie kommt der Druck eben oft von unten.»

Julius Hackethal: auf Messers Schneide

Zu den frühen ausländischen Unterstützern von Exit (Deutsche Schweiz) gehörte Prof. Julius Hackethal, Facharzt für Chirurgie (1921–1996). Schon als junger Klinikarzt in Erlangen griff er seinen Chef wegen mehr als 100 Kunstfehlern öffentlich an. In der Folge erregte er immer wieder Aufsehen mit seiner unverblümten Kritik an der schulmedizinischen, auf Chemotherapie gegründeten Krebsbehandlung, die er als «Verstümmelungsstrategie» bezeichnete. Er plädierte dafür, gewisse harmlosere Krebsarten besser in Ruhe zu lassen, als sie zu behandeln; von ihm stammte die bildhafte Bezeichnung «Haustierkrebs». Sein Buch *Auf Messers Schneide* wurde zum Bestseller.

In den 1980er-Jahren engagierte sich Hackethal für die aktive Sterbehilfe. Seine Offenheit gegenüber den Medien verlieh dem Thema in der deutschsprachigen Öffentlichkeit starken Schub. Hackethal erklärte öffentlich, er habe seiner Mutter die tödliche Spritze gesetzt. Aufsehen erregte ein von ihm gedrehter Film, der zeigte, wie er einer schwer kranken Frau, deren Gesicht von Krebs und Operationen entstellt war, Zyankali gab. Zu einer Verurteilung kam es nicht, da die Frau den Becher mit dem Gift selbstständig zum Mund geführt und ausgetrunken hatte. Um jedoch nicht wegen unterlassener Hilfeleistung verfolgt werden zu können, hatte sich Hackethal aus dem Sterbezimmer seiner Patientin entfernt, bevor diese wegen der Einnahme des Gifts das Bewusstsein verloren hatte. Die damals geltende deutsche Gerichtspraxis verlangte für einen solchen Fall, dass ein Arzt auch dann einen Patienten «rettet», wenn er weiss, dass dieser wirklich von eigener Hand sterben wollte.

Julius Hackethal trat im März 1985 als Referent an der Generalversammlung der deutschschweizerischen Exit hervor. Der Vortrag erregte grosses Aufsehen und half der Vereinigung, öffentlich bekannt zu werden. Auch bei diesem Anlass bewies Hackethal seine Fähigkeit, die Dinge pointiert auszudrücken, zum Beispiel: Nazi-Euthanasie verhalte sich zur Selbstmordhilfe von Exit «wie Adolf Eichmann zu Albert Schweitzer», sagte er. Am Ende seiner Laufbahn leitete er eine eigene Klinik in Oberbayern, in der die Regel galt: «Jeder Patient soll vom Arzt behandelt werden wie der beste Freund – oder gar nicht.» Für sich selbst hatte sich Hackethal für das «gar nicht» entschieden. Er starb an den Lungenmetastasen eines unbehandelten Prostatakrebses.

9

Die Schüsse von den Kanzeln

Der Vatikan benutzte die letzten Dinge als Machtmittel –
Kampf um die Seele

Zu den hartnäckigsten Gegnern der Autonomie der Betroffenen über die letzten Dinge gehörten die beiden grossen christlichen Kirchen. Anfang der 1980er-Jahre waren deren Positionen klar und hart: Hand an sich zu legen war ein unerlaubter Eingriff in den göttlichen Schöpfungsplan und nach katholischer Lehre eine Todsünde. In den 40 Jahren der Existenz und des Wirkens von Exit ist bei beiden Kirchen – weniger bei den Führungsgremien als bei der Masse der einfachen Gläubigen – eine differenziertere Betrachtungsweise durchgedrungen. Auf der Ebene der Amtskirchen ist der katholische Standpunkt immer noch unbeugsamer als der evangelisch-reformierte. Wie bei der zweiten grossen Frage um Leben und Tod, dem Schwangerschaftsabbruch, wird eine auffallende Diskrepanz zwischen den rigiden Positionen der Amtskirchen und dem praktischen Verhalten eines beträchtlichen Teils ihrer Gläubigen sichtbar.

Für die Gottgläubigen im Mittelalter war die Selbsttötung ein Verbrechen, vergleichbar mit Mord. Kirchenrecht und Volksglauben schlossen die Bestattung von Selbstmördern in geweihter Erde aus. Im Zürich der frühen Neuzeit (13.–15. Jahrhundert) und einer Reihe weiterer Städte konnten ihre Vermögen beschlagnahmt und ihre Häuser zerstört werden.

Zu allen Zeiten und in den meisten europäischen Kulturen wurden die Verdammten, die Exkommunizierten, die Verurteilten und «jene, deren Leichname von ihren Angehörigen nicht zurückerbeten worden sind» an abgelegenen Stellen auf freiem Feld (dem Schindanger) beigesetzt oder einfach mit Steinen zugedeckt. Diese Orte waren oft identisch mit den Galgen- oder Hinrichtungsplätzen.

Die Angst vor den Wiedergängern: Aufruhr, wenn die Herren zu gnädig waren

Eine Bestattung eines Selbstmörders in geweihter Erde hätte wegen des weitverbreiteten Aberglaubens zu schweren Konflikten geführt, wie der Zürcher Historiker Martin Illi anhand der Stadtbücher von 1417 am Beispiel des Pfarrers Schänis nachweist. Der Rat liess die Leiche dieses geistlichen Selbstmörders aus Barmherzigkeit in geweihter Erde bestatten, doch es war das Volk, das sich im Zorn dagegen auflehnte. Die Menschen befürchteten, der Suizidant werde als Wiedergänger auf die Erde zurückkehren und dabei Unwetter verursachen «(...) dann darumb daz unser eidgenossen und gemeinmland daruf schryn und meinen, da sy das gross unwetter, so ietz lang zit gewesen ist, von haben, dass man einen sölichen menschen, der sich selbst ertödet hat in dem gewichten ertrich liegen lassen». Unter dem Druck der Strasse musste der Leichnam von Pfarrer Schänis wieder ausgegraben und in einem Fass in die Limmat geworfen werden.

Die Ächtung des Selbstmords drückte sich noch in der Neuzeit im Umgang mit den sterblichen Überresten aus. Aus dem Zürichbiet des 17. Jahrhunderts sind mehrere Fälle dokumentiert, in denen die Leichen vom Wasenmeister, dem Gemeindediener, der sich sonst um Tierkadaver zu kümmern hatte, formlos ins Feuer geworfen wurden, «wie dann zu söllichen leidlichen Sachen brüchlich» (z. B. in Grüningen, 1603). Das Vermögen der Selbstmörder fiel der Obrigkeit anheim. Wer den Selbstmordversuch überlebte, musste vor dem irdischen Richter erscheinen.

Auch 200 Jahre nach dem Fall des Pfarrers Schänis beobachtete man noch immer die gleichen Erscheinungen des Aberglaubens. Der Historiker Markus Schär berichtet:

«Nur bei Opfern, die am Strick oder mit durchschnittener Kehle gefunden werden, nehmen die Zeitgenossen meist an, sie hätten sich selbst Gewalt angetan; bei Leichen ohne Verletzungen, die im Wasser oder an der Landstrasse liegen, fällt der Entscheid dagegen häufig schwer, und wenn unauffällige Methoden wie das Vergiften gewählt werden, kann die Tat gar unentdeckt bleiben.»

Gelegentlich wurden Selbsttötungen verschwiegen oder vertuscht, weil sich die Hinterbliebenen schämten und vor der Ächtung durch die Mitbürger fürchteten. Selbst in milderen Fällen wurden die Leichname der Unglücklichen ohne Leichenbegängnis und Gebet in einer Ecke des Kirchhofs, auch Malefikanten-Friedhof genannt, verscharrt. Die Kirche verweigerte ihnen die üblichen Ehrenbezeugungen wie Predigt und Glockengeläute. Für die Zeit zwischen 1687 und 1729 weist Markus Schär Fälle von Aufruhr und Rebellion in der Zürcher Landschaft nach, wenn jemand den Tod gesucht hatte und die in solchen Fällen manchmal wirklich Gnädigen Herren aus Mitleid und Rücksicht auf die Hinterbliebenen eine schonende Erledigung durch Bestattung auf dem «ehrenhaften» Friedhof anordneten.

Noch immer galt der Volksglaube, dass jede Berührung mit dem toten Leib eines Suizidanten Unglück bringe. Väter und Brüder ergriffen die Flucht, wenn es galt, einen Menschen aus der Familie zu bergen, der sich erhängt hatte. Dafür wurde der Henker gerufen. Die Nähe eines toten Selbstmörders galt auch als Gefahr für Schwangere und ihre Leibesfrucht.

Feuerbestattung als Akt der Feindseligkeit?

Zu allen Zeiten wurden die letzten Dinge und der Umgang mit den sterblichen Überresten von kirchlichen Autoritäten als Machtmittel eingesetzt, wie etwa die Geschichte der Feuerbestattung in der Schweiz belegt. Die Erdbestattung folgte dem Vorbild der Grablegung Christi. Die Befürworter der Feuerbestattung führten zu Beginn des industriellen Zeitalters hygienische und ästhetische Gründe ins Feld. Die Feuerbestattung wurde jedoch von der katholischen Kirche als Akt der Feindseligkeit aufgefasst und heftig bekämpft, auch weil sich unter ihren Anhängern viele Freimaurer befanden. Das erste Krematorium der Schweiz wurde 1889 in Zürich eröffnet (Sihlfeld A). Im Tessin arteten die Meinungsdifferenzen zu einem eigentlichen Kulturkampf aus. 1903 wurde eine von Liberalen, Antiklerikalen und Freimaurern unterstützte Gesetzesrevision, die eine Änderung der Friedhofsordnung und damit den Bau eines Krematoriums in Lugano erlaubt hätte, an der Urne abgelehnt. 1910 beschloss der Tessiner Grosse Rat dennoch, die Kremation zu gestatten. Klerikale Volksvertreter gelangten dagegen an das Bundesgericht, wurden aber abgewiesen. 1913 wurde das Krematorium von Lugano eröffnet.

Während die Evangelisch-Reformierten mit der Zeit ihren Widerstand aufgaben, rückte die katholische Kirche erst 1963 vom Verbot der Kremation ab. 1980 überschritt die Zahl der Kremationen in der Schweiz zum ersten Mal diejenige der Erdbestattungen. Auch auf diesem scheinbar nebensächlichen, aber emotional schwer belasteten Gebiet hatte sich der Mentalitätswandel beim einfachen Volk wesentlich früher durchgesetzt als bei den etablierten Hütern konservativer Positionen.

Theoretisch Verständnis, in der Praxis Berufsverbot

Was über die Jahrhunderte hinweg in die Köpfe und Herzen der Menschen eingebrannt war, liess sich auch in der Neuzeit nicht ohne Weiteres tilgen. Selbsttötung blieb auch in der Vorstellungswelt der Moderne ein Tabu; die Erkenntnisse der Psychologie und der Psychotherapie vermochten daran nur wenig zu ändern. Strenge Kirchenvertreter machten sich die allgemeine Scheu vor dem Thema als Kontroll- und Machtmittel zunutze. Wer innerhalb der Amtskirche eine abweichende Position vertrat, bekam die Folgen schmerzlich zu spüren, so auch der reformierte Pfarrer Rolf Sigg, der spätere Geschäftsführer von Exit.

Nachdem er in einem Fernsehinterview von 1986 freimütig offengelegt hatte, dass er und seine Gattin gelegentlich Suizidwillige begleiteten, griff seine kirchliche Oberbehörde, der Synodalrat der Reformierten Kirchen Bern-Jura-Solothurn, zum schärfsten Machtmittel. Er stellte Sigg vor die Wahl, entweder sein Engagement für Exit aufzugeben oder seine Pfarrstelle in Grenchen zu verlieren. Sigg entschied sich für seine Gewissensfreiheit. An der Generalversammlung von Exit im Jahr 1986 berichtete er:

«Klar ist heute, dass ich nicht mehr damit rechnen darf, auf Berner Gebiet je wieder pfarramtlich tätig sein zu können. (…) Weh tut vor allem, dass meine reformierte Kirche, zu der ich stehe, so blind ist. Dass ihre verantwortlichen Organe nicht erkennen können: Von Nächstenliebe zu predigen ist gut, Erbarmen zu empfinden ziemt einem Christen, aber aus Nächstenliebe und Erbarmen zu handeln, soll schlecht sein? (…) Für mich gab es nie den geringsten Zweifel, dass man als christlicher Theologe für Exit tätig sein darf. Exit und Agnostiker gehen zusammen. Exit und Atheisten gehen zusammen, aber genauso gut gehen Exit und Christen zusammen, ja von meiner Überzeugung aus ganz besonders gut. Denn menschliche Selbstbestimmung gehört zum Schöpfungsplan. Gott hat uns dazu geschaffen, als Handelnde und Selbstverantwortliche zu leben und zu sterben, und dazu wollen wir möglichst vielen verhelfen.»

Unnachgiebige Härte, vom Vatikan diktiert

Seit es die Selbstbestimmungsorganisationen gibt, hat die Position der evangelisch-reformierten Amtskirche zur selbstbestimmten Lebensbeendigung eine allmähliche, aber spürbare Differenzierung erfahren. Unverändert dogmatisch kommt dem Beobachter dagegen die katholische Kirche entgegen. Von Anfang an war offenkundig, dass die Aktivitäten und Äusserungen der Schweizer Vertreter der katholischen Kirche zum Thema Freitodhilfe vom Vatikan eng geführt und kontrolliert wurden. Folglich verhielt sich die katholische Amtskirche, in der Schweiz vertreten durch die Bischofskonferenz, in der Frage des assistierten Suizids so, wie sie es zu allen Zeiten und in allen Kulturen immer getan hat, wenn Haltung und Positionsbezug zu grundsätzlichen Lebensfragen gefordert waren. Ob Geburtenkontrolle, Priesterehe, Beteiligung der Frauen an der Seelsorge, Abtreibung oder Homosexualität: Im Grundsatz drückte diese Kirche immer Verständnis für Reformwünsche aus, versicherte die Betroffenen ihrer Liebe, richtete Gremien ein – und beharrte am Ende des Tages kompromisslos auf den alten Glaubenssätzen. Wenn es um den Tatbeweis des geäusserten Verständnisses ging, wich der Vatikan keinen Millimeter von seiner dogmatischen Linie ab. Die gut meinenden

Kleriker und Laien in Diakonie und Seelsorge mussten mit den offenkundigen Widersprüchen zwischen dem dogmatischen Gesetz und dem Wandel der Lebenseinstellung von immer mehr eigenständig denkenden Gläubigen alleine zurechtkommen. Die manchmal mutige, manchmal zaghafte Annäherung katholischer Würdenträger an die Positionen von Organisationen wie Exit und anderen mochten im Einzelfall aufrichtig gemeint sein; sie änderten aber nichts an der eisernen, aber mit immer neuen Wortgirlanden verhüllten römischen Dogmatik.

Brudermord und Sterbehilfe im gleichen Zusammenhang

Massgebend war und ist die Enzyklika «Evangelium vitae», die Papst Johannes Paul II. im Jahre 1995 erlassen hat. Ausserdem liegen von allen drei Päpsten, die seit 1982 im Amt waren bzw. sind, Reden und Briefe vor, in denen vor allem katholische Ärzte, Pflegepersonen und Institutionen zum Widerstand gegen die Selbstbestimmung am Lebensende aufgefordert werden.

In der Enzyklika von 1995 geht es um Wert und Würde des menschlichen Lebens. Der Papst aus Polen, gehärtet durch die trotzige Dogmentreue seiner vom Kommunismus belagerten Ostkirche, schlägt einen kühnen thematischen Bogen vom Mord des Kain an seinem Bruder Abel über die Abtreibung bis zur Sterbehilfe. Hinweise auf jene Phasen der Welt- und Kirchengeschichte, in denen der Einsatz des Vatikans für die Würde des Lebens weniger entschieden war – Kreuzzüge, Glaubenskriege, Kolonialismus bis hin zum Verhalten der römischen Kirche gegenüber dem Dritten Reich – sucht man allerdings vergeblich. Dagegen fehlt es in diesem ausführlichen päpstlichen Rundschreiben nicht an effektvollen, aber nicht näher belegten Behauptungen, etwa:

«Um die Verbreitung der Abtreibung zu erleichtern, wurden und werden weiterhin ungeheure Summen investiert, die für die Entwicklung pharmazeutischer Präparate bestimmt sind, die die Tötung des Fötus im Mutterleib ermöglichen, ohne die Hilfe eines Arztes in Anspruch nehmen zu müssen.»

Für den persönlich liebenswürdigen, aber dogmatisch unbeugsamen Johannes Paul II. gehörte ohnehin alles in den gleichen Topf. Wörtlich verkündete er:

«Was ferner zum Leben selbst in Gegensatz steht, wie jede Art Mord, Völkermord, Abtreibung, Euthanasie und auch der freiwillige Selbstmord; was immer die Unantastbarkeit der menschlichen Person verletzt wie Verstümmelung, körperliche oder seelische Folter und der Versuch, psychischen Zwang auszuüben; was immer die menschliche Würde angreift, wie unmenschliche Lebensbedingungen, willkürliche Verhaftung, Verschleppung, Sklaverei, Prostitution, Mädchenhandel und Handel mit Jugendlichen, sodann auch unwürdige Arbeitsbedingungen, bei denen der Arbeiter als blosses Erwerbsmittel und nicht als freie und verantwortliche Person behandelt wird: Alle diese und andere ähnliche Taten sind an sich schon eine Schande; sie sind eine Zersetzung der menschlichen Kultur, entwürdigen weit mehr jene, die das Unrecht tun, als jene, die es erleiden. Zugleich sind sie in höchstem Masse ein Widerspruch gegen die Ehre des Schöpfers.»

Originalton aus Rom: «Assistierter Suizid hat Verbrechenscharakter!»
Was den assistierten Suizid betrifft, war der freundliche und 2014 heiliggesprochene Papst unerbittlich. Johannes Paul II. schrieb in seiner Enzyklika von 1995 wörtlich:

«Die Suizidabsicht eines anderen zu teilen und ihm bei der Ausführung behilflich zu sein, heisst Mithelfer eines Unrechts zu werden, das niemals, auch nicht, wenn darum gebeten worden sein sollte, gerechtfertigt werden kann.»

Der Papst ging noch weiter. Er verglich den assistierten Suizid mit der Abtreibung und beklagte «die Tendenz, dass sie im Bewusstsein der Öffentlichkeit den ‹Verbrechenscharakter› verlieren und paradoxerweise ‹Rechtscharakter› annehmen».

Oder, etwas verständlicher formuliert: Der katholische Gläubige hat den assistierten Suizid gefälligst als Verbrechen zu betrachten! Alle Abstimmungsergebnisse in der direkten Demokratie der Schweiz zu dieser Frage belegen, dass eine grosse Mehrheit des Volks und damit auch der Schweizer Katholiken mit diesem vatikanischen Pauschalurteil ebenso umgeht wie mit deren übrigen als realitätsfern empfundenen Positionen zu Lebensfragen: Man lässt die Amtsträger reden und handelt, meist stillschweigend, wie es einem Gewissen und Vernunft vorgeben.

Schon im Sprachgebrauch fällt seit je die Parteilichkeit auf. Das Oberhaupt der katholischen Christenheit wie auch die Glaubenskongregation benützten bis zum Jahr 2020 für jede Form der freiwilligen Beendigung des Lebens konsequent den historisch schwer belasteten Begriff der «Euthanasie». Es sind auch bevorzugt römisch-katholische Kleriker, die die Selbsttötung stets und gerne als «Selbstmord» bezeichnen, um diesen Akt möglichst in die Nähe eines der schwersten Verbrechen zu rücken. So wollen sie die Fiktion aufrechterhalten, es handle sich dabei um eine Straftat.

Zu einer ähnlich kompromisslosen Ablehnung der Todesstrafe durch die katholische Kirche hat es dagegen bis in die jüngste Zeit nicht gereicht. «In schwerwiegendsten Fällen, das heisst, wenn der Schutz der Gesellschaft nicht anders möglich sein sollte», war für die katholische Amtskirche auf dem Schafott und unter dem Galgen der absolute Schutz des Lebens ausser Kraft gesetzt.

Immerhin nahm der Pontifex Maximus an der Schwelle zum 21. Jahrhundert das mitten im Kulturkampf des 19. Jahrhunderts erlassene Dogma von seiner Unfehlbarkeit bei Verkündigungen «ex cathedra» nicht in Anspruch. Papst Franziskus korrigierte im Sommer 2018 nachträglich die Haltung der Kirche zur Todesstrafe, indem er diese durch eine Änderung des Katechismus kategorisch verurteilte.

Hinhaltender Widerstand, Ausweichstrategien

Vor diesem Hintergrund war und ist in der Frage der selbstbestimmten Lebensbeendigung von den nachgeordneten romtreuen Funktionären der katholischen Amtskirche nichts anderes zu erwarten als hinhaltender Widerstand, manchmal auch Obstruktion. Gelegentlich wurden durchaus fantasievolle Strategien angewandt. In der Ende 2019 veröffentlichten letzten offiziellen Stellungnahme der Schweizer Bischofskonferenz, die als «Orientierungshilfe für die Seelsorge» bezeichnet wurde, fällt auf, dass das kirchliche Papier an prominenter

Stelle, gleich zu Beginn des Texts, die Palliativmedizin als die grosse Alternative zum selbstgewählten Suizid aufbaut. Durch die Verbreitung der palliativen Versorgung – so die Verlautbarung der Bischofskonferenz – könne dazu beigetragen werden, «dass der assistierte Suizid nicht als einzige gesellschaftliche ‹Normalität› des Sterbens erfahren und wahrgenommen wird».

Exit hat diesem Argument stets entgegengehalten, dass der freiwillige Suizid und die uneigennützige Begleitung nur bei einem Bruchteil aller Todesfälle in der Schweiz auch tatsächlich realisiert werde. Dass Exit durch die Gründung der Stiftung Palliacura das palliative Konzept ausdrücklich anerkennt und aktiv fördert, hat die römische Seite in diesem Zusammenhang nie erwähnt.

Die hohen Mitgliederzahlen von Exit deuten ferner darauf hin, dass sich die meisten Exit-Mitglieder, unter ihnen vermutlich auch viele Katholiken, den freiwilligen und schmerzlosen Suizid in auswegloser Situation einfach als eine von vielen möglichen Optionen, sozusagen als Notausgang offenhalten wollen.

Eine weitere Abwehrstrategie von katholischer Seite besteht im Einbezug der Umgebung des Sterbewilligen, insbesondere der Angehörigen. In dem für die Seelsorger verfassten Papier der Schweizer Bischofskonferenz von 2019 heisst es: «Der Suizid ist nie alleinige Angelegenheit der Person, die diese Tat begeht. Sie hat Auswirkungen auf die Familie, die Angehörigen, das Betreuungspersonal und letztlich auf die ganze Gesellschaft.»

Man kann aus dieser Formulierung auch eine Drohung an den Sterbewilligen lesen: Pass auf, wenn du den Todestrank einnimmst, traumatisierst du andere, vor allem deine Liebsten. Wörtlich: «Die Suizid begehende Person sendet eine negative Botschaft an gefährdete Personen, andere ältere Menschen, Menschen mit Behinderungen und leidende junge Menschen, da das Leben eines Menschen immer einen Sinn und Tragweite für andere hat.» Mit anderen Worten: Wer freiwillig aus dem Leben scheidet, gefährdet auch seine Mitmenschen und lädt damit Schuld auf sich. Auch mit dem Verb «begehen» soll wohl eine Straftat angedeutet werden.

Bisher unerwähnt geblieben ist der an vielen Orten noch starke Einfluss der Kirche auf Spitäler und Pflegeheime, selbst wenn sie nicht von kirchennahen Institutionen und Stiftungen betrieben werden, sondern vom laizistischen Staat. Das Archiv von Exit ist voll von Beispielen, wie auf diese Institutionen Druck ausgeübt wurde, um die vom Betroffenen erbetene Freitodbegleitung fernzuhalten. Katholische Politiker wie zum Beispiel der Zürcher CVP-Stadtrat Wolfgang Nigg verboten Exit den Zugang zu den städtischen Alters- und Pflegeheimen.

Knallhartes Gebot, in sanfte Worte gehüllt:
Du sollst den Sterbenden allein lassen!

Wie soll sich der katholische Seelsorger nun konkret verhalten, wenn er einen Sterbewilligen zu betreuen hat, der gesonnen ist, sich über die Lehrmeinung seiner Kirche hinwegzusetzen? Der Kontrast zu den vergleichsweise liberalen Positionen der evangelisch-reformierten Glaubensrichtung ist auffallend stark. Die katholischen Seelsorgenden sollen versuchen, den Sterbewilligen von seinem Vorhaben abzubringen. Wiederum wörtlich:

«Mit aller erforderlichen Behutsamkeit und Achtung muss sich der Begleitende mit diesem Wunsch nach dem Tod auseinandersetzen in der Hoffnung, dass er in einen Lebenswunsch verwandelt wird. Die Erfahrung zeigt überdies, dass hinter Suizidwünschen oft ein unausgesprochener Wunsch steckt, den es zu entschlüsseln und zu vertiefen gilt.»

Und wenn der geistliche Druck nichts nützt und der Schwerkranke bei seiner Absicht bleibt? Dann soll die seelsorgende Person nach bischöflichem Gebot ihren Mitmenschen in der letzten, schwersten Stunde alleine lassen!

Erneut hüllt die Bischofskonferenz die harte Faust in rhetorischen Samt:

«Suizid ist objektiv betrachtet eine schlechte Handlung, und keine aufrichtige Absicht oder ein Umstand macht dieses Schlechte zu etwas Gutem oder kann es rechtfertigen. Gleichzeitig kann sich kein Christ seiner Pflicht entziehen, jeden Menschen, der sich in einer Situation des Leidens befindet, in Liebe und Barmherzigkeit zu begleiten. Die grundlegende christliche Orientierung muss deshalb lauten – mit aller erforderlichen Umsicht –, dass Menschen, die sich für einen assistierten Suizid entschieden haben, ‹so weit als möglich› begleitet werden. Der pastorale Mitarbeiter oder die Mitarbeiterin hat klar und deutlich die Pflicht, das Zimmer des Patienten in eben dem Moment des Suizidaktes physisch zu verlassen.»

Auch die Sakramente (Busse, Krankensalbung, Eucharistie) können dem Sterbewilligen nur gespendet werden, «wenn die Aussagen und Handlungen darauf hindeuten, dass die Person ihre Entscheidung ändert und zurücknimmt».

Der Kampf um die Seele sogar am Sterbebett

In der weniger verbreiteten ausführlichen Fassung des Papiers der Bischofskonferenz, das 36 Seiten umfasst, werden detaillierte Ratschläge und Anweisungen zum Gespräch mit Sterbewilligen in Form von Frage und Antwort erteilt. Das Ziel ist immer, darauf hinzuwirken, dass der Betroffene seinen Suizidwunsch rückgängig macht und sich zum Beispiel der palliativen Pflege anvertraut. Die Seelsorge am Sterbebett wird zum Kampf zwischen Gut und Böse stilisiert. Das Im-Stich-Lassen des Sterbewilligen in seiner letzten Stunde wird in dieser Spitzfindigkeit, die man in Zeiten des Kulturkampfs noch als «jesuitisch» bezeichnet hätte, sogar noch als Pflicht und als schützende Tat dargestellt. Originalton der Bischofskonferenz:

«Wenn die Massnahmen beginnen, die unmittelbar zur Einnahme des tödlichen Medikaments führen, hat die Seelsorge die Pflicht, aus Sorge um die betroffene Person den Raum zu verlassen. Vielleicht kann diese Tatsache noch eine Art der Einladung sein, nicht von dem assistierten Suizid Gebrauch zu machen. Zumindest erfordert die Verweigerung, der Person weiter beizuwohnen (!), eine gewisse Klarheit: Dies geschieht nicht mit dem Ziel, die Person zu verlassen, sondern aus der Verpflichtung, vom Dienst des Lebens zu zeugen. Indem die Seelsorgerin oder der Seelsorger sich zurückzieht, vermindert die Seelsorge auch das Risiko einer zweideutigen Beurteilung seiner Haltung oder jener der Kirche. Er kann diesen Moment eher für die Nahestehenden aufwenden, die sich in einer unerträglichen Situation befinden.»

Von Selbstbestimmung und Selbstverantwortung ist im Papier der Bischofskonferenz nicht die Rede. Bis in die neueste Zeit hinein verteidigte das oberste Gremium der Schweizer Katholiken auch die Anweisung, den Menschen, die den begleiteten Suizid gewählt haben, die Sterbesakramente zu verweigern.

Im Sommer 2020 erliess die Glaubenskongregation des Vatikans einen Brief unter dem Titel «Samaritanus bonus» (Der gute Samariter). Er umfasste nicht weniger als 72 Druckseiten, brachte aber gegenüber 1995 nichts Neues, ausser einer kritischen Auseinandersetzung mit Begriffen wie «Lebensqualität» und «Selbstbestimmung». Die Sakramente dürfen erst gespendet werden, «wenn der Amtsträger zu dem Schluss kommt, dass der Büsser seine Entscheidung geändert hat». Als «Büsser» wird der gläubige Sterbewillige bezeichnet.

Auch wiederholt die Kirche wiederholt ihr hergebrachtes Urteil, «dass die Euthanasie ein Verbrechen gegen das menschliche Leben ist, weil sich der Mensch mit dieser Handlung dazu entscheidet, den Tod eines anderen, unschuldigen menschlichen Lebewesens direkt herbeizuführen».

Daraus folgt: «Jedwede direkte formelle oder materielle Mitwirkung bei einer solchen Handlung ist eine schwere Sünde gegen das menschliche Leben, um einen Anschlag gegen das Menschengeschlecht.»

Erneut wird ausführlich auf die Palliativmedizin als Gegenstrategie zur Sterbehilfe hingewiesen. Gebieterisch werden katholische Ärzte und Pflegepersonen aufgefordert, «jede direkte formelle oder materielle Mitwirkung an Euthanasie oder assistiertem Suizid» zu verweigern.

Den Sterbehilfevereinigungen setzt auch das neueste vatikanische Sendschreiben unverhüllte Feindseligkeit entgegen: «Dies bedeutet auch, dass eine Person, die sich in einem Verein registriert hat, um Euthanasie oder assistierten Suizid zu erhalten, die Absicht zeigen muss, diese Registrierung vor dem Empfang der Sakramente rückgängig zu machen.»

Angesichts des Umstands, dass die Kirche die Selbsttötung als Todsünde bewertet, kann deren Weisung, solchen Menschen keinen geistlichen Beistand zu leisten und ihnen die Sakramente zu verweigern, eigentlich als strafbare Nötigung betrachtet werden: Wer in dieser Hinsicht nicht gehorcht, soll verdientermassen in der Hölle schmoren. Der gläubige Patient wird in den schwierigen letzten Stunden seines Lebens in Angst versetzt.

10

Die Protestanten hatten mehr Fragen als Antworten

Geschichten aus dem wahren Leben und
was die reformierte Kirche ihren Seelsorgenden riet

Die evangelischen wie die katholischen Kirchenbehörden der Schweiz haben im Lauf der vergangenen vier Jahrzehnte immer wieder Mühe bekundet, ihre im Glauben begründeten Thesen mit den seelsorgerischen Praxiserfahrungen in Einklang zu bringen. Wie im vorstehenden Kapitel dargelegt, hat sich die Position der katholischen Amtskirche seit Anfang der 1980er-Jahre nicht wirklich verändert. Der Befehlsweg verläuft klar von oben nach unten.

Dagegen hat die protestantische Seite früher und intensiver die Praktizierenden aus der Seelsorge einbezogen und anhand vieler Einzelbeispiele der Komplexität des Themas Rechnung getragen. Angeführt von der Zürcher Kantonalkirche hat sie in mehreren Denkschriften mehr Fragen gestellt und offengelassen, als dogmatische Antworten erteilt. Jedoch verblieb beim Schweizerischen Evangelischen Kirchenbund (SEK) ein heftiger Widerstand gegen die Freitodhilfe, der vor allem auf den Einfluss des in der Schweiz lehrenden deutschen Ethikprofessors Frank Mathwig zurückgeführt wird, den die Evangelischreformierte Kirche der Schweiz zu ihrem Beauftragten für Theologie und Ethik ernannt hat.

Es fällt auf, wie viele in der Schweiz lebende Personen in den vier Jahrzehnten nach der Gründung von Exit ihren Kirchen den Rücken gekehrt haben. Im Jahr 2020 hat das Schweizerische Pastoralsoziologische Institut (SPI) St. Gallen errechnet, dass die Kirchenaustritte allein in den Jahren seit 2018 um ein Viertel zugenommen und dass pro Jahr durchschnittlich 1,4 Prozent der in der Schweiz lebenden Menschen im Alter von über 15 Jahren ihre Kirche verlassen haben. An der Spitze stehen die Kantone Basel-Stadt (4,9 %), Aargau (2,2 %) und Solothurn (2,1 %), am anderen Ende der Skala katholisch geprägte Landkantone wie Appenzell-Innerrhoden (0,5 %), Jura (0,8 %) und Uri (0,9 %).

In der «Periode Exit» (1982–2022) haben beide grossen Landeskirchen erheblich an Bedeutung verloren. Das Bundesamt für Statistik vermerkt, dass 1980 noch 45,3 Prozent der Einwohner (Schweizer und Ausländer) über 15 Jahre evangelisch-reformiert und 46,2 Prozent katholisch waren. Für 2019 werden die gleichen Anteile noch mit 22,5 bzw. 34,4 Prozent ausgewiesen. Wenn man die in der Schweiz lebenden ausländischen Staatsbürger herausrechnet, stellt sich die Entwicklung der Anteile der Kirchenmitglieder an der Gesamtbevölkerung noch dramatischer dar.

1980: 50,8 Prozent Protestanten / 42,5 Prozent Katholiken
2019: 28,5 Prozent Protestanten / 34,5 Prozent Katholiken

Jeder dritte in der Schweiz lebende Mensch bezeichnete sich 2019 als konfessionslos; 1980 waren es nur 6,1 Prozent gewesen.

«Exit ist eine Herausforderung für die Kirche» –
und wie es in der Praxis aussah

Bemerkenswert früh merkten die Organe der Evangelisch-reformierten Kirche des Kantons Zürich, dass Exit ein grosses und wichtiges Thema lanciert hatte. Am 1. Juli 1986 meldete der *Kirchenbote* respektvoll: «Exit zählt in der deutschen Schweiz 9500 Mitglieder!» Und im Dezember desselben Jahrs gab der Kirchenrat zu bedenken, dass das von Exit auf die Agenda der öffentlichen Diskussion gesetzte Thema der Sterbehilfe und der Freitodbegleitung ernst zu nehmen sei. In der Antwort auf eine Interpellation schrieb der Kirchenrat in der *Neuen Zürcher Zeitung* vom 5. Dezember 1986:

«Die Existenz einer ‹Vereinigung für humanes Sterben› ist für die Kirche eine Herausforderung. Wenn verschiedene ihrer Vorschläge auf Grund ethischer Überlegungen christlichen Glaubens abzuweisen sind, dann ist es nötig, etwas Besseres zu tun. Passivität, blosse Hinnahme des Bestehenden und ein Sichabfinden sind in der Tat nicht die christliche Haltung und Ethik, die hier gefordert sind. Letzterer Gesichtspunkt soll allerdings weder die Bequemlichkeit noch der Komfort sein. (…) Entscheidend ist die Einsicht, dass der Mensch im Leben und im Sterben aufgefordert ist zur Nachfolge und zur Jüngerschaft.»

Was solche kirchen-obrigkeitliche Verlautbarungen in der Praxis bedeuten können, hat Pfarrer Werner Kriesi (geb. 1933) noch in frischer Erinnerung. Er hat von 1968 bis 1996 in Münchenstein (BL) und Thalwil (ZH) als Gemeindepfarrer gearbeitet und in dieser Zeit Hunderte von schwer kranken Menschen betreut. Er schildert den mentalen und gesellschaftlichen Rahmen seiner Tätigkeit:

«Praktisch ohne Unterbruch besuchte ich an Krebs erkrankte Menschen, entweder bei sich zu Hause oder in einem Spital. In den 1970er-Jahren war die Palliativpflege noch in den Anfängen und die medizinische Schmerzbekämpfung befand sich noch nicht auf dem heutigen Standard. Nicht wenige Krebskranke wurden zu Hause von den Angehörigen gepflegt, vielfach durch einen Ehepartner oder durch eine unverheiratete Tochter. Nicht selten zudem durch die Unterstützung durch eine von der Gemeinde angestellte Pflegefachfrau. ‹Gemeindeschwester› sagte man damals. Spitex und Onkospitex gab es noch nicht oder erst in den Anfängen.

Die Operationstechnik war bereits weit fortgeschritten, ebenfalls die Behandlungen durch Chemotherapie und Bestrahlungen. In vielen Fällen führten diese Therapien zu einer Heilung, in vielleicht ebenso vielen Fällen aber zum paradoxen Resultat eines in die unerträgliche Länge gezogenen Leidens. Die Behandlungen verhinderten ein schnelles Sterben an der Krankheit, verwandelten jedoch den Krebs in eine chronische Krankheit mit dauernden Schmerzen und führten die Betroffenen in ein psychisch schwer erträgliches Zwischenland zwischen Leben und Tod.

Nicht selten erkrankten auch die pflegenden Angehörigen an den körperlichen und psychischen Anforderungen, vor allem wenn sich Pflege zu Pflegeelend entwickelte und über Jahre erstreckte. Wie oft habe ich von Betroffenen den Seufzer gehört: Wenn ich doch nur bald sterben könnte! Noch drastischer: ‹Wäre ich ein Tier, hätte man mich schon lange eingeschläfert, aber weil ich ein Mensch bin, muss ich elendiglich verserbeln.› Einige brauchten den Ausdruck ‹verrecken›. Solches ging mir unter die Haut. Gespräche mit den behandelnden Ärzten, meist unter vier Augen, zeigten mir deren Dilemma. Sie wünschten sich für ihren Patienten das Ende des Leidens, wagten jedoch oft nicht, das Morphin so hoch zu dosieren, um den Tod herbeizuführen. Ich habe dutzende Male solche unendlich in die Länge gezogene Sterbeleiden miterlebt.

Als die Organisation Exit mehr und mehr ins Bewusstsein der Bevölkerung rückte, war anfänglich bei den meisten erkrankten Menschen eine enorme Hemmschwelle spürbar, an einen assistierten Suizid nur zu denken, geschweige denn ihn zu planen. Käme dann die Polizei? Und was würden die Nachbarn sagen, die das mitbekommen? Die Verwandten? Was schreibt man in die Todesanzeige?

Erst um die Mitte der 1990er-Jahre, also 13 Jahre nach der Gründung von Exit, begegnete mir das erste Gemeindeglied, das mit deren Hilfe seinem chronischen Leiden ein Ende setzen wollte.»

Konstruktive Haltung der Zürcher Protestanten

Im Jahr 2000 war es erneut der Kirchenrat des Kantons Zürich, der aus eigener Initiative – und sicher auch unter dem Eindruck der turbulenten Phase, die Exit damals durchlebte – einen Bericht zur Problematik der Sterbehilfe präsentierte. Darin lehnte der Kirchenrat die aktive Sterbehilfe ab, die auch von Exit bereits 15 Jahre zuvor aus Gründen der politischen Opportunität nur noch als «Fernziel» bezeichnet worden war.

Als förderungswürdig bezeichnete der Zürcher Kirchenrat dagegen die passive oder indirekte Sterbehilfe und schloss sich damit den damaligen Richtlinien der Schweizerischen Akademie der Medizinischen Wissenschaften an. Folglich rief auch er nach einer klaren rechtlichen Regelung der passiven Sterbehilfe und verpflichtete sich öffentlich zu einer vertieften Aus- und Weiterbildung der Spitalseelsorgenden auf diesem schwierigen Gebiet. Bei aller Zurückhaltung war in diesem frühen und stark beachteten Positionsbezug eine gewisse Offenheit erkennbar, auch als sich Kirchenratspräsident Rudolf Reich ausdrücklich dafür aussprach, die seelsorgerlichen Dienste allen, auch den aus der Kirche Ausgetretenen, zukommen zu lassen. Von einer Pflicht zum Verlassen des Sterbezimmers vor der Einnahme des tödlichen Mittels, wie sie die katholischen Amtsträger ihren Seelsorgern zumuten, war bei den Protestanten jedenfalls nicht die Rede.

Unversöhnliche dogmatische Standpunkte gab es aber auch auf protestantischer Seite, wie der im vorangehenden Kapitel geschilderte Fall von Pfarrer Sigg zeigt. Insgesamt aber hatten sie die Wirkung von Nadelstichen, mehr nicht. So griff die Zeitschrift *Bündner Protestant* in ihrer Ausgabe vom 1. Dezember1986 den Exit-Geschäftsleiter Rolf Sigg frontal an. Dieser hatte geschrieben: «Ich bin überzeugt, dass im Himmel mehr Freude herrscht über die Mündigen, welche die Verantwortung für ihr Leben selber übernehmen.» Die Zeitschrift *Leben und Glauben* lehnte Anzeigenaufträge von Exit ab, während der *Beobachter* für die freiheitliche Variante eintrat und auf den von einem Leser geforderten Anzeigenboykott nicht eintrat.

Geschichten aus dem wahren Leben
und was die reformierte Kirche ihren Seelsorgenden riet

Ein weiterer respektabler Öffnungsschritt auf evangelisch-reformierter Seite war 2017 zu verzeichnen. In diesem Jahr erschien das Buch *Assistierter Suizid und kirchliches Handeln* von Christoph Morgenthaler, David Plüss und Matthias Zeindler, das als Handreichung für die praktische Seelsorge, insbesondere für den Umgang mit assistierten Freitodfällen und deren kirchlicher Verarbeitung (Abdankung) gedacht war. Der Anstoss dazu ging vom Arbeitskreis Theologie der Reformierten Kirchen Bern-Jura-Solothurn aus und stützte sich auf authentische Beispiele aus dem Seelsorgealltag. Das Buch widerspiegelt das grundsätzliche Verständnis, aber auch die Scheu der praktizierenden Theologinnen und Theologen vor dem Thema des begleiteten Suizids. Schon die Benennung ist für sie ein Problem. Ausdrücke wie «Freitod» lehnen sie ab. Die Position der offiziellen Kirche wird in der Einleitung wie folgt umschrieben:

«Der Schweizerische Evangelische Kirchenbund nimmt eine vermittelnde Position ein. Er setzt sich kritisch mit der Problematik des assistierten Suizids auseinander und plädiert konsequent für die Priorität des Lebensschutzes im kirchlichen Handeln. Dies darf aber nicht blind machen für Lebenslagen, in denen Moral und Recht an ihre Grenzen stossen. Es gibt Ausnahmesituationen, in denen es einem Menschen unerträglich schwer oder gar unmöglich wird, das eigene Leben auszuhalten. Es gilt, die autonome Entscheidung der Person zu respektieren und sie, auf ihren Wunsch hin, auf ihrem weiteren Lebensweg zu begleiten. Es mag sein, dass die begleitende Person dem Sterbewunsch aus persönlichen Motiven, moralischen und ethischen Überlegungen oder religiösen Überzeugungen nicht zustimmen kann. Seelsorgerliche Begleitung wäre aber missverstanden, wenn sie ihre Teilnahme von der Zustimmung zu der getroffenen Entscheidung abhängig machen würde. Seelsorgerliche Solidarität gilt grundsätzlich der Person, unabhängig von den von ihr getroffenen Entscheidungen und deren Folgen. Auch hier lautet die entscheidende Frage: Bin ich der sterbewilligen Person eine Nächste oder ein Nächster?»

Die im Buch anonymisiert aufgeführten Beispiele zeigen das ganze Spektrum des Lebens: den vereinsamten Mann, der beruflich nicht mehr gefordert ist und sich deshalb wertlos vorkommt; die völlig zerrüttete Familie, die ihre Streitigkeiten auch im Vorfeld des Todes eines ihrer Elternteile nicht zu überwinden vermag; den kirchentreuen Akademiker, der alles sorgfältig vorbereitet hat und nach einem festlichen «Abendmahl» mit Familie und Freunden den Becher leert.

Aber da ist auch der einsame alte Mann im Pflegeheim, der mit seinem Sterbewunsch den in dieser Sache unerfahrenen Heimleiter in Verlegenheit bringt, weil dieser eine negative Signalwirkung auf andere Heimbewohner befürchtet; die hinterbliebene Frau und die beiden Töchter, die, wohl aus Schuld- und Schamgefühlen, unter keinen Umständen wollen, dass der assistierte Suizid ihres Manns und Vaters bekannt wird; und da ist der immer noch berufstätige 90-Jährige, der alles allein organisiert, seinen Sohn von den Vorbereitungen ausschliesst, seinen letzten Abend allein verbringt und am Morgen seine aufgeräumte Wohnung so beiläufig verlässt, als ginge er spazieren.

Der differenzierte Praxisratgeber aus der evangelisch-reformierten Szene geht von klaren Voraussetzungen aus:

«Geschaffenes Leben ist grundsätzlich gegebenes, nicht selbst produziertes Leben. Wenn besonders die reformierte Theologie von jeher die Unterscheidung zwischen Schöpfer und Geschöpf besonders betont hat, dann ging es ihr dabei stets darum, den Menschen vor falschen Machbarkeitsillusionen zu bewahren. Damit steht freilich nie infrage, dass dem Menschen das Leben – sein eigenes und das anderer Menschen und alles Geschaffenen – zur Gestaltung aufgegeben ist.»

Der Schluss ist offen, man könnte ihn auch unentschieden nennen oder ratlos:

«Kommt eine Kirche, die es nicht ausschliesst, dass ein Sterbewunsch unter bestimmten Bedingungen legitim ist, darum herum, den begleiteten Suizid als einen grundsätzlich möglichen Umgang mit der Frage des eigenen Sterbens zu betrachten? Nach allem bisher Gesagten muss die Antwort lauten: Nein und Ja.

Nein, das Vertrauen, dass das Leben von Gott gegeben und damit grundsätzlich lebenswertes Leben ist, verbietet es, Leben und Tod als gleichwertige Wahlmöglichkeiten des Menschen auf die gleiche Ebene zu stellen. Eine Option in diesem Sinne kann eine Selbsttötung und damit auch ein assistierter Suizid in einer biblisch-theologischen Sicht nicht sein.

Aber auch das andere ist einzuräumen: Ja, prinzipiell auszuschliessen ist auch für eine biblisch-theologische Sicht die zustimmende Anerkennung eines Sterbewunsches nicht, nämlich dann, wenn es für einen Seelsorger offensichtlich ist, dass für den betreffenden Menschen jede andere zur Verfügung stehende Möglichkeit eine noch grössere Belastung bedeuten würde. Dieser Fall kann aber immer nur ein Grenzfall – und keine Option – sein, ein Grenzfall für den Fall, wo einem Menschen keine hilfreiche Alternative mehr zugänglich ist, weder seine Relationalität als eine Entlastung, noch andere Behandlungswege (z. B. Palliative Care) als hilfreiche Angebote, noch andere Wege zum Sterben (z. B. Sterbefasten). Theologisch bedeutet der Grenzfall, dass einem Menschen das Leben als gute Gabe Gottes in seiner Situation nicht mehr zugänglich ist.»

Und nun? Die praktizierenden evangelisch-reformierten Seelsorger allenthalben in der Schweiz vertreten gegenüber dem assistierten Suizid beiderlei: Offenheit und Vorbehalte. Deutlich kommt dies in einem Empfehlungspapier der Evangelisch-reformierten Kirche des Kantons Waadt von 2016 zum Ausdruck:

«Man kann hier kaum ethische Richtlinien aussprechen, so sehr variieren die Positionen der verschiedenen Beteiligten je nach ihrem Zugang zu den Fragen, die die Achtung des Lebens, der Würde und der persönlichen Freiheit tangieren.»

Und wieder die Praxis

Wie soll sich der Pfarrer, die Pfarrerin nun in der Praxis verhalten? Soll sie, darf er bei einem assistierten Suizid dabei sein? Ist es denkbar oder gar geboten, dass ein Pfarrer im Sterbezimmer einer Sterbehilfeorganisation Platz nimmt und dort allenfalls noch ein kurzes Abschiedsritual oder ein Abendmahl zelebriert? Das lange Zeit herrschende und von der katholischen Seite immer kompromisslos durchgehaltene Verbot für Geistliche, bei der Durchführung eines begleiteten Suizids anwesend zu sein und dem Sterbenden beizustehen, ist bei den Evangelisch-Reformierten in dieser Strenge nie ein Thema gewesen.

Die bereits erwähnte reformierte Waadtländer Kirche überliess den Entscheid ausdrücklich ihren Seelsorgenden. Sie wollte damit die Möglichkeit eröffnen, den seelsorgerlichen Solidaritätsgedanken konsequent ernst zu nehmen. Für manche Pfarrpersonen war es selbstverständlich, die Menschen, die sie begleiteten, gerade im schwierigsten Moment, dem Akt der Selbsttötung, nicht ohne Beistand zu lassen. Gleichzeitig war für die Waadtländer Kirchenleitung immer klar, dass kein Seelsorger zu einer solchen Begleitung gezwungen werden kann. Massgebend war der freie Gewissensentscheid.

Dies galt auch für die bei diesem Thema zeitlich und inhaltlich führende Zürcher Kirche. Sie hielt auf Distanz zu Exit und betonte, eine Mitarbeit bei der Sterbehilfeorganisation falle für evangelisch-reformierte Seelsorgende wegen des biblischen Tötungsverbots ausser Betracht. Ausdrücklich dehnte Kirchenratspräsident Rudolf Reich diesen Bann auch auf ehemalige Amtsträger aus, denn ihm war nicht entgangen, dass ausser dem exponierten Rolf Sigg auch andere bekannte Zürcher Pfarrer im Ruhestand aus jahrzehntelanger seelsorgerlicher Erfahrung zu den aktivsten Helfern von Exit gehörten, allen voran der ehemalige Pfarrer von Thalwil, Werner Kriesi, der während Jahren Freitodbegleiter ausbildete, selbst häufig als solcher tätig war und Exit sogar in den Jahren 2003 bis 2004 als Übergangspräsident aus einer personellen Klemme half, weil die Präsidentin Elke Baezner wegen des Todes ihres Gatten überraschend demissionierte.

Exit als «typisch schweizerisch» empfunden

Ein anderer öffentlich bekannter Freitodbegleiter von Exit (2004–2020) war Walter Fesenbeckh, der pensionierte Pfarrer von Bülach, der 1993 auf Empfehlung eines Freunds und nach der Lektüre des Buchs von Walter Jens und Hans Küng *Menschenwürdig sterben* Exit beigetreten war. Im selben Jahr wurde er eingebürgert, und der aus Bayern stammende Pfarrer sieht hier einen Zusammenhang:

«Hier in der Schweiz erlebte ich den absoluten Gegenentwurf zur deutschen Untertanenmentalität. ‹Der Staat, das Volk sind wir, die in Bern sind nur unsere Beauftragten›, hörte ich in Genf immer wieder. Und dieser prinzipielle republikanische Liberalismus, der wohl jedem Schweizer reflektiert oder unreflektiert in den Knochen steckt, ist nach meiner subjektiven Interpretation die Erklärung dafür, dass ein Verein wie Exit nicht zufällig mitten in der bürgerlichen Gesellschaft der Schweiz entstanden ist und auch heute weiterum auf Akzeptanz trifft.»

Dieses Zeugnis eines von aussen gekommenen Gewährsmanns weist wohl auf den tieferen Grund hin, warum die Sterbehilfe in der Schweiz so ungleich stärker akzeptiert wird als im nördlichen Nachbarland. Fesenbeckh, der sich selbst als Pfarrer mit sozialliberaler Grundüberzeugung bezeichnet, empfand den Bericht des Kirchenrats von 2000 mit dem klaren Verbot der Mitwirkung von Pfarrpersonen bei Exit als empörend und handelte.

«Als Dekan des Pfarrkapitels Bülach lud ich spontan den mir damals noch unbekannten Exit-Präsidenten Pfr. Werner Kriesi ins Pfarrkapitel ein, um meinen Pfarr-Kollegen einen Einblick in die Praxis der Freitodbegleitung zu geben. Als dann 2003 bei Exit Neuwahlen für den Vorstand anstanden, bat mich Kriesi, für das Ressort Freitodbegleitung im Vorstand zu kandidieren. Ich wurde gewählt. Da gleichzeitig mein Rücktritt aus dem Pfarramt anstand, gab es keinen Anlass für einen kircheninternen Konflikt. 2010 trat ich aus dem Exit-Vorstand zurück, bin aber bis Februar 2020 Freitodbegleiter geblieben. (…) Vielleicht hatte das auch damit zu tun, dass damals unsere gesamte Familie endlich das Schweizer Bürgerrecht erhielt, was ich mir eigentlich schon als Zehnjähriger erstmals gewünscht hatte, als ich als Münchner Kriegskind im unzerstörten Land bei meiner Genfer Verwandtschaft die Sommerferien verbringen durfte. (Zuschrift an den Autor vom 6. November 2020)

Innerkirchliche Kritik oder gar Massregelungen wegen seines offenen Engagements für Exit hat Walter Fesenbeckh nicht erlebt.

Hans Küng geht eigene Wege

In überraschender Deutlichkeit und unter starker internationaler Beobachtung hat sich der prominente katholische Schweizer Theologe und Kirchenkritiker Hans Küng (1928–2021) in die theologische Debatte um die Sterbehilfe eingeschaltet, zuletzt ausführlich im dritten Band seiner Lebenserinnerungen *Erlebte Menschlichkeit*, später noch in einem speziellen kleinen Buch *Glücklich sterben*. Schon in zahlreichen früheren Veröffentlichungen hatte Küng seine Überzeugung geäussert, dass jedem Menschen das Recht und die Verantwortung zustehe, selbst über sein Ableben zu entscheiden. Er liess auch keinen Zweifel daran, dass er selbst gegebenenfalls diesen Weg gehen werde. Es ist kein Geheimnis, dass die Leidensgeschichten seines Bruders (Hirntumor) und seines engen Freunds, des Gelehrten und Autors Walter Jens (Demenz), die Haltung Küngs stark beeinflusst haben. Hans Küng hat auch nicht verborgen, dass er selbst unter der Parkinsonkrankheit litt und dass er der Vereinigung Exit beigetreten war.

«Dabei bin auch ich der festen Überzeugung, dass das Leben Gnade Gottes ist. Ich habe es nicht selber erworben. Das Leben ist mir als gläubigem Menschen, durch die Eltern von Gott geschenkt. Aber dieses Gnadengeschenk bedeutet für mich auch Verantwortung. Das sagt übrigens auch der Katechismus. Wir haben alle eine Verantwortung für unser Leben. Und warum soll sie in der letzten Phase aufhören, diese Verantwortung? Die ist für mich auch in der letzten Phase da. Die kann ich dann auch wahrnehmen. (…)

Das hängt natürlich mit meiner Glaubensüberzeugung zusammen, dass ich nicht glaube, dass ich in ein Nichts hineinsterbe. Ich kann Leute verstehen, die nicht an ein ewiges Leben glauben, dass die natürlich Angst haben vor dem Nichtsein. Ich bin aber der Überzeugung, dass ich nicht in ein Nichts hineinsterbe, sondern in eine letzte Wirklichkeit hineinsterbe. Dass ich sozusagen nach Innen gehe, in die tiefere, tiefste Wirklichkeit, und von dort her also ein neues Leben finde. Das ist meine Glaubensüberzeugung.»

Für Küng bedeutete Suizid «die Rückgabe des Lebens in die Hände des Schöpfers». Es gebe keine Pflicht, unerträgliches Leben als schicksalhaft hinzunehmen. Entschieden trat Hans Küng der Auffassung entgegen, assistierter Suizid sei nichts für gläubige Menschen. In seinem Buch wies er auf die religiöse Dimension im Sterben hin:

«Dass man sterben kann, freiwillig sterben kann, nicht weil man glaubt, man fällt in ein Nichts. Man hat früher immer angenommen, wenn jemand bei so einer Organisation ist, dann ist er Materialist oder Atheist. Nein, im Gegenteil. Man kann aus Gottvertrauen heraus freiwillig sterben. Ein durchaus nicht rationalistisches, aber rationales, vernunftgemässes Gottvertrauen.»

© Archiv EXIT

Walter Fesenbeckh: «In der Gesellschaft angekommen»

Walter Fesenbeckh (geb. 1938), Pfarrer in Bülach bis zu seiner Pensionierung, gehörte zu der Minderheit der protestantischen Geistlichen, die Sterbehilfe und Sterbebegleitung als seelsorgerliche Aufgabe betrachteten und ungeachtet der Vorbehalte ihrer Amtskirche bei einer Sterbehilfeorganisation aktiv mitwirkten. Das Engagement seines Amtsbruders Rolf Sigg beeindruckte ihn. 1993 trat er Exit bei.

«Das entsprach meiner sozial-liberalen Grundüberzeugung», sagt Fesenbeckh. 2003, in der schwierigen Zeit der Umwandlung von Exit in eine professionelle Organisation, übernahm er als Vorstandsmitglied für sieben Jahre das heikle und zentrale Ressort Freitodbegleitung. Bis 2020 hat er selber rund 150 Menschen in den Tod begleitet. Wie ist es ihm dabei ergangen?

Walter Fesenbeckh: «Das wollte ich auch wissen und bat darum, zunächst einige Begleitungen beobachten zu dürfen. Als ich erlebte, wie souverän und von ihren Familien liebevoll oder wenigsten respektvoll begleitet, Menschen ihren Freitod meisterten, verliess ich jedes Mal tief berührt den Schauplatz des Geschehens. Als ich wahrnahm, dass nichts Negatives oder Belastendes in meiner Seele nachwirkte, konnte ich die angebotene Aufgabe mit Überzeugung an die Hand nehmen. Daran hat sich bis zu meinem Rücktritt nichts geändert.»

Natürlich ist der pensionierte Pfarrer auf diversen Podien, bei Referaten und auch sonst medial immer wieder auf selbstbestimmungskritische konservativ-religiöse oder auch auf fundamentalistische Positionen gestossen, «aber eigentlich nie auf feindselige Art», wie Walter Fesenbeckh betont. «Es gab seit dem Jahr 2000 immer seltener harte, ideologisch geprägte Auseinandersetzungen, sondern sich immer mehr versachlichende, praxisorientierte Diskussionen, an deren Ende man sich freundlich die Hand geben konnte.»

Werner Kriesi: «Nicht jedes Leiden hat einen Sinn!»

Im ersten erlernten Beruf war er Schreiner. Von daher kommt wahrscheinlich, dass Werner Kriesi (geb. 1933) sein Leben lang ein starker,
bodenständiger Mensch geblieben ist. Als Erwachsener studierte er
Theologie und wurde Pfarrer, zuletzt 20 Jahre lang in Thalwil. Zugleich engagierte er sich als Freitodbegleiter. Er hat etwa 250 Menschen mit Beistand und Gebet, aber auch mit Furchtlosigkeit, manchmal auch mit abgeklärter Heiterkeit beim Sterben geholfen.

Die Skepsis der Amtskirche gegenüber dieser Art von guten Werken gründet noch im Glauben, irdisches Leiden sei eine von Gott auferlegte Prüfung. Dem hält der erfahrene Seelsorger entgegen: «Durch

die moderne Medizin sind Leben und Sterben weitgehend in die Verfügungsmacht der Menschen übergegangen. Folglich soll man auch deren freien Willen respektieren, unerträgliches Leiden durch eigene Hand zu beenden.»

«250 Begleitungen, jede eine existenzielle Grenzerfahrung: Was hat das mit Ihnen gemacht?», hat ihn 2007 bei seinem Rücktritt als Exit-Präsident eine Journalistin gefragt. Werner Kriesi antwortete:

«Wenn man so hautnah miterlebt, mit wieviel Klarheit, Entschiedenheit und Mut die Betroffenen ihren Weg gehen, erfahre ich durch solche Erlebnisse eine Stärkung für mein eigenes Leben. Ich nehme auch teil am Schmerz, wenn Angehörige voneinander Abschied nehmen. Das geht nicht spurlos an mir vorbei. Entlastend jedoch ist die Erfahrung, dass die Trauer in den meisten Fällen vom Wissen um die baldige Erlösung von unerträglichem Leiden begleitet ist.» (*Tages-Anzeiger*, 18. Mai 2007)

Im Krisenjahr 1998, als sich Exit spaltete und vorübergehend führungslos war, übernahm Werner Kriesi die schwierige Aufgabe, das Begleiterteam auszuwählen, auszubilden und zu leiten: 15 reife Persönlichkeiten, die diesen schwierigen und belastenden Dienst ohne Lohn leisteten. 2003 stellte sich Kriesi als Übergangslösung als Präsident zur Verfügung. Er stand für den am Ende doch geglückten Übergang von Exit von der Aussenseiter- zur professionell arbeitenden Gesinnungs- und Dienstleistungsgemeinschaft.

119

Hans Küng: von der Freiheit des Christenmenschen

Als der weltberühmte katholische Theologe Hans Küng (geb. 1928) am 6. April 2021 starb, fehlte in keinem der Nachrufe – und sie erschienen in allen bedeutenden Medien der Welt – der Hinweis darauf, dass er ein überzeugter Befürworter der Freiheit des Christenmenschen war, was die Beendigung seines irdischen Daseins betraf.

Küngs Überzeugung gründete auch darin, dass er dem qualvollen, langen Todeskampf seines an Gehirntumor erkrankten Bruders tatenlos hatte zuschauen müssen. Später widerfuhr ihm noch einmal dasselbe mit seinem langjährigen Freund, dem Schriftsteller und Gelehrten Walter Jens (1923–2013). Dieser versank in der Demenz, lange nachdem er sich in einem gemeinsam mit Küng herausgegebenen Buch *Menschenwürdig sterben* für das Recht auf den selbstbestimmten Tod ausgesprochen hatte.

Es war nicht das erste Mal, dass sich der Gelehrte und Autor Küng, immerhin ein geweihter Priester, gegen die Dogmen seiner Kirche auflehnte. Er tat dies bemerkenswert früh auch bei anderen Themen. So verlangte er schon in den 1970er-Jahren die Zulassung von Frauen zum Priesteramt und die Abschaffung des Zölibats.

Als Hans Küng erfuhr, dass er Parkinson hatte, wurde er 2013 Mitglied bei Exit. Der trotz heftiger Anfeindungen und päpstlicher Massregelung immer noch überzeugte Katholik stand öffentlich zu diesem Schritt und machte klar, dass er bei Bedarf selber über Art und Zeitpunkt seines Todes bestimmen werde. In einem seiner letzten Interviews erklärte er: «Das Leben ist selbstverständlich für jeden glaubenden Menschen eine Gabe Gottes. Aber zugleich ist es der Wille Gottes, dass der Mensch dafür Verantwortung trägt. Diese Verantwortung hört in der letzten Phase des Lebens nicht auf. Es gibt in der Bibel kein Argument dagegen, dass sich jemand unter Umständen selber das Leben nimmt – oder besser gesagt: sein Leben Gott zurückgibt.»

11

Freie Geister müssen streiten – Exit-Geschichte I (1982–1998)

Alle gegen alle: Vorwürfe, Verletzungen, Tumult und Trennung –
ein Tiefpunkt in der Geschichte
der grössten Sterbehilfeorganisation

Für schweizerische Verhältnisse war Exit ein Sonderfall. Ungewöhnlich war, dass die am Anfang macht- und mittellose Vereinigung ihr Kernanliegen zeitweise ganz vorn auf der Traktandenliste der nationalen gesundheits- und sozialpolitischen Diskussion wiederfand, ohne dass sie selbst durch politische Arbeit oder Lobbying besonders hervorgetreten wäre. Es waren vor allem die Gegner der Sterbehilfe, die die wichtigen Vorstösse unternahmen. Während Exit auf dem politischen Feld meist nur reagierte, verhalfen sie der Idee der Selbstbestimmung mit der Zeit zu Bekanntheit und Sympathie.

Das enorme Wachstum der Mitgliederzahlen war die verlässliche Rückmeldung dafür, dass Hedwig Zürcher und Walter Baechi mit ihrem tapferen Alleingang bei Tausenden von Menschen einen Nerv getroffen hatten und eine Lücke im ansonsten eng durchregulierten Schweizer Gesundheitswesen füllten.

Schon in den ersten fünf Monaten nach der Gründung von Exit meldeten sich rund 2500 Interessenten bei der Vereinigung. Etwa die Hälfte entschloss sich zum Beitritt. Auf einmal war auch der Begriff der «Hospize», deutlich später auch derjenige der «Palliativmedizin» geläufig. Das Thema Freitodbegleitung war, nicht zuletzt dank der Anstrengungen der Exit-Gegner aus kirchlichen und medizinischen Kreisen, permanent und zunächst ungesteuert in den Medien.

Schon in den ersten erfolgreichen Monaten regte sich vereinsin-
tern der für Exit während vieler Jahre typische selbstkritische Geist,
verbunden mit offener Sprache und mit manchmal angriffigen For-
mulierungen. Der Zusammenhang zwischen Inhalt und Stil war
offenkundig: Wer sich mit der letzten grossen Frage des Lebens aus-
einandersetzt – überwiegend wohl als schicksalhaft Betroffener, nicht
bloss als Zuschauer –, neigt zur Radikalität und nimmt weniger
Rücksicht auf andere, wenn er seine Meinung sagt und seine Forderungen stellt. Das ist wohl der tiefere Grund für den kämpferischen,
unduldsam erscheinenden Umgangsstil, der bei Exit über viele Jahre
hinweg zu beobachten war.

Dazu kam, dass Exit einen besonderen Typus von profilierten
Persönlichkeiten anzuziehen schien, denen es nichts ausmachte, sich
öffentlich zu exponieren. Dem Thema entsprechend waren auffallend
viele von ihnen in einem Alter, in dem die Neigung zu Diplomatie und
Kompromissen abnimmt, auch weil man sich dann ein offenes Wort
ohne Karriererücksichten leisten kann. Dies hat sich beim leitenden
Personal der Organisation immer wieder gezeigt.

Pfarrer Werner Kriesi, der Pionier der Freitodbegleitung und in
den Jahren 2003/04 Präsident von Exit, sieht die Erklärung für diese
häufigen Streitigkeiten in den «enormen Spannungen, welche durch
den assistierten Suizid in der Öffentlichkeit ausgelöst worden sind.
Und damit gehören diese Konflikte zur Geschichte von Exit. Diese
sind nicht damit zu begründen, dass da einige ‹Streithähne› am Werk
gewesen sind, sondern weil durch Exit für das damalige Verständnis
der Menschen etwas Unerhörtes in Bewegung gesetzt worden ist. Die
Freitodbegleitungen trafen anfänglich – noch viel mehr als heute –
den Nerv unserer Gesellschaft und strapazierten über die Massen
zugleich die Nerven der damals Verantwortlichen im Vorstand. Dass
die Pioniere dies durchgehalten haben, verdient hohe Anerkennung.»
(Zuschrift an den Autor vom 18. November 2020)

Fausto Meniconi, der erste Geschäftsführer von Exit, hinterliess in den zwei Jahren bis zu seiner Ablösung eine wichtige Botschaft: Exit musste aufpassen, keine Einthemenorganisation zu werden und damit von momentanen Stimmungen und Meinungskonjunkturen abhängig zu sein.

Schon Hedwig Zürcher und Walter Baechi wussten, dass die Menschen aus drei Gründen Exit-Mitglieder wurden: Ablehnung der Fremdbestimmung (ideelle, oft auch politische Motivation); Angst vor qualvollem Sterben (Sterbehilfeoption); Angst vor unnötigen, das Leben, aber auch die Qualen verlängernden Prozeduren (Option Patientenverfügung als Vorbeugung, um nicht dereinst «an Schläuchen zu hängen»).

Meniconi empfahl schon früh eine Ausweitung und Vertiefung der Vereinsziele. Er hatte festgestellt, dass die Neumitglieder vor allem an der Patientenverfügung und an der aus England übernommenen Freitodanleitung interessiert waren und den ersten Mitgliederbeitrag «geradezu als Kaufpreis für schwer erhältliche Drucksachen betrachteten». («Gedanken um unsere Vereinszielsetzung», 31. August 1982)

Für Meniconis Annahme sprach, dass damals 72 Prozent der Neumitglieder über 50 Jahre alt waren. Heute liegt dieser Prozentsatz noch höher. Der Autor schlug eine Ausweitung der Tätigkeit von Exit vor und nannte zwei Hauptgebiete: die Durchsetzung der Patientenrechte in den Spitälern und die Freitodprävention durch Bildung von Selbsthilfegruppen, namentlich zur Bekämpfung der Einsamkeit, die Meniconi als eines der Hauptmotive für Suizid benannte.

Fausto Meniconi skizzierte auch die Idee, Exit im Verbund mit anderen Organisationen (Pro Senectute, AHV-Rentnerverband, Samariter) als «Lobby der Betroffenen» mit politischen, sozialen, kulturellen, aber auch seelsorgerischen und psychologischen Zielen breiter aufzustellen. In der Rückschau sagen professionelle Verantwortliche wie Exit-Vizepräsident Jürg Wiler: «Ein hehres Ziel, aber ähnliche Konzepte haben auch in anderen Ländern nicht funktioniert. Niemand tritt einer Selbstbestimmungsorganisation bei, weil er Suizide vermeiden möchte.»

Dennoch betrachtet Exit heute die Suizidprävention als eine von vier tragenden Säulen ihrer Aktivität, wie übrigens auch die 1998 entstandene Konkurrenzorganisation Dignitas. Die Prävention geschieht bei Exit vor allem im vertraulichen Beratungsgespräch mit den Menschen, die mit dem Suizidwunsch bei der Organisation vorstellig geworden sind. 80 Prozent dieser Sterbewilligen entscheiden sich nach Gespräch, Beratung und Abklärungen gegen ihre ursprüngliche Absicht.

Abfuhr für die konservative Volksinitiative von 1985

Einen starken Schub erhielt Exit durch den Abstimmungskampf um die eidgenössische Volksinitiative «Recht auf Leben», die von freikirchlichen und anderen konservativen Kreisen im Gefolge der Diskussionen um den straflosen Schwangerschaftsabbruch ergriffen worden war. In die Bundesverfassung sollte der Satz aufgenommen werden: «Das Leben des Menschen beginnt mit dessen Zeugung und endet mit seinem natürlichen Tode.» Damit hofften die konservativen Initianten, ein für alle Mal die Debatten um Schwangerschaftsabbruch und Sterbehilfe zu beenden. Am 9. Juni 1985 lehnte das Volk die Initiative ab. Die starke und gleichmässig über das ganze Land verteilte Nein-Mehrheit von 69 Prozent war ein weiterer Beleg dafür, dass die Idee der Selbstbestimmung im Volk einen starken Rückhalt hatte.

Exit verstand es, mit massvollen Forderungen und diskretem Vorgehen nach und nach Goodwill bei liberalen Politikerinnen und Politikern aufzubauen. Dazu trug wesentlich bei, dass schon die Generalversammlung von 1984 von der Forderung nach «aktiver Sterbehilfe» abgerückt war und an deren Stelle die «Freitodhilfe für sterbewillige Schwerstkranke» in die Statuten geschrieben wurde.

Die Praxis war dann immer noch schwierig genug. Nach der ersten Freitodbegleitung am 5. Januar 1985 im Tessin wurden die beiden Freitodbegleiter, Exit-Geschäftsführer Rolf Sigg und seine Gattin Lucia, von der mit Blaulicht herbeigeeilten Polizei – je getrennt – je mehrere Stunden lang verhört. In den folgenden drei Jahren wurden nur je etwa sechs Begleitungen durchgeführt. Sigg und seine ersten Helferinnen und Helfer lernten dazu und erleichterten sich das nach dem Ableben des Patienten unvermeidliche Polizei- und Untersuchungsverfahren mit einem genauen Protokoll, wie es noch heute verwendet wird: Personalienblatt, ärztliche Diagnose, Name der Sterbebegleiter, Chronologie der einzelnen Verfahrensschritte – auch mit dem Einbezug von Familienangehörigen und Freunden, soweit erwünscht, und mit dem Beistand für die Hinterbliebenen.

Exit nützte die Konjunktur des Themas zudem für die Mitgliederwerbung. 1985 wurden aus den inzwischen schon reichlich vorhandenen Mitteln des Vereins 100 000 Franken dafür eingesetzt. Man wählte den Weg über Testimonial-Inserate. Prominente Persönlichkeiten, darunter Walter Baechi, der Chefarzt Rudolf K. Schäfer (Waidspital Zürich), der in der Schweiz lebende Schriftsteller Wolfgang Hildesheimer und später auch die als menschenscheu bekannte, im Tessin lebende Autorin Patricia Highsmith rieten öffentlich, Exit beizutreten.

Besonders anrührend war der Text von Highsmith:

«Meine Mutter dämmerte während mehr als zehn Jahren in einem Pflegeheim vor sich hin; sie konnte nicht mehr sprechen, nicht mehr lesen und musste gewaschen, gefüttert und alle zwei Stunden im Bett gewendet werden, bis sie endlich im Alter von 95 Jahren sterben durfte. In wessen Namen halten wir Menschen unter solchen Bedingungen am Leben? Ich bin Exit-Mitglied und möchte jedermann ermuntern, sich rechtzeitig mit dieser Frage zu befassen.»

Der Erfolg gerade dieser Anzeige liess aber zu wünschen übrig. Es meldeten sich nur 500 Neumitglieder. Das jährliche Werbebudget wurde übrigens bis heute nicht wesentlich erhöht. Eigentlich hatte Exit die Werbung gar nicht nötig. Die Mitglieder traten aus anderen, stärkeren Motiven ein. In jedem von ihnen musste der Entschluss reifen. Positiv auf den Mitgliederbestand wirkten sich Schicksale aus, die von den Medien rapportiert wurden, so zum Beispiel der assistierte Suizid der Schriftstellerin Sandra Paretti (1994), der von ihr selbst öffentlich gemacht worden war.

Gutachter betont die Verbindlichkeit der Patientenverfügung

Grosses Aufsehen erregte der Auftritt des deutschen Krebsmediziners Julius Hackethal als Referent an der Exit-Generalversammlung vom 23. März 1985, der sich gegen die «Intensivquälerei» wandte und das

Selbstbestimmungsrecht des zum Freitod entschlossenen schwer kranken Patienten betonte.

Mit jedem öffentlichen Auftritt von Exit-Exponenten, insbesondere nach jeder Fernsehsendung nahm die Zahl der Exit-Mitglieder zu. Ende 1986 zählte die Vereinigung schon rund 15 000 Mitglieder.

Die Patientenverfügung und deren Respektierung namentlich im Spitalalltag war ganz klar das Hauptanliegen von Exit in den Jahren der Präsidentschaft von Walter Baechi (bis 1989). 1986 gewann der erfahrene Anwalt den berühmten Zürcher Zivilrechtsprofessor Max Keller als Gutachter. Keller bezeichnete das Nichtbefolgen der PV als Verletzung des Persönlichkeitsrechts des Patienten: «Der Arzt darf von der PV nur abweichen, wenn er beweisen kann, dass sie dem tatsächlichen Willen des Patienten nicht entspricht.» Der von Anfang an überzeugt für Exit eintretende Chefarzt des Zürcher Stadtspitals Waid, Rudolf Schäfer, sorgte für die schnelle Verbreitung des Gutachtens in Ärztekreisen, bei Krankenkassen und Spitalverwaltungen.

Exit in der Wachstumskrise

1987 wurde zwar die Anschaffung eines Computers beschlossen, doch hielt die Organisation mit dem stürmischen Wachstum der Vereinigung nicht Schritt. An manchen Tagen, vor allem nach Fernsehsendungen, trafen bis zu 300 Neuanmeldungen ein, von denen manche wochenlang unbearbeitet liegen blieben. Im Lauf des Jahrs 1988 wurden erstmals heftige Differenzen zwischen Präsident Baechi und Geschäftsführer Sigg bekannt. Sigg beklagte seit Jahren die Unordnung in der Administration und die grosse Zahl unerledigter Pendenzen. Er warf Baechi vor, er lasse es an präsidialer Führung und Kontrolle fehlen. Der alte Anwalt seinerseits hatte schon 1985 zum ersten, aber nicht zum letzten Mal mit Rücktritt gedroht. Das Problem war nicht schwer zu verstehen. Der Vorstand bestand aus lauter stark beschäftigten Persönlichkeiten; einzig der Geschäftsführer Rolf Sigg und seine Frau hatten genügend Zeit, sich rückhaltlos ins Zeug zu legen. Damit nahmen sie unabhängig von den Organigrammen eine faktische Führungsrolle ein. Doch ihr guter Wille war grösser als die professionelle Fähigkeit, einen stürmisch wachsenden Verband zu administrieren.

Zu dieser Zeit gehörte auch die junge Zürcher Juristin Esther Girsberger dem Exit-Vorstand an. Sie erinnert sich:

«Sigg war von seiner Mission überzeugt und arbeitete mit der Unruhe des Getriebenen nach seinen eigenen Regeln. Ihm war egal, was die anderen dachten. Aber ohne Sigg wäre Exit nie in die Gänge gekommen. Manche Diskussionen im Vorstand waren verletzend und unproduktiv. Dafür fehlten dann die Zeit und die Ruhe für die dringend nötige Arbeit an der Strategie, den Strukturen und den Zukunftsperspektiven.»

1988 war der Vorstand überwiegend mit den internen Streitigkeiten beschäftigt. 1989 trat Walter Baechi als Präsident zurück; noch im selben Jahr schied er aus dem Leben. Sein Nachfolger, der sich von Anfang an nur bis 1992 engagieren wollte, war Rechtsanwalt Christof Peter. Doch eine Besserung der Verhältnisse trat nicht ein. Sigg und Peter gerieten ebenfalls in Streit.

Machtprobe nach Mobilisierung, konfliktreicher Arbeitsalltag

Im Oktober 1991 wagte Rolf Sigg die Machtprobe. Er kündigte seinen Rücktritt als Geschäftsführer zuhanden der nächsten Generalversammlung an, wollte aber weiterhin an entscheidender Stelle dabeibleiben, nämlich Freitodbegleitungen machen und sich der Ausbildung der Freitodbegleiter widmen.

Ludwig A. Minelli ist einer der wenigen noch lebenden Zeugen der damaligen Ereignisse. Er erinnert sich wie folgt:

«Eines Tages wurde ich von Manfred Kuhn und Rolf Sigg besucht. Der Vorstand sei in Mehr- und Minderheit zerfallen; die Mehrheit wolle Sigg entlassen und eigene Leute vor allem an gut bezahlte Positionen setzen. Sie fragten mich, wie man dies verhindern könne. Ich wies darauf hin, dass der Streit in der Generalversammlung gelöst werden muss. Es wäre sinnvoll, angesichts der Spaltung des Vorstands für deren Durchführung einen Tagespräsidenten zu bestimmen, und ich sei bereit, diese Funktion auszuüben. Da ich in beiden Teilen des Vorstandes geschätzt wurde, erhielt ich diesen Auftrag, und so führte ich die 10-Jahres-GV von Exit im Berner Kursaal.»

Inzwischen hatten sich sechs von neun Vorstandsmitgliedern gegen Sigg ausgesprochen. Dieser blieb aber als Geschäftsführer im Amt, weil die besagte Generalversammlung 1992 gegen den Antrag der Vorstandsmehrheit entschied. 750 Exit-Mitglieder waren zur Versammlung erschienen. Zum neuen Präsidenten wurde annähernd einstimmig der angesehene Meinrad Schär, Professor für Sozial- und Präventivmedizin und ehemaliger Landesring-Nationalrat (1975–1982) gewählt. Dass Meinrad Schär als Präsident vorgeschlagen wurde, hatte damit zu tun, dass Manfred Kuhn diesen bereits viele Jahre zuvor gemeinsam mit Minelli in den Kampf um das Verbot von zivilen Überschallflügen über der Schweiz eingebunden hatte. Zudem präsidierte Schär seit 1988 die Stiftung für schweizerische Exit-Hospize.

Zum ersten, aber nicht zum letzten Mal demonstrierte Rolf Sigg an diesem Frühlingstag in Bern, dass er in der Lage war, durch Inserate und Flugblätter im Vorfeld Mehrheiten zu mobilisieren, um seine Positionen durchzusetzen. Nach dieser Generalversammlung setzte er seine Arbeit als Geschäftsführer fort.

Ein angesehener Arzt und alt Nationalrat an der Spitze von Exit – das war gut für die junge Freitodvereinigung, die unter scharfer und nicht immer wohlwollender Beobachtung der Öffentlichkeit stand. Schär verschaffte Exit Ansehen und Geltung nach aussen, doch war auch er nicht der Mann, der die Führungseigenschaften besass, um die ständig stark wachsende Organisation in den Griff zu bekommen. Im zehnten Jahr des Bestehens von Exit waren es schon annähernd 52 000 Mitglieder, und die administrativen Probleme wuchsen Rolf und Lucia Sigg über den Kopf. Schliesslich lag Rolf Sigg mit allen im Streit, vor allem auch mit Schär, den er zuvor unterstützt hatte. Die Medien berichteten lustvoll über die internen Konflikte, was der Reputation der Organisation und damit auch den von ihr vertretenen Inhalten schadete.

In Anbetracht der Grösse der Organisation und der komplexen Arbeitslast wurde 1992 bei Exit erstmals das Prinzip der Ehrenamtlichkeit durchbrochen. Als neue treibende Kraft im Vorstand trat der international tätige Zürcher Rechtsanwalt und Landesring-Politiker Manfred Kuhn (1930–2003) hervor. Er setzte eine neue Regelung durch: Nach wie vor wurden dem Vorstand keine Sitzungsgelder bezahlt, Präsident und Geschäftsführer erhielten jedoch monatliche Spesenpauschalen. Exit konnte es sich leisten. Bei jeder Sitzung hiess es: Einnahmen über, Aufwand unter dem Budget!

Bei aller Betriebsamkeit blieben aber die strukturellen Probleme von Exit ungelöst. Die Trennung von Strategie und Tagesgeschäft und die klare Definition von Zuständigkeiten liessen auf sich warten; die Lücken boten dauernden Konfliktstoff. Eine Strukturtagung vom 15. Juni 1991 in Horgen endete mit der Bildung von sechs Kommissionen: Ethik, Recht, Medizin/Pharmazie, Kasse/Finanzen, Werbung/PR und Geschäftsprüfungskommission. Letztere war als internes Kontrollorgan gedacht und wurde zu einem wesentlichen Stabilisierungsfaktor, allerdings erst mit jahrelanger Verzögerung.

Ermüdende Alltagsroutine

Präsident Schär blieb im Tagesgeschäft gefangen, wie er im Quartalsbericht vom 26. November 1994 beklagte:

«Meine zeitaufwendige Routinetätigkeit besteht darin, in fraglichen Fällen von Missachtung der Patientenverfügung abzuklären, ob dem Willen der Exit-Mitglieder Rechnung getragen worden ist. (…) In das gleiche Kapitel fallen die vielen Rückfragen bei Ärzten, die sich nicht bereit erklären können, ein Rezept für ein tödlich wirkendes Medikament auszustellen. Ich lasse mir jeweils die Diagnose und die Prognose bestätigen und händige erst dann Dr. Sigg das Medikament aus. Es ist nämlich schon vorgekommen, dass Patienten unter dem Vorwand, an Krebs zu leiden, in den Besitz des Suizidmittels gelangen wollten.»

Auch in diesem Bericht werden grundsätzliche Konflikte zwischen Schär und Sigg offengelegt. Sigg vertrat die Meinung, Schär als Arzt sei nur dazu da, im Kontakt mit den Hausärzten das Freitodmedikament zu beschaffen; im Übrigen hätten Ärzte bei der Freitodbegleitung nichts verloren. Sigg habe zudem gewünscht, so Schär seinerseits, dass der Präsident Anfragen für Referate, Fernseh- und Radioauftritte, Interviews usw. an ihn weiterleite.

Im August 1995 erlebte Exit einen besonderen Erfolg. Die Schweizerische Akademie der Medizinischen Wissenschaften (SAMW), die sich als oberstes Gremium der Ärzteschaft in Fragen der Berufsethik sowie als Brückenbauerin zwischen Wissenschaft und Gesellschaft versteht, änderte ihre Richtlinien zugunsten der Patientenverfügung von Exit, was wichtig war für den Fall, dass der Patient nach Unterzeichnung des Dokuments dement wurde und seinen Willen nicht mehr ausdrücken konnte. Solange der Patient noch urteilsfähig war, besprachen die Ärzte die Behandlung mit ihm.

Erster Versuch der Professionalisierung

Zur selben Zeit unternahm Manfred Kuhn als Vizepräsident einen erneuten Versuch, die Geschäftsführung neu zu regeln. Er stellte dem Vorstand den Journalisten und Buchautor Peter Holenstein (1946–2019) als geeigneten Pressesprecher vor. Dieser hatte sich einen Namen gemacht als hartnäckiger und seriöser Rechercheur in aufsehenerregenden Kriminalfällen. Unter anderem gelang es ihm, die Unschuld eines während 24 Jahren in Italien wegen Mordes inhaftierten Schweizers zu beweisen und dessen Begnadigung durch den italienischen Staatspräsidenten Sandro Pertini zu erreichen. Holenstein hatte damals bereits mehrere Bücher über die Hintergründe von spektakulären Kriminalfällen verfasst. Literarisch hatte er sich auch vielfältig mit dem Tod befasst. Als Manager oder als Organisationsfachmann, geschweige denn als Sanierer war er hingegen nie hervorgetreten.

Holenstein arbeitete innert zehn Wochen ein neues Konzept für die Öffentlichkeitsarbeit aus, das im Vorstand Anklang fand, auch bei Rolf Sigg, der bekannt gab, in einem Jahr als Geschäftsführer zurücktreten zu wollen. Im Dezember 1995 wurde Peter Holenstein im Auftrags-, nicht im Angestelltenverhältnis für Exit verpflichtet. Er sollte zunächst als Pressesprecher arbeiten und als lernender Gast an den Vorstandssitzungen teilnehmen. Schon bald aber war klar, dass er der neue Geschäftsführer werden sollte.

1996 baute Holenstein für Exit die Internetpräsenz auf und stritt mit der SRG-nahen AG für das Werbefernsehen, die die Werbespots von Exit ablehnte. Auch auf anderen Ebenen wurde versucht, Exit an der Werbung zu hindern. So verboten die Kantone Basel-Stadt, Basel-Landschaft, Luzern und St. Gallen sowie die Städte Grenchen und Solothurn den Aushang von Exit-Werbung in den öffentlichen Verkehrsmitteln. Die Begründung lautete überall, man wolle Andersdenkende nicht brüskieren.

An der Generalversammlung 1997 wurde Holenstein einhellig zum neuen Geschäftsführer gewählt. Rolf Sigg wurde von der Generalversammlung mit starkem Applaus verabschiedet. Er hatte seine Arbeit bis 1995 ehrenamtlich geleistet, und seine Frau bezog lediglich das Gehalt einer Sekretärin. Sigg verblieb aber im Exit-Vorstand. Im vorangegangenen Februar hatte er seinen 80. Geburtstag gefeiert.

Alle gegen alle: Vorwürfe, Verletzungen

Dass der Quereinstieg des damals 41-jährigen, an der bisherigen Exit-Geschichte völlig unbeteiligten Journalisten an die Spitze der diffizilen Organisation Exit nicht konfliktfrei verlaufen konnte, ist leicht zu verstehen. Schon in der ersten Vorstandssitzung nach seiner Wahl wies Holenstein auf die Unmöglichkeit hin, die täglich anfallende Administration und die Geschäftsleitungsaufgaben (Organisation und Kontrolle der Freitodbegleitung, Betreuung des FTB-Teams, Finanz- und Budgetplanung, redaktionelle Arbeiten) alleine zu bewältigen. Die Siggs hatten es bei allem Einsatz ja auch zu zweit nicht geschafft.

Ein Verband mit 70 000 Mitgliedern müsse andere Arbeitsbedingungen schaffen und könne sich dies schliesslich auch leisten, erklärte Holenstein. Dem Vorstand leuchtete dies ein. Der Geschäftsführer wurde beauftragt, in Zürich geeignete Büros zu suchen. Zugleich bewilligte der Vorstand zwei Arbeitsstellen im Sekretariat: einen stellvertretenden Geschäftsführer und eine administrative Kraft. Aber im Vorstand sass nach wie vor Rolf Sigg, der als langjähriger Vorgänger viel Insiderwissen besass und – menschlich gut verständlich – jeden neuen Vorstandsbeschluss an den Verhältnissen, vor allem auch an den Budgets mass, denen er früher bei seiner Arbeit unterworfen war.

War Sigg beleidigt, weil sein aufopfernder, aber einzelgängerischer Arbeitsstil nicht fortgesetzt wurde und er die Vorstandsbeschlüsse als indirekte Kritik an seiner Amtsführung auffasste? Auch das Geld spielte eine Rolle. Holensteins Vergütung war wesentlich höher als das Salär, das Rolf Sigg Monat für Monat als Spende an die Hospizstiftung überweisen liess. Ursprünglich sei er für das Engagement Holensteins gewesen, erklärte Sigg später. Als er feststellte, dass mit

Holenstein noch eine Persönlichkeit mit starkem Ego und gut entwickeltem Erwerbssinn in den Exit-Kreis eingetreten war, änderte Sigg seine Meinung. Fortan bekämpfte er Holenstein heftig.

Es kam hinzu, dass auch Präsident Schär und Geschäftsführer Holenstein aneinandergeraten waren, unter anderem deshalb, weil der auf administrative Ordnung bedachte Neuling und medizinische Laie Holenstein den seiner Meinung nach eigenmächtigen Umgang von Prof. Schär mit dem Todesmedikament Natrium-Pentobarbital kritisierte. Der Arzt und Professor war verletzt. Er wollte immer einen Vorrat an NaP bei sich haben, um auch an Sonn- und Feiertagen helfen zu können. Der Umgang des Präsidenten mit dem Todesmittel war einer der Hauptgründe für dessen Zerwürfnis mit Peter Holenstein, der Respekt hatte vor der argwöhnisch aufpassenden Justiz.

Im Frühjahr 1997 einhellig gewählt, war der neue Geschäftsführer im Spätherbst schon heftig umstritten: Schär fühlte sich von Kuhn und Holenstein schikaniert. Letzterer, nach wie vor das strafrechtliche Risiko fürchtend, bestand darauf, dass Schär endlich seine NaP-Vorräte zurückgeben solle und keine Rezepte mehr auf dem Papier seines einstigen Universitätsinstituts ausstelle. Gleichzeitig stritten sich Kuhn und Sigg wegen eines Legats, das zuerst an die Hospizstiftung und später an Exit ging.

Am 8. November 1997 kam es zur Vertrauensabstimmung im Vorstand. Mit vier Ja, drei Nein und zwei Enthaltungen sprach der Vorstand dem neuen Geschäftsführer das Vertrauen aus. Konnte er auf dieser wackeligen Grundlage weiterarbeiten? Holenstein wollte es versuchen.

Zur nächsten, ausserordentlichen Vorstandssitzung vom 24. Januar 1998 brachten die Parteien gleich ihre Anwälte mit. Als Rechtsbeistand von Peter Holenstein trat Ludwig A. Minelli auf. Der ehemalige Journalist, der in der Lebensmitte noch auf Anraten des Berner Rechtsprofessors Jörg Paul Müller Jurist und Anwalt geworden war, hatte wie erwähnt, schon früher bei Exit als Tagespräsident gewirkt. Die Gegenseite (Meinrad Schär und Rolf Sigg) wurde von Rechtsanwalt Linus Jäggi vertreten. An der Sitzung wurde Holenstein mit sechs gegen zwei Stimmen ab sofort untersagt, Exit nach aussen zu vertreten und im Namen von Exit Erklärungen abzugeben.

Die Vorstandssitzungen folgten sich nun im Monatstakt. Der Vorstand war überwiegend mit sich selbst beschäftigt. Gestritten wurde um das Zutrittsrecht zur Geschäftsstelle und um die Kontrolle der eingehenden Post, sogar um die Sitzungsprotokolle. Derweilen blieben wichtige Dossiers liegen, zum Beispiel die Statutenrevision und die in mehreren Jahren erarbeiteten Vorschläge des Vorstandsmitglieds Robert Kehl, eines weiteren Juristen, der die Stelle des Sekretärs einer der zivilrechtlichen Kammern des Zürcher Obergerichts versah. Er hatte grundlegende Werke über die ethischen und juristischen Grundlagen der Sterbehilfe verfasst und warf auf dieser Grundlage die Frage des selbstbestimmten Altersfreitods auf, also des selbst gewählten Lebensendes von Personen, die nicht unheilbar krank waren, aber ihr Leben zu beenden wünschten. Für solche Grundsatzfragen hatte der mit Streitigkeiten beschäftigte Vorstand damals keine Zeit. Ungelöst blieben auch die schweren Probleme des im Aufbau befindlichen Exit-Sterbehospizes in Burgdorf.

Tumult und Trennung

An der Generalversammlung vom 16. Mai 1998 im Zürcher Kongresshaus brachen die Gegensätze offen auf. Nach Angaben des *Tages-Anzeigers* waren gegen 1000 Mitglieder erschienen, viele mobilisiert durch Rolf Sigg, der zwei Tage vor dem Versammlungstermin in grossen Inseraten zur Teilnahme aufgefordert hatte. Angeblich soll Sigg seine Gefolgschaft mit elf Reisebussen nach Zürich transportiert haben. Nur mit knapper Mehrheit stimmte die Versammlung der Zulassung von aussenstehenden Journalisten zu. Einer von ihnen, der studierte katholische Theologe Michael Meier, berichtete im *Tages-Anzeiger* vom 18. Mai 1998:

«Von einem geordneten Ablauf kann keine Rede sein. Während viereinhalb Stunden fährt jeder jedem ins Wort – mit wohlplatzierten Beschimpfungen, mit Buh- und Bravorufen. Am Vorstandstisch wird ungeniert um Redezeit und Mikrofon gekämpft, die Aussage des Gegners sogleich mit Gegenbehauptungen gekippt. (...) Nach anderthalb Stunden wird das Mikrofon für das Publikum geöffnet. 25 Mitglieder lassen ihrem Unmut freien Lauf.» Der Tierschützer und Bekämpfer von

Tierfabriken, Erwin Kessler, war gar mit einem Megafon angerückt und setzte es gegen Holenstein und dessen Rechtsberater Minelli ein.

Mit 543 Stimmen wurde schliesslich der Unternehmensberater Rudolf Syz zum Nachfolger von Präsident Meinrad Schär gewählt und mit 563 gegen 138 Stimmen Peter Holenstein als Geschäftsführer abgesetzt.

Noch am selben Tag kam es zur Spaltung. Im benachbarten Restaurant Mövenpick erläuterte Ludwig A. Minelli den wenigen Unterstützern von Holenstein, darunter einigen Mitgliedern des Freitodbegleiterteams von Exit, es bestünden nun drei Optionen: Man könne sich mit dem Entscheid abfinden und zur Tagesordnung übergehen; man könne den Richter anrufen und die Beschlüsse der Generalversammlung anfechten, wobei man nach einer Reihe von Jahren ein Urteil erhalte, von dem man nicht wisse, wie es laute. Oder man könne einen eigenen Verein gründen und in jenem die Ziele, die Holenstein anstrebe, verwirklichen.

Nachdem mehrere der Teilnehmer – darunter zwei Ärzte – bekundeten, dabei mithelfen zu wollen, übernahm Minelli die Aufgabe, die Gründung des neuen Vereins in die Wege zu leiten. Über Nacht entwarf er die Statuten, legte den Namen «Dignitas – Menschenwürdig leben – Menschenwürdig sterben» fest und gründete an dem auf den Tag der Exit-Generalversammlung folgenden Sonntag gemeinsam mit seiner jüngeren Tochter den neuen Verein. Die ideellen Grundlagen waren identisch mit denen von Exit. Die grundlegenden Unterschiede beschreibt Minelli wie folgt:

«Dignitas war auch offen für Mitglieder, die im Ausland leben, und ich begrenzte als Generalsekretär die Anzahl der stimmberechtigten Mitglieder auf gerade zwei Personen. So vermied ich, dass sich bei Dignitas Mehr- oder Minderheiten ergeben konnten. Für Mitglieder aus dem Publikum war und ist keine Aktivmitgliedschaft möglich; die Passivmitglieder heissen deshalb ‹Destinatärmitglieder›; für sie ist Dignitas bestimmt, doch bestimmen sie nicht bei Dignitas. Auch die Verrechnung der Sterbebegleitung war eine andere als bei Exit. Wer nur die Dienstleistungen von Dignitas – Patientenverfügung, Rechtsbeistand, Sterbebegleitung usw. – in Anspruch nahm, war nicht stimmberechtigt.»

Dignitas verrechnete bedeutend höhere Beiträge und Kosten für die Begleitung.

Zur selben Zeit berichtete Ex-Geschäftsführer Rolf Sigg dem Exit-Vorstand, dem er nach wie vor angehörte, von seiner Neugründung Ex International, die vor allem in Deutschland tätig sein wollte. Als Geschäftsführer ad interim sprang bei Exit (Deutsche Schweiz) der emeritierte Pharmazie-Professor Dr. med. et phil. II Wolfgang Hopff ein, der zugleich bei Dignitas gemeinsam mit Manfred Kuhn und Dr. med. Krayenbühl das den Dignitas-Generalsekretär beratende Kuratorium bildete.

Ein Tiefpunkt in der Geschichte von Exit

Das Reizklima im Vorstand wollte nicht weichen. Holenstein, Minelli, Kuhn und andere Oppositionelle wurden per Vorstandsbeschluss sogar aus der Exit-Vereinigung ausgeschlossen.

Zur selben Zeit wurde dem ehemaligen Präsidenten Meinrad Schär in aufsehenerregenden Medienberichten fahrlässiger Umgang mit dem Todesmedikament NaP vorgeworfen. Er hatte einer körperlich völlig gesunden 30-jährigen Frau in Basel, die unter Depressionen litt, das Medikament verschrieben. Eine Person aus dem Umfeld der Patientin schlug Alarm. Der Basler Kantonsarzt griff ein und verhinderte den Suizid, indem er die junge Frau zwangsweise in eine Klinik einwies. Daraufhin entzog die Zürcher Gesundheitsdirektion Schär die Befugnis, solche Rezepte auszustellen. Die Freitodbegleitung für die junge Frau hatte kein Geringerer übernehmen wollen als Pfarrer Werner Kriesi, Leiter und Ausbildner des Begleiterteams bei Exit.

Unabhängig davon wurden einmal mehr übersetzte Lohnbezüge, Anwaltshonorare und Abfindungszahlungen öffentlich diskutiert. Der an der tumultuösen Generalversammlung von 1998 neu gewählte Präsident Rudolf Syz, ein Unternehmensberater, erklärte schon im folgenden Jahr, kaum hatte Exit in seiner Nähe in Liestal ein Büro eingerichtet, seinen Rücktritt. Er war intern wegen eines Interviews angegriffen worden. An seine Stelle trat die Genfer Arztgattin Elke Baezner, die seit Jahren die Verbindung zur Exit-Organisation in der Westschweiz sichergestellt hatte.

Finanziell sorgenfrei und inzwischen mit Reserven in der Grössenordnung von 10 Millionen Franken ausgestattet, erreichte die Vereinigung Exit im Jahr 1999 den Tiefpunkt ihres Ansehens. Zum ersten Mal ging die Mitgliederzahl spürbar zurück: von 69 000 (1997) auf 47 635 (1999). Das war aber vor allem die Folge der administrativen Aufräumarbeiten; hauptsächlich wurden «Karteileichen» ausgeschieden, die zum Teil seit Jahren keine Beiträge mehr bezahlt hatten. Demgegenüber blieb die Zahl der Austritte verhältnismässig niedrig. In all den folgenden Jahren, in denen Exit mit Führungsproblemen kämpfte, pendelten die Mitgliederzahlen zwischen 47 984 (2000) und 51 636 (2009). Erst als die vom verkleinerten und reorganisierten Vorstand ausgegangene Reform wirkte, stiegen auch die Mitgliederzahlen wieder: von 53 472 (2010) auf 69 501 (2013).

In den folgenden Jahren wirkten sich der gesellschaftliche Wandel und die Demografie (Alterung der Gesellschaft) positiv auf die Mitgliederzahlen von Exit aus. Sodann begannen nun auch gut integrierte Immigranten einzutreten. Auch die mit dem Kongress von 2012 verbundene verstärkte Publizität tat ihre Wirkung. Zum Zeitpunkt des Abschlusses dieses Buchs, zählte Exit über 142 000 Mitglieder.

Eine ähnliche Entwicklung war auch bei Dignitas zu beobachten, die 1998 mit 288 Mitgliedern gestartet war. Ende 2005 waren es schon über 5000 Mitglieder. Ende 2020 wurde die Mitgliederzahl mit 10 382 (einschliesslich Dignitas Deutschland) angegeben.

Peter Holenstein: in Ehren gescheitert

Peter Holenstein (1946–2019) war ein erfolgreicher Journalist und Buchautor, der bei Themen, die ihn innerlich packten, die kurzatmige Welt der Tagespublizistik immer wieder verliess und die Themen unermüdlich vertiefte, manchmal jahrelang. Sein beruflicher Horizont war weit gespannt. In jungen Jahren war er Chefredaktor einer bei der katholischen Jugendbewegung angesiedelten Jugendzeitschrift namens *Team* gewesen, ausserdem einer der wenigen Schweizer Kriegsreporter in Vietnam.

Die grossen Themen seines Lebens waren Kriminalität und Strafjustiz. Mehrere seiner Bücher wurden zu Bestsellern, unter anderem das über den Serienmörder Werner Ferrari. Holensteins Recherchen führten zu einem Revisionsprozess und zu einem Freispruch in einem von fünf Fällen. Schlagzeilen machte schon in den 1970er-Jahren sein jahrelanger unermüdlicher Einsatz für einen Schweizer, der in Italien wegen Mordes verurteilt worden war. Nach 24 Jahren Haft konnte Holenstein mit dem Geständnis des wirklichen Täters die Unschuld des Schweizers beweisen und dessen Begnadigung erwirken. Immer wieder schrieb Peter Holenstein – unter Pseudonym und zum Geldverdienen – auch populäre Kriminalromane, ausserdem Bücher, in denen er sich mit dem Tod auseinandersetzte.

In einem Interview sagte er einmal: «Seit ich in Vietnam gewesen bin, lässt mich das Thema Tod und Gewalt nicht mehr los.» Das war wohl einer der Gründe, weshalb er auf die Idee seiner Freunde Ludwig A. Minelli und Manfred Kuhn eintrat, Geschäftsführer von Exit zu werden. Nach allem, was man den Akten und Zeugenaussagen entnehmen kann, hat der Allrounder Holenstein, obwohl dem medizinischen wie auch dem seelsorgerischen Milieu fremd, in seiner kurzen Zeit bei Exit ziemlich genau das Richtige getan. Als er seine Aufgabe als Geschäftsführer antrat, stellte er rasch fest, dass es bei Exit eine ganze Reihe von wichtigen Baustellen gab. Da er alle auf einmal anpackte, hatte er auf einmal zu viele Gegner.

Holenstein organisierte die Publizität, brachte Exit schon früh ins Internet, warb professionelle Mitarbeiter für die Administration an und versuchte, den Umgang mit der Todesdroge NaP so ordentlich zu organisieren, dass die Staatsanwaltschaft nichts mehr zu reklamieren hatte. Darüber geriet er mit dem Präsidenten Meinrad Schär und seinem Amtsvorgänger, dem über 80-jährigen Rolf Sigg, in Konflikt.

Schon nach einem Jahr wurde er abgewählt. Zusammen mit Minelli und Kuhn engagierte er sich fortan für Dignitas, unter anderem mit einer Studie über die materiellen Folgen der Suizide in der Schweiz, die den Respekt der Fachleute erwarb, obwohl der Autor ein unakademischer Aussenseiter war. Diese Aufgabe hatte ihm eine zweite, ebenfalls von Minelli geführte Organisation erteilt, die Schweizerische Gesellschaft für die Europäische Menschenrechtskonvention (SGEMKO).

Manfred Kuhn: kämpferischer Anwalt und Publizist

Der international tätige und enorm vielseitige Anwalt Manfred Kuhn (1930–2003) wurde 1992 in den Vorstand von Exit berufen, motiviert von seinem Freund Meinrad Schär, der gerade im Begriff war, das Präsidium der noch ungefestigten, stark wachsenden Organisation zu übernehmen. Ähnlich wie sein Kollege und Vorbild Walter Baechi liebte er als unabhängiger Freigeist den öffentlichen Auftritt und scheute sich nicht, sich zu exponieren, sei es als Strafverteidiger (z. B. des Israel-Spions Alfred Frauenknecht) oder als Autor von Büchern und viel gelesenen Kolumnen. Im Frühjahr 1961 beobachtete er als Berichterstatter den Prozess gegen Adolf Eichmann in Jerusalem.

Von 1959 bis 1963 politisierte Manfred Kuhn aktiv im Zürcher Kantonsrat in der Fraktion des Landesrings der Unabhängigen. Als Politiker opponierte er unter anderem gegen die steigende Lärmbelästigung und stellte früh die Wachstumsstrategie des Flughafens Zürich infrage.

Sein Leben lang gehörte er zu den Intellektuellen in Zürich, die lustvoll an der öffentlichen Diskussion über gesellschaftliche und kulturelle Themen teilnahmen.

Als Vizepräsident von Exit bildete Kuhn ein starkes Gegengewicht zum dominanten, aber wenig teamfähigen Aktivisten Rolf Sigg. Er forderte und förderte die organisatorische Modernisierung. Manfred Kuhn war es auch, der den Journalisten Peter Holenstein für Exit gewann, zunächst als Pressesprecher (1995), dann als Geschäftsführer (1997). Zusammen mit Holenstein, dem Anwalt Ludwig A. Minelli und anderen «Dissidenten» wurde Kuhn nach der tumultuösen Generalversammlung von 1998 aus Exit ausgeschlossen, worauf es zur Gründung von Dignitas kam.

Zu seinem Tod fand die *Neue Zürcher Zeitung*, ansonsten selten einig mit autonomen Denkern von Kuhns Format, ehrende Worte:

«Manfred Kuhn war einer der Intellektuellen in dieser Stadt, der, in allen Künsten bewandert, ein sicheres und souveränes Urteil über die politischen und gesellschaftlichen Zustände unserer Zeit besass und auch äusserte. Selbst ausübender Musiker, war er mit fast allen grossen Solisten und Dirigenten, die in der Tonhalle oder in den Klubhaus-Konzerten auftraten, bekannt, oft befreundet. Mit vielen Literaten in aller Welt stand er in regem Briefwechsel. Sein besonderes Interesse galt Israel und seinen Problemen.»

© Felix Aeberli

Ludwig A. Minelli: der Brandbeschleuniger

Die Adjektive, die sein ganzes Leben begleiteten, stammten meist von Kollegen, die ihm nicht alle wohlgesonnen waren. «Umstritten», «streitbar», «unbeugsam», «redegewandt», «eigensinnig», «undurchsichtig». Und immer wieder «unbequem».

Nur «langweilig» oder gar «unwirksam» hat ihn nie jemand gescholten. Der Lebensweg des Ludwig Amadeus Minelli (geb. 1932) war ungewöhnlich und kurvenreich. Er durchlief zunächst die Kantonale Handelsschule Zürich mit Matura 1952. Von 1956 bis 1959 wirkte er als freier Journalist bei der *Tat*, der vom Grosskaufmann und späteren Sozialreformer und Politiker Gottlieb Duttweiler gegründeten Tages-

143

zeitung. Sie war das Sprachrohr seiner politischen Bewegung, des Landesrings der Unabhängigen. Dieser vertrat ein aus Wirtschaftsliberalismus und sozialer Gesinnung gemischtes politisches Programm und verstand es, prominente und attraktive Leistungsträger aus Wirtschaft und Wissenschaft für politische Ämter zu motivieren.

Die Berichterstattung aus dem Zürcher Kantonsparlament war Minellis Einstieg in den Journalismus. Von der Lokalpolitik wechselte er 1959 in die Gründungsredaktion der Schweizer Boulevardzeitung *Blick*. Nach Stationen in einem Münchner Illustriertenverlag und beim Schweizer Dienst der Nachrichtenagentur UPI war er elf Jahre lang Schweizer Korrespondent des deutschen Nachrichtenmagazins *Der Spiegel*. Und er war ein besessener, ausdauernder Arbeiter. In den Zeiten vor Internet hatte er Erfolg mit einem aus Zeitungsausschnitten bestehenden Inlandarchiv, das er im Abonnement an grosse Redaktionen vertrieb. Zeitweise diente er neben seiner journalistischen Tätigkeit auch der von ihm mitgegründeten Journalistengewerkschaft SJU als Administrativsekretär.

Mit 44 Jahren begann Minelli die Rechte zu studieren, mit 54 Jahren bestand er die Anwaltsprüfung und machte sich einen Namen mit seinem Spezialgebiet, der Durchsetzung der Europäischen Menschenrechtskonvention. Er gründete eine einschlägige Gesellschaft, publizierte Bücher und führte Prozesse, die mehrmals zu wichtigen Präjudizurteilen führten. Nach der tumultuösen Exit-Generalversammlung von 1998 gründete Minelli die neue Organisation Dignitas, die auch Mitgliedern aus dem Ausland Freitodhilfe leistet.

Minelli ist sich bis ins hohe Alter treu geblieben: ein temperamentvoller, hochintelligenter Freigeist, furchtlos, kämpferisch und ausdauernd. Für die Ideen, die ihm wichtig waren, wirkte er wie ein Brandbeschleuniger. Die Mehrheit der Exit-Leute hat ihn wohl nie gemocht, konnte aber nicht bestreiten, dass er durch seine ruhelose Aktivität dem Thema über Jahre hinweg zu öffentlicher Beachtung verholfen hat.

© EXIT-Info 3.07

Meinrad Schär: kantige Persönlichkeit

Zehn Jahre nach der Gründung von Exit, als die Vereinigung den ersten grossen Wachstumsschub zu schultern hatte, wurde Prof. Meinrad Schär (1921–2007) zum neuen Präsidenten berufen. Er war eine dieser profilierten Persönlichkeiten, die sich, wenn sie denn schon politisieren wollten, für den Landesring entschieden, der ihnen ein grosses Mass an persönlicher Freiheit liess. Der angesehene und populäre Professor für Sozial- und Präventivmedizin und ehemalige Landesring-Nationalrat (1975–1982) wurde von den Exit-Mitgliedern fast einstimmig willkommen geheissen. Er hatte Verwaltungserfahrung als Vizedirektor im damaligen Eidgenössischen Gesundheitsamt (1960–

1962) und führte mit Unterstützung von Bundesrat Hans-Peter Tschudi die Sozial- und Präventivmedizin als neues Prüfungsfach des medizinischen Staatsexamens ein, worauf er von 1962 bis zur Pensionierung 1987 den diesbezüglichen Lehrstuhl an der Universität Zürich einnahm. Seine Forschungsarbeiten und Publikationen behandelten die Gesundheitsschäden durch die Industriegesellschaft und des Tabakgenusses. Schär präsidierte seit 1988 die Exit-Stiftung für Sterbehospize.

Ein angesehener Arzt und Professor an der Spitze – das war gut für die junge Freitodvereinigung, die unter scharfer und nicht immer wohlwollender Beobachtung stand. Schär verschaffte Exit Ansehen und Geltung nach aussen, doch war auch er nicht der Mann, der die Führungseigenschaften besass, um die ständig stark wachsende Organisation in den Griff zu bekommen.

1995 versuchte der neu gewählte, nicht dem medizinisch-akademischen Milieu angehörende Geschäftsführer Peter Holenstein – auch unter dem wachsenden Druck der Zürcher Justiz – den von Schär gepflegten eigenmächtigen Umgang mit dem Sterbemittel Natrium-Pentobarbital zu ordnen, was neue Zwietracht säte. 1998 löste Rudolf Syz den fleissigen, aber glücklosen Präsidenten ab.

12

Hospize: Heimat für die letzten Tage – als der gute Wille an Grenzen stiess

Elisabeth Kübler-Ross machte das Thema bekannt,
doch ihre Hospizidee setzte sich nicht durch

«Hospiz» ist abgeleitet von der lateinischen Vokabel «hospitium» (Unterkunft, Gastfreundschaft). In früheren Jahrhunderten wurden damit kleinere oder grössere Herbergen auf Bergpässen, an Pilgerwegen oder in Wallfahrtsorten bezeichnet, wo Mönche oder Nonnen die bedürftigen und kranken Reisenden pflegten. Diese Hospize, an manchen Orten auch «Fremdenspitäler» genannt, waren eine der Wurzeln, aus denen in der Neuzeit die Hotellerie (Gastgewerbe) und das Spitalwesen entstanden. Hospize wurden meist unter bischöflicher Aufsicht von Geistlichen geleitet.

Der Leistungsumfang des Hospizes – Unterkunft, Verpflegung, Krankenpflege – diente in den 1980er- und 1990er-Jahren als Vorbild für die Sterbeheime, in denen die an Aids erkrankten Menschen ihr letztes Zuhause fanden. Je kontrollierbarer die Aidserkrankungen wurden, desto mehr wurden die Lighthouses in Zentren für palliative Pflege umgewandelt, in denen Menschen mit unheilbaren Krankheiten in ihrem letzten Lebensabschnitt betreut und gepflegt werden.

Elisabeth Kübler-Ross machte das Thema bekannt

Die englische Krankenpflegerin, Sozialarbeiterin und Ärztin Cicely Saunders (1918–2005) war die Begründerin der Palliativmedizin und rief mit dem St. Christopher's Hospice im Südosten von London die

147

Hospizbewegung ins Leben (1967). Weltweite Verbreitung fand der Hospizgedanke auch durch die schweizerisch-amerikanische Psychiaterin Elisabeth Kübler-Ross (1926–2004), die seit der Mitte der 1960er-Jahre intensiv an der Betreuung und Begleitung sterbender Menschen arbeitete und darüber zahlreiche Bücher schrieb, die allesamt Bestseller wurden.

Elisabeth Kübler-Ross, die 1983 in Zürich mit einem grossen Auftritt das Thema Tod und Sterben kurz nach der Gründung von Exit in die Medien brachte (vgl. Kapitel 7), entfernte sich im Lauf ihres letzten Lebensabschnitts immer mehr von der Wissenschaft und wandte sich esoterischen Positionen zu. Sie starb im festen Glauben, ein Leben nach dem Tod wissenschaftlich beweisen zu können. Die starke internationale Publizität um ihre Person half wesentlich mit, die Themen Sterbehilfe und Betreuung von Todkranken im Gespräch zu halten, vor allem auch in ihrer schweizerischen Heimat.

Hier hatte die frisch gegründete Vereinigung Exit das Problem, dass sie – nicht zuletzt durch die öffentliche Betriebsamkeit ihrer Feinde – in die Ecke der «Todesengel» gedrängt wurde und damit riskierte, von der öffentlichen Meinung missverstanden zu werden. Kaum hatte sich Exit-intern in den ersten Jahren des Aufbaus die gemässigte Linie – das heisst vor allem die Abkehr von der aktiven Sterbehilfe – durchgesetzt, wollte Präsident Walter Baechi ein öffentliches Zeichen dafür setzen, dass Exit offen war für alle Bestrebungen, die ein würdiges und selbstbestimmtes Lebensende zum Ziel hatten. Dies war der Hintergrund für die Gründung der Stiftung für schweizerische Exit-Hospize.

Verbissener Kampf in Burgdorf

Am 2. September 1988 meldete Exit die Eintragung der Stiftung ins Handelsregister an. Vom ersten Tag an erwuchs ihr und dem erst skizzenhaft vorliegenden Projekt für ein Sterbehospiz in Burgdorf heftige Opposition. Schon nach weniger als zehn Tagen klagte ein neu gegründeter Verein zum Schutze der Menschenrechte, dessen Exponenten der von konservativen Kirchenkreisen geförderten militanten Lebensschützer-Bewegung nahestanden, gegen die Eintragung, weil sie sittenwidrig sei. Das Bezirksgericht Zürich wies die Klage ab. Dann wurde Exit-Präsident Walter Baechi bei der Aufsichtskommission für Rechtsanwälte angezeigt, weil er angeblich Standesregeln verletzt habe. Er blieb unbestraft.

Beide Vorgänge zeigen, dass die Hospizidee eine besonders aggressive Gegnerschaft hervorrief, nicht zuletzt an den vorgesehenen Standorten. Anfang 1991 scheiterten in Wilderswil und Aeschi (BE) private Initiativen für Sterbehospize am Widerstand der örtlichen Bevölkerung. Im Juni 1991 erwarb die Stiftung für schweizerische Exit-Hospize für 2,32 Millionen Franken ein grosses Chalet in Burgdorf, das umgebaut werden und zehn Plätze aufweisen sollte. Der Burgdorfer Stadtpräsident Max Conrad, selbst Exit-Mitglied, unterstützte das Vorhaben, doch die örtlichen Ärzte und Pfarrer opponierten entschieden. Einstimmig lehnte der Ärztliche Bezirksverein das Sterbehospiz ab. Er hielt die vorgesehene Lage in der Nachbarschaft von zwei Altersheimen für unzumutbar und nahm für sich in Anspruch, dass Sterbende «von der hiesigen Ärzteschaft in Spitälern, Altersheimen und auch zu Hause korrekt und umsichtig betreut und begleitet werden». Konkurrenz war unerwünscht, also wurde das Bedürfnis verneint.

Auch ohne die Opposition der eingesessenen Mediziner wären die Hindernisse beträchtlich gewesen. Die Villa in Burgdorf stand unter Denkmalschutz. Der Einbau eines teuren Lifts war unumgänglich, und es war eine Betriebsbewilligung der Gesundheits- und Fürsorgedirektion des Kantons Bern nötig. Es dauerte volle zwei Jahre, bis diese erteilt wurde.

Als schliesslich alles bereit und eine Investitionssumme von über 3 Millionen Franken, vorwiegend aus Legaten, ausgegeben war, verlief der Start des Betriebs sehr mühsam. Zeitweise war nur gerade eines von zehn Betten belegt und es kam zu mehreren personellen Wechseln. Auch hier stiftete der ungestüme gute Wille des übermotivierten ex-Pfarrers Rolf Sigg Unruhe, was zu mehreren Kündigungen führte. Sigg war zu dieser Zeit zugleich Exit-Geschäftsführer, Hospizstiftungsrat und Präsident der Hauskommission. Präsidentin des Stiftungsrats war damals noch die junge Zürcher Juristin Esther Girsberger, die sich aber in dem von Sigg bestimmten Arbeitsklima immer unwohler fühlte. Die Situation entspannte sich, als Sigg aus dem Stiftungsrat zurücktrat und der ehemalige Burgdorfer Stadtpräsident Max Conrad eine vermittelnde Funktion übernahm.

Ungenügende Auslastung, hohe Betriebsverluste

Die Auslastung des Hospizes blieb weiterhin ungenügend, das Betriebsdefizit wurde untragbar hoch. Die Nachfrage wäre hoch gewesen. Doch der Hauptgrund für das schliessliche Scheitern der Hospizidee war folgender: Die Krankenkassen weigerten sich, für den Aufenthalt ihrer Mitglieder zu bezahlen. Ausserdem erwies sich der bezahlte Preis für das denkmalgeschützte Gebäude als zu hoch. 1995 wurde das Hospiz geschlossen und später an Dritte vermietet, die es in ein Pflegeheim umwandelten; dieses funktionierte dann problemlos, weil die Krankenkassen bezahlten. Pläne für ein weiteres Hospiz in Zürich-Höngg wurden fallengelassen.

Dass die Hospizidee damals noch unvertraut und nicht mehrheitsfähig war, zeigte sich, als der Stiftungsrat 48 Bau- und Generalunternehmungen in der ganzen Schweiz anschrieb und nach Bauland an geeigneten Standorten fragte. Obwohl damit die Aussicht auf Aufträge verbunden war, antworteten nur gerade drei Firmen.

Die Stiftung für schweizerische Exit-Hospize wurde 1995 umgewandelt in die Stiftung Palliacura. Sie fördert seither Institutionen, die im Gebiet der palliativen Medizin und Pflege tätig sind, sowie Forschungs- und Ausbildungsprojekte in den Bereichen Palliativmedizin und Sterbehilfe.

Damit war das Thema Sterbehospiz für Exit zwar nicht offiziell erledigt, de facto aber weit zurückgestellt. Gescheitert war auch die Absicht der Exit-Verantwortlichen, durch die Förderung der an sich konstruktiven Hospizidee das Image der «Todesengel» loszuwerden und die Vereinigung als Kompetenzzentrum für die würdige Gestaltung der letzten Tage im Menschenleben zu profilieren. 2015 wurde von Kreisen, die die Palliativpflege förderten, der Dachverband Hospize Schweiz gegründet, dem heute 15 bestehende und entstehende Einrichtungen angehören, darunter auch spezialisierte Hospize, zum Beispiel für schwer kranke Kinder. (www.dachverband-hospize.ch)

Esther Girsberger: junge Generation unwillkommen

Die promovierte Juristin Esther Girsberger (geb. 1961) gehörte zu den vielen, die durch das Miterleben eines tragischen Schicksals im engeren Familienkreis den Zugang zum Thema Sterbehilfe fanden. Noch zu Walter Baechis Präsidentenzeit wurde sie in den Exit-Vorstand gewählt und führte zeitweise das Protokoll. Sie war damals gerade 27 Jahre alt.

Einen wirklichen Plan mit dieser Vertreterin der jungen Generation hatte offenbar nur Baechi. Esther Girsberger sollte sich zunächst einige Jahre im Vorstand einarbeiten und Exit dann als Präsidentin ein neues, jugendliches Gesicht geben. Aber daraus wurde nichts. Im herrschenden Reizklima fühlte sich die junge Frau nicht wirklich wohl. Enttäuscht über die unproduktiven Grabenkämpfe im Vorstand verliess die Hoffnungsträgerin den Vorstand.

Esther Girsberger war damals als juristische Sekretärin in der Zürcher Volkswirtschaftsdirektion tätig und wechselte 1989 in den Journalismus, zunächst als Korrespondentin der *Neuen Zürcher Zeitung* für die italienische Schweiz. Später wurde sie bekannt als Chefredaktorin des *Tages-Anzeigers* (1997–2000), als Dozentin, als Ombudsfrau der SRG für die deutsche Schweiz und als Unternehmerin, die spezialisiert ist auf die Vermittlung von prominenten Referenten an Verbände und Firmen, von Fernsehgrössen bis zu den ehemaligen Bundesräten Doris Leuthard und Moritz Leuenberger. Esther Girsberger war auch eine Zeit lang Präsidentin der Stiftung für Schweizerische Exit-Hospize.

Die Episode mit Esther Girsberger ist im Rückblick als verpasste Chance zu sehen; sie zeigt ausserdem eine nie ernsthaft bearbeitete Schwäche der Exit-Organisation auf: Diese war und ist, bedingt durch Lebensumstände und Interessenlage, auf die Generation über 50 Jahre ausgerichtet und damit auf Menschen, die mit gefestigten Ansichten an die Probleme herangehen. Dies erhöht erfahrungsgemäss die Konfliktwahrscheinlichkeit, nicht aber die Kompromissbereitschaft.

13

Minutengenau protokolliertes Sterben – Gedränge von Polizeiautos und Uniformierten

Entspannung durch Bürokratie und immer wieder
die Frage nach dem Geld

Sterbehilfe hat es in Schweizer Spitälern schon jahrzehntelang gegeben, nur sprach niemand darüber. Sie begann mit dem Einsatz von Morphin; legalisiert wurde sie erst durch das Auftreten der Sterbehilfeorganisationen.

Mit den Freitodbegleitungen begann Exit im Jahr 1985. Sogleich entstanden die ersten Konflikte zwischen den Freitodbegleitern und den Organen von Polizei und Justiz, die jedes Mal mit ganzer Mannschaft ausrückten. Bei sogenannten aussergewöhnlichen Todesfällen, und damit waren auch alle Formen von Suizid gemeint, musste der Staatsanwalt zwingend ein Verfahren eröffnen. Aus den frühen 1980er-Jahren ist ein Zürcher Fall bekannt, in dem der Untersuchungsrichter nach einem assistierten Freitod eine Strafuntersuchung wegen Mordes einleitete, die natürlich im Sand verlief. Das zeigt, wie neu und ungewohnt das Phänomen damals auch für die Strafverfolger war.

Alle Beteiligten mussten lernen: sowohl die Freitodbegleiter, die – so Rolf Sigg – «manchmal wie Bösewichte dagesessen haben, wenn wir auf die herbeigerufene Polizei warteten», als auch die Vertreter der Staatsmacht wie Kriminalbeamte, Uniformpolizisten, Untersuchungsrichter (später Staatsanwalt), Gerichtsmediziner, manchmal noch Auszubildende als unbeteiligte Zuschauer. Nicht selten spielten sich an sonst ereignislosen Nachmittagen mitten in stillen Wohnquartieren Szenen wie im TV-Krimi ab: Aufmarsch der Ordnungskräfte, manchmal bis zu einem Dutzend, von denen nicht alle ihre Verlegenheit verbergen konnten. Neugierige traten aus den Nachbarhäusern auf die Strasse. Der Leichenwagen fuhr vor. Was war geschehen? Gerüchte machten die Runde. Peinliche Szenen ausgerechnet in den Stunden, in denen die Angehörigen durch den Todesfall in der Familie ohnehin schon äusserst belastet waren!

Entspannung durch Bürokratie

Rolf Sigg, der die ersten Begleitungen zusammen mit seiner Frau durchführte und auch für die Ausbildung der Freitodhelfer verantwortlich war, versuchte die Situation zu entspannen, indem er das Schema eines Dossiers entwarf, das alle erforderlichen Unterlagen enthielt: die Personalien des Sterbewilligen, seine Einverständniserklärung, die ärztliche Diagnose nebst Zeugnis, die Namen der Freitodbegleiter – und neu: das Protokollblatt. Jeder einzelne Schritt des Sterbevorgangs wurde minutengenau festgehalten.

Weil die ersten Freitodbegleitungen hauptsächlich im Kanton Zürich stattfanden, hatte die Zürcher Justiz sehr früh und auch am häufigsten mit den anfänglich noch unvertrauten Fällen von Freitodbegleitung zu schaffen. Man habe mit der Qualifikation und dem Verhalten einzelner Begleiter Mühe gehabt, berichtet der ehemalige Leitende Oberstaatsanwalt Andreas Brunner, der von Anfang an mit der Untersuchung von Freitodfällen betraut war.

Im Rückblick betont Andreas Brunner:

«Ein wichtiger Punkt war immer die Frage nach der Urteilsfähigkeit der sterbewilligen Person. Oft war die Urteilsfähigkeit wegen beginnender oder bereits fortgeschrittener Demenz fragwürdig. Die ärztlichen Zeugnisse erwiesen sich manchmal als nicht hilfreich, weil auch hier Qualitätsprobleme sichtbar wurden. Es gab jede Menge Richtlinien von der nationalen Ethikkommission, von der Schweizerischen Akademie der Medizinischen Wissenschaften usw., aber keine war und ist juristisch und demokratisch legitimiert. Die Politik hielt sich immer krampfhaft aus dem Thema heraus. Politiker haben den Tod nicht gern. Sie beschäftigen sich lieber mit dem Leben. Aber ich habe von politischer Seite nie auch nur ansatzweise einen Druck verspürt, auch nicht von medizinischer und kirchlicher Seite. Vielleicht haben sie gemerkt, dass es nicht viel genützt hätte. Wenn schon, habe ich mir den Druck selber gemacht, ich hätte das Thema ja auch in Ruhe lassen können.»

Andreas Brunner gehörte jedoch definitiv nicht zu denjenigen, die ein ungelöstes Problem liegen liessen, um Ruhe zu haben. Als Leiter der Zürcher Staatsanwaltschaft betrat er Neuland, indem er für seine Mitarbeitenden die Kriminalität nach spezifischen Formen aufteilte. Medizinalfälle, Versicherungsbetrug, Verkehrsdelikte (Raserei), Hooliganismus, Cyberkriminalität, Menschenhandel usw. Auch die expandierende Sterbehilfeszene beobachtete er weiterhin kritisch.

Immer wieder die Frage nach dem Geld

Immer wieder wurde die Frage nach der Entschädigung der Freitodbegleiter aufgeworfen, denn gemäss Strafgesetzbuch ist Beihilfe zur Selbsttötung nur straffrei, wenn sie nicht aus selbstsüchtigen Motiven geleistet wird. Exit zahlte den Freitodhelfern während vieler Jahre nur die belegten Spesen, heute eine Pauschale pro Fall, was in Anbetracht der ausgewiesenen Kosten noch als unproblematisch beurteilt wird. Die Kostenpauschale für Heimbüro, Computer, Telefon, Büromaterial, Porto, Fahrkosten, Verpflegung, Fachliteratur usw. beträgt, wie auch mit den Steuerbehörden vereinbart, 350 Franken pro Abklärungsfall. Aufgrund des erhöhten Zeitaufwands wegen der immer komplexeren Fälle zahlt Exit zusätzlich noch eine Lohnpauschale von 300 Franken pro Fall. Der Gesamtbetrag von 650 Franken wird aber nicht von den Sterbewilligen erhoben, sondern von Exit aus den Mitgliederbeiträgen finanziert.

Dignitas hingegen verlangte stets von den aus dem Ausland angereisten Sterbewilligen Entschädigungen, die sich an den Kosten orientierten. Ungeachtet der differenzierten und sorgfältig verhandelten Verhältnisse waren schnell Schlagworte wie «Todesindustrie» und «Sterbetourismus» in der Welt. Mehrere Anstrengungen der Justiz, den Dignitas-Gründer und -Generalsekretär Ludwig A. Minelli dafür zur Rechenschaft zu ziehen, scheiterten. Zuletzt wurde Minelli 2018, lange nach dem altersbedingten Rücktritt von Oberstaatsanwalt

Brunner, vom Bezirksgericht Uster vom Vorwurf des Wuchers und der persönlichen Bereicherung freigesprochen.

Exit verhandelte während längerer Zeit mit dem Kanton Zürich, um Rechtssicherheit zu erlangen. Nach etlichen Runden und unter Mitwirkung des Zürcher alt Stadtrats und damaligen Exit-Präsidenten Hans Wehrli entstand 2009 eine Vereinbarung, die später vor dem Bundesgericht jedoch keinen Bestand haben sollte.

Oberstaatsanwalt Brunner, der von der Regierungsseite in die Verhandlungsdelegation entsandt worden war, lud auch Dignitas – «ultimativ», wie sich Minelli erinnert – zum Beitritt ein, erhielt aber sofort eine Absage: «Dignitas wird keinen rechtswidrigen Vertrag unterzeichnen!»

Die Vereinbarung bildete die von Oberstaatsanwalt Brunner und den Sterbebegleitenden von Exit während Jahren eingeübte Praxis ab. Dem Vertreter der Staatsmacht ging es wie in all den Jahren zuvor immer um dasselbe: Da sowohl der kantonale als auch der Bundesgesetzgeber nicht bereit waren, Freitodbegleitung zu regeln, versuchte er nach eigenem Bekunden, «der Qualitätssicherung zu dienen und transparente Abläufe festzulegen». Die Sterbehelfer von Exit freuten sich auf erhöhte Rechtssicherheit.

In dem Abkommen wurden die Voraussetzungen für und der Ablauf von Freitodbegleitungen geregelt. Es enthielt Bestimmungen über das Sterbemittel NaP und dessen Verschreibung, über die Voraussetzungen und den Ablauf der Suizidhilfe sowie über das Vorgehen der Strafuntersuchungsbehörden nach vollendeter Suizidhilfe. Unter diesen Umständen war die Zürcher Strafjustiz bereit, den nach aussen sichtbaren Aufwand nach durchgeführter Freitodbegleitung zu reduzieren. Es wurde ein nur noch stichprobenartiges Erscheinen der Strafuntersuchungsbehörden am Ort der Freitodbegleitung zugesichert.

Alte Feinde zogen vor das Bundesgericht

Exit sah sich mit dem Abkommen von 2009 in ihrer jahrelangen konstruktiven und pragmatischen Haltung bestätigt. Andreas Brunner konnte sich vorstellen, dass die Zürcher Vereinbarung die Grundlage für ein Bundesgesetz bilden könnte. Bundesrat Christoph Blocher hatte als Justizminister ein solches noch als unnötig bezeichnet. Umstritten blieb die Rolle seiner Nachfolgerin Evelyne Widmer-Schlumpf, die von den einen als Freundin einer einengenden und detailfreudigen Regulierung bezeichnet wurde. Andere glaubten hier auch einen Einfluss ihres Bundesratskollegen Pascal Couchepin zu erblicken, der als Katholik die Freitodhilfe verbieten wollte und dem zugleich nachgesagt wurde, er habe mit dem vormaligen Zürcher Stadtrat und nunmaligen Exit-Präsidenten Hans Wehrli eine alte Rechnung begleichen wollen, weil die beiden in einer das Landesmuseum betreffenden Frage aneinandergeraten seien.

Dazu kam, dass Dignitas, die in Rechtssachen stets einen unbeugsam liberalen und staatskritischen Ansatz vertrat, den Leitenden Oberstaatsanwalt Brunner wissen liess, die vorgeschlagene Vereinbarung stelle eine rechtswidrige Einschränkung der Freiheit derjenigen Personen dar, die eine Freitodbegleitung in Anspruch nehmen wollen. Exit scheint damals bereit gewesen zu sein, dem Abkommen zuzustimmen, um vor Polizei und Staatsanwaltschaft Ruhe zu haben.

Kaum war das Zürcher Abkommen bekannt, zogen die eng verbundenen alten Feinde der Selbstbestimmung am Lebensende vor das Bundesgericht: die Vereinigung katholischer Ärzte der Schweiz, die Schweizerische Gesellschaft für Bioethik und die Organisation Human Life, die übrigens alle auch gegen die Ehe für alle, die Fortpflanzungsmedizin, die Organtransplantation und andere Anwendungsformen der menschlichen Autonomie kämpfen. Das Bundesgericht sprach ihnen zwar die Legitimation zur Beschwerdeführung ab, beschloss deshalb Nichteintreten auf deren Beschwerde und auferlegte ihnen die Gerichtskosten. Aber in der öffentlichen Verhandlung vom 16. Juni 2010 erklärten die Bundesrichter der I. Öffentlich-rechtlichen Abteilung des Bundesgerichts klar, dass die Vereinbarung zwischen der Zürcher Oberstaatsanwaltschaft und Exit rechtswidrig sei. (BGE 136 II 415)

An der Zürcher Praxis änderte dies allerdings wenig. Exit blieb beim einvernehmlichen Kurs mit der Staatsanwaltschaft und profitierte vom vereinfachten Verfahren, Dignitas wurde weiterhin wachsam beobachtet. Ludwig A. Minelli sagt, die von ihm gegründete

Organisation Dignitas werde von der Staatsanwaltschaft noch heute anders behandelt als Exit.

Es lohnt sich, auch ausserhalb des Gerichtssaals auf kritische und sachkundige Beobachter wie Andreas Brunner zu hören. 2005 hatte er das Amt des Leitenden Oberstaatsanwalts übernommen. Ein Jahr später lag ein in seiner Eindeutigkeit seltenes Meinungsbild der Schweizer Bevölkerung vor. Eine repräsentative Umfrage, die Exit vom Institut IHA-GfK im Oktober 2006 durchführen liess, ergab, dass nicht nur 98 Prozent der Exit-Mitglieder, sondern auch 93 Prozent der Nichtmitglieder der Meinung waren, der Mensch solle selbst bestimmen können, was mit ihm im Fall einer unheilbaren Krankheit zu geschehen habe. 89 bzw. 67 Prozent sagten, die Kirchen hätten da nicht reinzureden. 95 bzw. 74 Prozent stimmten «in Ausnahmefällen» sogar der in der Schweiz verbotenen aktiven Sterbehilfe (Tötung auf Verlangen) zu. 59 bzw. 56 Prozent der Befragten bezeichneten die geltenden gesetzlichen Regeln für die Sterbehilfe als genügend.

Andreas Brunner, der das Problem während seines ganzen Berufslebens nicht nur professionell beobachtet, sondern auch in amtlicher Funktion verantwortlich bearbeitet hat, sieht dieses klare Meinungsbild vor dem Hintergrund der Überalterung und des für manche Patienten unheimlichen medizinischen Fortschritts. Neben der weitverbreiteten Angst vor dem Siechtum erkennt er darin aber auch die schwindende Bereitschaft vieler Zeitgenossen, alte Leute im Familienkreis zu pflegen. Dazu komme der Bedeutungsverlust der christlichen Kirchen, verbunden mit der Weigerung der Gesellschaft, da zu regulieren, wo es seiner Meinung nach eigentlich nötig wäre (Schutz des Lebens).

Vertrauen ist gut. Ist Kontrolle besser?

«Man muss dieses Spannungsfeld aushalten», sagt Andreas Brunner, «gerade in einer Welt, in der sonst jede Bagatelle reglementiert wird. Zum Schutz der Schwachen und Hilflosen braucht es gesetzliche Grundregelungen für Suizidhilfe und Aufsicht. Heute gibt es keinerlei Prüfung von aussen, es wird alles in den inneren Zirkeln der Organisationen geregelt. Dabei gibt es nach wie vor den fundamentalen

Widerspruch zwischen Selbstbestimmung und Schutz des Lebens. Es kann nicht sein, dass irgendwelche Ethikrichtlinien von privaten Organisationen für allgemeinverbindlich erklärt werden. Sie müssen demokratisch legitimiert sein. In vielen Bereichen braucht es Detailregelungen: für Alters- und Pflegeheime, Gefängnisse, für psychisch Kranke, für Kinder und Jugendliche, beispielsweise bei unheilbar Kranken. Und es müssen weitere Fragen geklärt werden: die Ausbildung und Qualifikation der Suizidhelfer, die Transparenz der Organisationen. Es gibt noch viel zu tun. Wir dürfen nicht wegschauen! Vielleicht bringen die derzeit in Deutschland und Österreich als Folge von Entscheiden der Verfassungsgerichte laufenden Gesetzgebungsarbeiten zur Sterbehilfe auch in der Schweiz neuen Schwung für eine gesetzliche Regelung.»

Dem hält Ludwig A. Minelli in einer Zuschrift an den Autor dieses Buchs (29. Juli 2021) entgegen: «Brunner übersieht, dass die von den Organisationen gelebte Praxis, die sie selbst definieren, alle notwendigen Garantien bietet, was dadurch belegt wird, dass dazu praktisch keine Verurteilungen erfolgt sind. Und er missachtet die Maxime des französischen Rechtsphilosophen Montesquieu, der sagte: ‹Wenn es nicht notwendig ist, ein Gesetz zu machen, ist es notwendig, kein Gesetz zu machen.›»

Andreas Brunner: Mitdenker, nicht nur Aufpasser

Andreas Brunner (geb. 1949) war sein Leben lang parteilos, eine kantige Persönlichkeit, die sich, anders als viele andere Vertreter der Strafjustiz, nie gescheut hat, ihre Meinung öffentlich zu sagen und dafür auch Kritik einzustecken. Brunner hat nie verhehlt, dass er auch einen persönlichen Bezug zum selbstbestimmten Freitod hatte. Eine ihm nahestehende Person beendete ihr Leben mithilfe von Exit.

1990 wurde Andreas Brunner vom Bezirksanwalt (damals Untersuchungsrichter) zum Staatsanwalt befördert, ab 2000 gehörte er der Geschäftsleitung der Staatsanwaltschaft an und von 2005 bis 2014 war er deren Chef. Damit verlief seine Karriere parallel zur Breitenentwicklung der Sterbehilfeidee in der Schweiz.

«Unter den Sterbehelfern der ersten Generation hat es schon sehr spezielle Leute gegeben», sagte Andreas Brunner nach seiner Pensionierung in einem Gespräch für dieses Buch. «Für diese Tätigkeit hätte es immer sehr stabile, geerdete Menschen gebraucht. Exit hat dem Rechnung getragen und einige Leute ausgeschieden.» Die Qualitätsprobleme hätten freilich noch jahrelang weiter bestanden, bis etwa 1996, sagte Brunner. Erst durch das Eingreifen des Zürcher alt Stadtrats Hans Wehrli in die Exit-Führung hätten sich die Zustände entscheidend verbessert. Heute – so Brunner – bestünden andere Qualitätsprobleme. Aus seiner Sicht ist es unter anderem fraglich, ob mit durchschnittlich 20 Begleitungen (in der Vereinbarung waren rund zwölf vorgesehen) pro Sterbehelfer und Jahr nicht eine an sich ungewollte Routine eintrete, verbunden mit einem gewissen Zeitdruck.

Brunners Unparteilichkeit und Unerschrockenheit wurden immer wieder zum öffentlichen Thema. Er stand im Dauerstreit mit Ludwig A. Minelli, dem Generalsekretär von Dignitas, was von Kollegen auch als «Duell von zwei Alphatieren» gesehen wurde.

In seiner Zeit als Chef wurde die Zürcher Strafverfolgungsbehörde komplett reorganisiert, vor allem durch die Spezialisierung nach Deliktsarten. Sein über Jahre hinweg verfolgtes Ziel, die organisierte Sterbebegleitung gesetzlich zu regeln, erreichte Brunner nicht.

Er war oft Gegenspieler der organisierten Freitodbegleitung, aber nie ihr Feind. Mit seiner Hartnäckigkeit hat er die ihr zugrunde liegende Idee der menschlichen Autonomie am Lebensende stärker gemacht, wie auch die meisten seiner Gegner respektvoll einräumen.

14
Kurze Geschichte des Todestranks

Das würdige Sterbemittel: Natrium-Pentobarbital

Zwischen 1998 und 2004 hatte Exit drei Präsidenten und ein ungelöstes Führungsproblem. Rudolf Syz (1998–1999) wandte sich schon nach einem Jahr ab. Elke Baezner aus Genf (1999–2003) brachte eine gewisse Beruhigung im Inneren der Organisation zustande, wurde aber unerwartet durch den Tod ihres Gatten getroffen und schied deshalb aus. Als Übergangspräsident stellte sich dann der Freitodbegleiter Werner Kriesi, früher Pfarrer zu Thalwil, zur Verfügung.

Man tut niemandem unrecht, wenn man unter diesen Umständen von einem jahrelangen Führungsvakuum spricht.

Dazu kam, dass manche, gerade in diesen Krisenjahren wichtigen Sachfragen unbehandelt blieben: die Positionierung des Sterbehilfethemas in der eidgenössischen Politik, die Klärung der Verhältnisse mit der Justiz, die Durchsetzung der Rechte der Bewohner von Spitälern und Pflegeheimen, die Frage der Sterbehospize, das Problem der Sterbehilfe für psychisch Kranke – und nicht zuletzt die Wahl des geeigneten Sterbemedikaments und dessen sachgemässe Anwendung.

Die würdige Freitodmethode

Schon in den ersten Orientierungsschriften, die Exit gegen eine schriftliche Geheimhaltungserklärung und nach einer Wartezeit an die Mitglieder abgab, wurde dringend von allen Suizidmethoden abgeraten,

163

die den Menschen verletzen oder verstümmeln oder die Dritte beeinträchtigen. Zu Letzteren werden ausdrücklich auch Polizei und Sanität gezählt, die nach jedem Suizid aufräumen müssen. Empfohlen wurde der medikamentöse Weg, wobei in aller Offenheit angemerkt wurde: «Die Liste der ungeeigneten Medikamente ist gross. Völlig irrig ist der Gedanke, es genüge, dass ein Mittel rezeptpflichtig sei, um es in Überdosis für die Selbsttötung einsetzen zu können.»

In den ersten Auflagen der Freitodbroschüren beschrieb Exit als Alternative auch die Selbsttötung durch Auspuffgase oder durch eine Plastiktüte. Diese Methoden wurden später aus Sicherheitsgründen nicht mehr erwähnt.

Auch die ersten Medikamente, die empfohlen wurden, erwiesen sich als nicht ideal, dies allein schon wegen der benötigten Menge. Eine 70 Kilo schwere Person musste zwischen 50 und 60 Tabletten einnehmen, Höhergewichtige entsprechend mehr.

Natrium-Pentobarbital als beste Lösung

Der Pharmakologe Prof. Wolfgang Hopff, der einige Jahre lang dem Exit-Vorstand angehörte, empfahl schliesslich die Wahl eines Mittels, das schon 1915 zum Patent angemeldet worden war: Natrium-Pentobarbital (NaP), ein mittellang wirkendes Barbiturat. Es wurde lange Zeit als Schlafmittel unter den Marken Medinox und Nembutal eingesetzt, wegen Suchtgefahr, zunehmenden Missbrauchs und des Aufkommens neuer Präparate aber in der Humanmedizin abgelöst durch Benzodiazepine, die besser steuerbar und vor allem nur in sehr hohen Dosen toxisch sind. Allerdings führen sie auch zur Abhängigkeit. In jüngerer Zeit wurde NaP nur noch in der Tiermedizin für das Einschläfern verwendet.

Jeder Arzt in der Schweiz kann nach wie vor dieses Mittel verschreiben, doch unterliegt es strengen Vorschriften, die – nach Meinung von Sachkennern allerdings ziemlich spät – von der Vereinigung der Kantonsapotheker ausgearbeitet worden sind. Abgabe und Verwendung des weissen Pulvers sind in einem neunstufigen Ablaufplan geregelt, der unter anderem strenge Vorschriften über Lagerung, Dokumentation und Entsorgung enthält. Jedes Rezept muss, jedenfalls im Kanton Zürich, dem Kantonsapotheker gemeldet werden, eine Vorschrift, deren Rechtmässigkeit immer umstritten geblieben ist. In der Regel übergibt der Apotheker das Medikament nur direkt dem zuständigen Arzt oder in dessen Namen dem Vertreter einer Sterbehilfeorganisation, nicht aber dem Patienten selbst.

Nur wenige Apotheker haben sich in der Vergangenheit bereit erklärt, Natrium-Pentobarbital in Verkehr zu bringen. Einer von ihnen war Albert Ganz, langjähriger Inhaber der Apotheke am Limmatplatz in Zürich. Er war Student bei Meinrad Schär gewesen. Als Schär Exit-Präsident war, besuchte er Ganz in Begleitung des Pharmakologen Wolfgang Hopff in seiner Apotheke. Ganz erinnert sich:

«Interessant war, dass die beiden damals noch nicht klar Bescheid über das geeignetste Sterbemittel wussten, obwohl Exit schon lange gegründet war. NaP ist geeignet, weil es einfach im Umgang, wasserlöslich, lange als Pulver haltbar und sehr wirksam ist. Es ist im Handel gut erhältlich, weil es zu den Betäubungsmitteln gehört, für welche die erleichterte Verschreibung ohne Betäubungsmittelrezept gilt.

Der Grossist lieferte das Präparat ursprünglich nur kiloweise. Meine Mitarbeitenden und ich mussten es dann portionieren; die Dosen wurden nummeriert und mit dem Namen des Empfängers gekennzeichnet. Zuerst nahm man 6 Gramm, später wurde die Gabe stufenweise auf 8, dann auf 10 Gramm erhöht. Am Ende der Versuchsphase war man bei 15 Gramm angelangt. Die mehrfache letale Überdosis ist seither Standard bei der Freitodbegleitung, weil sie mit Sicherheit zum erwünschten schmerzlosen Tod des Patienten führt. Der Patient schläft ein und stirbt, ohne je wieder aufzuwachen.

Schär hat darauf bestanden, vor allem für den Einsatz an Sonn- und Feiertagen immer einige Portionen in seinem Tresor zu haben, was für mich kein Problem war; er war ja Arzt. Als im Laufe der internen Auseinandersetzungen Vorwürfe gegen ihn wegen fahrlässigen Umgangs mit dem Mittel laut wurden, kam auch der Name unserer Apotheke ins Gerede. Ich kam in die Zeitung, auch das Radio behandelte das Thema. Aber ich hatte mehr zustimmende als ablehnende Reaktionen aus meinem Kundenkreis. Ich wollte ja auch immer offen zu meinem Handeln stehen und hatte nie Mühe damit. Auch juristische Probleme hatte ich nie. Es kam höchstens gelegentlich die Polizei vorbei, um zu kontrollieren, ob die Vorschriften gemäss der Vereinbarung zwischen der Oberstaatsanwaltschaft und Exit eingehalten wurden. Es kamen immer wieder Patienten, die ein NaP-Rezept vom Hausarzt hatten und die das Medikament selbst beziehen wollten. Mir war aber von Anfang an klar, dass wir das Mittel nicht in die Hände des Patienten geben durften, höchstens dem Arzt oder dem Freitodbegleiter, der in der Regel kein Arzt, aber für seine Aufgabe ausgebildet ist. Jede Apotheke durfte das Mittel beziehen; viele taten dies nicht, weil sie sich nicht kontrollieren lassen wollten.»

Starker Druck von den Behörden

Bemerkenswert ist die Feststellung von Albert Ganz, dass er während seiner ganzen pharmazeutischen Aus- und Weiterbildung nie über den Umgang mit dem heiklen Präparat unterrichtet wurde. Albert Ganz:
«Auch die psychologische Begleitung der Betroffenen war kein Thema. Der Umgang damit führte bei einzelnen Mitarbeiterinnen zu psychischen Belastungen, denn sie wussten ja, wozu das Pulver gebraucht wurde. Die Apotheke musste eine Eingangskontrolle in Form einer Analyse (Dünnschichtchromatogramm) durchführen. Das wurde uns zu viel, es kam zu einem Vertrag mit dem Grossisten, der dann die Portionierung übernahm. Die Kosten betrugen um die 20 Franken pro Portion und waren übrigens nicht kassenberechtigt.»
Gelegentlich war Albert Ganz, einer der wenigen Apotheker in der Schweiz, der das Sterbemittel unter strengen sichernden Bedingungen abgab, starkem behördlichem Druck ausgesetzt. So riet ihm im Frühjahr 1999 der Zürcher Kantonsapotheker telefonisch, den Sterbehilfeorganisationen Exit und Dignitas kein Natrium-Pentobarbital mehr zu liefern, «dies zu Ihrem Schutz», wie der kantonale Chefbeamte erklärte. Der Apotheker hielt sich an die Empfehlung des Kantonsapothekers.
Unklar blieb allerdings die gesetzliche Grundlage, auf die sich die Intervention des Kantonsapothekers stützte. Die damals frisch gegründete Organisation Dignitas reklamierte sofort öffentlich, die Empfehlung des Kantonsapothekers sei «unerhört und juristisch unvertret-

bar.» Es liege ja nicht einmal eine rekursfähige Verfügung vor. Die Dignitas-Juristen Ludwig A. Minelli und Manfred Kuhn drohten mit dem Bundesgericht. Dazu kam es aber nicht, da der Kantonsapotheker nicht weiter auf seiner Ablehnung beharrte. Nach einer Anstandsfrist von mehreren Monaten lieferte Apotheker Ganz wieder, was nach den geltenden Regeln korrekt bestellt wurde.

Albert Ganz: der Mann mit dem Mittel

Als Hedwig Zürcher und Walter Baechi 1982 Exit gründeten, wussten weder sie noch die ihnen damals zugewandten Mediziner genau, welches Medikament nun wirklich den schnellen, schmerzlosen Tod herbeiführen könnte. Der Mann, der Klarheit schuf, war Prof. Wolfgang Hopff. Der Pharmazeut und Praktiker Albert John Ganz (geb. 1946) war sein Berater.

Ganz' Biografie oszilliert zwischen Wissenschaft und Kommerz. Sein Vater, ein Auslandschweizer, war Kaufmann in Bagdad gewesen und hatte dort pharmazeutische Firmen vertreten, seine Mutter war Kinderkrankenschwester. Nach Staatsexamen, Pharmaziestudium und

Dissertation blieb Albert Ganz neun Jahre in der wissenschaftlichen Forschung, aber dort dauerte ihm alles zu lang. Als sich die Möglichkeit bot, am Limmatplatz eine eigene, mittelgrosse Apotheke aufzubauen, griff er zu. «Aber ich bin Naturwissenschaftler geblieben», sagt Ganz. «Ich habe mir auch eine gewisse Skepsis gegenüber der Alternativmedizin geleistet und war schon immer vom Grundsatz überzeugt: Der Patient soll selbst entscheiden.»

Auf dieser Grundlage stimmte er ohne viele Worte mit den Zielen von Exit überein. Vielleicht war es auch die Lage seiner Apotheke – an der Schnittstelle zwischen der eleganten Zürcher City und den populären Stadtkreisen 4 und 5, einschliesslich der Rotlichtzonen –, die die besondere Erdung dieses Spezialisten begründete. Ganz führte sein Geschäft 37 Jahre lang und übernahm auch Dienste, die sich nicht rechneten: etwa die Hauslieferung von Sauerstoff für Schwerkranke – oder eben das Natrium-Pentobarbital für die Vertrauensärzte von Exit und Dignitas.

Albert Ganz hat lebenslang Distanz gehalten. Er blieb gern der Aussenstehende, der gebraucht wurde. «Ich nahm an keinen Sitzungen teil und wurde erst nach dem Verkauf der Apotheke Mitglied von Exit. Es gab in diesen Organisationen Leute, die allen Ernstes die Rezeptfreiheit von NaP forderten. Dem widersetzte ich mich energisch.»

Seine Apotheke hat er inzwischen in neue Hände übergeben. Heute berät und coacht er die ehemaligen Berufskollegen in Angebotsgestaltung und Vermarktung, veranstaltet wissenschaftliche Anlässe und bleibt ein neugierig Forschender wie zu Beginn seiner Laufbahn.

15
Ein Heim soll bis zuletzt ein Heim sein

Zürich schuf neue Regeln für seine Alters- und Pflegeheime

Alte Menschen können immer seltener bis zuletzt im Familienverband leben und gepflegt werden. Sie treten in Alters- und Pflegeheime ein. Ende 2019 lebten 90 342 Langzeitaufenthalterinnen und -aufenthalter in den 1563 schweizerischen Alters- und Pflegeheimen. Die 2339 über das ganze Land verstreuten Spitex-Dienste unterstützten annähernd 395 000 Personen. Von 100 Personen über 80 Jahren lebten 15 in einem Heim, wie das Bundesamt für Statistik mitteilte. Sollen auch die Pflegebedürftigen in den Heimen Zugang zur Sterbehilfe haben?

1987 wurde in Zürich der erste Fall einer Patientin in einem städtischen Pflegeheim bekannt, die einen assistierten Suizid plante. Der damalige Vorsteher des Gesundheits- und Wirtschaftsamts, der CVP-Politiker und Stadtrat Wolfgang Nigg, verbot kurzerhand die Unterstützung und Durchführung von Selbsttötungen in allen städtischen Institutionen. In der Folge mussten einzelne Patienten, die diesen Weg trotzdem gehen wollten, ihre vertraute Heimstätte für die letzten Stunden ihres Lebens verlassen.

Infolge einer Verwaltungsreorganisation wurden ab dem Jahr 2000 die Stadtzürcher Altersheime und Alterssiedlungen dem neuen Gesundheits- und Umweltdepartement zugeordnet. Zusammen mit den Spitälern, Pflegezentren und der Spitex entstand eine Versorgungskette, für die einheitliche Regeln galten. Plötzlich sahen sich auch rüstige und urteilsfähige Seniorinnen und Senioren dem amtlichen Sterbehilfeverbot ausgesetzt, was heftige Proteste hervorrief.

Zürich schuf neue Regeln

Wolfgang Niggs Nachfolger, der pragmatische Sozialdemokrat Robert Neukomm, der von Chefstadtarzt Albert Wettstein beraten wurde, liess drei Gutachten machen: vom Rechtsprofessor Tobias Jaag, vom Theologen Werner Kramer und vom Sozialethiker Hans Ruh. Alle drei hielten das Sterbehilfeverbot für nicht vertretbar. Neukomm hob es deshalb wieder auf. Seither gilt die Regel, dass der Sterbewunsch grundsätzlich akzeptiert wird, sofern die betreffende Person kein eigenes Zuhause mehr hat oder in einer Institution der Stadt Zürich wohnt. Dies gilt nicht für die Stadtspitäler, in denen man ja nur vorübergehend verweilt.

Mit dieser freiheitlichen Regelung war die Stadt Zürich der allgemeinen Entwicklung um 15 Jahre voraus und diente als Vorbild für andere Städte und Kantone. Der Vorgang ist durch einen ausführlichen Stadtratsbeschluss dokumentiert, der beweist, dass die Stadt Zürich das Thema überaus ernst nahm (Auszug Nr. 1778 aus dem Protokoll des Zürcher Stadtrats vom 25. Oktober 2000). Es folgte eine eigentliche Kampagne gegen den Stadtrat, getragen von den Psychiatern Cécile und Klaus Ernst. Klaus Ernst war Direktor der Psychiatrischen Universitätsklinik Burghölzli. Cécile Ernst publizierte häufig in der *Neuen Zürcher Zeitung*.

Erst 2016 bestätigte dann auch das schweizerische Bundesgericht, was die drei Gutachter schon längst festgestellt hatten: Patienten in staatlich subventionierten Einrichtungen haben ein Recht auf begleiteten Suizid. (BGE 142 I 195) Die Westschweizer Kantone mit Ausnahme des Wallis waren in dieser Frage schon weiter als die Deutschschweiz, mit Ausnahme der Stadt Zürich.

Sorge tragen zu den Pflegenden

Die Erfahrung hat gezeigt, dass der Umgang mit der Freitodhilfe für manche Pflegefachleute schwierig und belastend ist. In den zehn Pflegezentren der Stadt Zürich wurde deshalb eine Care-Organisation aufgebaut, deren Mitglieder, die sogenannten Peers, psychologisch geschult und mit den speziellen Situationen vertraut gemacht wurden. In diese Organisation einbezogen waren auch die Fachpersonen für Betriebspsychologie und Spitalseelsorge.

Eine entsprechende Hilfestellung wird natürlich auch geleistet, wenn ein Patient ohne Beistand einer Sterbehilfeorganisation unvermittelt aus dem Leben scheidet. Solche Situationen sind, wie die Erfahrung gezeigt hat, für die Pflegenden ungleich belastender als ein angekündigter und begleiteter Abschied. Von Schockzuständen und Schuldgefühlen ist die Rede. Für manche achtsamen Pflegefachleute ist der Suizid eines Pflegebefohlenen fast ebenso schwierig zu verarbeiten wie für Angehörige. Oft ist zu hören: «Es tut mir sehr weh, dass er so gegangen ist. Ich glaube, ich habe zu wenig für ihn getan.» Die interne Care-Organisation arbeitet solche Befindlichkeiten in Gesprächsrunden auf.

Die betroffenen Menschen in den Alters- und Pflegeheimen selber ordnen das Thema offensichtlich sachlich und undramatisch ein, wie Rosann Waldvogel bestätigt. Sie war bis 2020 die Schlüsselperson im Stadtzürcher Heimwesen, ab 2011 als Direktorin der städtischen Alterszentren. In einem Interview von 2016 gab sie bekannt, dass sich die oft geäusserte Befürchtung, die Erlaubnis der Sterbehilfe in öffentlichen Heimen werde einen «Dammbruch» zur Folge haben, nicht bewahrheitet hat. Im langjährigen Durchschnitt haben pro Jahr zwischen null und acht von insgesamt 2100 Heimbewohnenden den Weg der Freitodbegleitung gewählt. In den Pflegezentren kamen deutlich weniger Fälle vor als in den Alterszentren, in denen die gesundheitlich noch rüstigen Menschen wohnen; dies habe vor allem mit der sich ausbreitenden Demenz zu tun. In allen Alters- und Pflegeheimen ist der Tod allgegenwärtig. Von den etwa 2100 Bewohnenden in den Stadtzürcher Institutionen sterben pro Jahr etwa 400.

Urteilsfähigkeit, Druck von aussen

Die Freitodbegleitung ist in den städtischen Heimen ein Randphänomen. Rosann Waldvogel sagt dazu ausserdem: «Auch wenn wir nicht direkt an den Begleitungen beteiligt sind: Für uns steht die Fürsorgepflicht im Zentrum. Auch wenn jedes Alterszentrum jeden Freitod anders erlebt, können wir unterdessen gut damit umgehen. (…) Unsere Sorgfaltspflicht kommt dort zum Tragen, wo man Bedenken haben könnte, dass jemand nicht mehr urteilsfähig ist oder dass irgendein Druck besteht. (…) Wenn wir Bedenken haben, beauftragen wir umgehend ein externes Team mit einem unabhängigen Arzt und unabhängigen Pflegenden, um die Situation zu beurteilen. Oder wir machen jemandem nochmals einen Vorschlag für eine schmerztherapeutische Behandlung. Während den fünf Jahren, die ich überblicken kann, hat es eine einzige solche Situation gegeben. Die betroffene Person formulierte immer wieder ihre Ambivalenz und wies auf Druck von aussen hin. Sie ist dann eines natürlichen Todes gestorben.»

Und wie reagieren die übrigen Heimbewohner, wenn ein begleiteter Suizid bekannt wird? Die Kommunikation richtet sich immer nach den Anweisungen, die der Verstorbene hinterlassen hat. Manche wollen, dass der Tod zum Beispiel beim Mittagessen mitgeteilt wird. Andere möchten, dass man nichts sagt. Die Reaktion der Mitbewohnenden fällt unterschiedlich aus. Manche bleiben scheinbar unberührt, andere sind aufgewühlt, manche, vor allem religiöse Menschen, sind irritiert. Rosann Waldvogel fasst zusammen: «Bisher gab es keine anhaltend belastenden Situationen aufgrund von Freitodbegleitungen. Vielmehr ist Trauer das vorherrschende Gefühl. Ein Mensch, den man gern gemocht hat, verlässt uns und die Welt. Diese Trauer herrscht bei jedem Todesfall vor.»

Die erfahrene Expertin betont, dass heute in den Heimen eine grosse Offenheit gegenüber dem Thema Sterben bestehe. Das drückt sich in einem nur vermeintlich nebensächlichen Detail aus: Die Träger mit dem Sarg verschwinden nicht mehr durch die Hintertür oder die Tiefgarage. Vielmehr verlässt der oder die Tote sein oder ihr letztes Heim durch das Hauptportal.

Albert Wettstein: zwischen Schicksalen und Staatsgewalt

Als er sein Amt antrat, war Sterbehilfe in seiner Umgebung noch kein Thema. Später wurde sie vorübergehend verboten. Die Umgebung des Albert Wettstein (geb. 1946): Das waren die Pflegeheime der Stadt Zürich, die Position war Chefstadtarzt, das Jahr 1983, unmittelbar nach der Gründung von Exit. Er war hauptverantwortlich für das liberale Klima in den Alters- und Pflegeheimen der Stadt Zürich und der wichtigste Berater des Stadtrats.

Der Chefstadtarzt leitete die medizinische Versorgung aller Pflegeheime der Stadt Zürich. Als Berater des Zürcher Stadtrats hatte Albert Wettstein intensiv mit der Drogenpolitik und dem Elend im Drogenrevier am Platzspitz zu tun, zugleich mit der Aidsepidemie. Und dann waren da noch der ganze Schriftverkehr mit der Polizei, den Gerichten und Vormundschaftsbehörden sowie die Beurteilung von Gutachten. Um den Bezug zur Praxis zu behalten, blieb Dr. Wettstein immer auch als Heimarzt tätig.

Auf dieses Arbeitsgebiet an der Schnittstelle zwischen Schicksalen und Staatsgewalt war der gelernte Neurologe gekommen, weil ihn die Alzheimerkranken interessierten. In den 28 Jahren als Chefstadtarzt von Zürich hat sich Albert Wettstein einen enormen Namen gemacht: als Kämpfer für fortschrittliche, humane Lösungen, als Hochschullehrer für Altersmedizin und als beliebter Referent, der für seine Sache zu werben verstand und oft deutlich wurde, etwa wenn er den herkömmlichen Altersheimen «Einzelkäfighaltung» vorwarf.

Gleich am Anfang seiner Zeit musste er als Obergutachter eine depressive Patientin beurteilen, die schon zwei Jahre lang für ihr Recht auf Freitod kämpfte. Er bejahte die Urteilsfähigkeit der Frau: «Solange die Leute den Mund aufmachen und sich verständlich ausdrücken können, sind sie meist urteilsfähig.»

Albert Wettstein ist zum Verbündeten der auf ihre Selbstbestimmung pochenden Patienten geworden, weil er wusste: «82 Prozent aller nicht akuten Todesfälle passieren nach bewusstem Verzicht auf lebensverlängernde Massnahmen. Ärzte und Pfleger müssen lernen, dass es nicht immer richtig ist, das Leben zu verlängern. Es kommt der Moment, da dies nur noch die Verlängerung des Leidens bedeutet.»

16
Entwicklung der Sterbehilfe aus eigener Kraft – Freitodhilfe für psychisch Kranke als Beispiel

Das Ringen um Klärung: Kranke klagten und siegten

Ein weiteres, besonders schwieriges Problem wurde ebenfalls ausgerechnet zu der Zeit aktuell, als Exit wegen der gescheiterten Präsidentschaft Syz (1999) vor allem mit sich selbst beschäftigt war und in einem Führungsvakuum steckte: Darf – und wenn ja: unter welchen Bedingungen – einem psychisch kranken Menschen Suizidhilfe geleistet werden?

Im November 1998 wünschte eine erst 30-jährige Frau aus dem Basler «Daig», der Schicht der alteingesessenen, reichen Familien, begleitet zu sterben. Sie litt seit Jahren an schweren Depressionen. Ihre Familie schien den Wunsch der Frau zu akzeptieren. Aber der Basler Kantonsarzt, der von einem aufgebrachten Verwandten alarmiert worden war, griff mit seinem stärksten Machtmittel ein. Er liess die Frau in eine psychiatrische Klinik einweisen, um sie am Suizid zu hindern. Der Fall erhielt mächtige Publizität und förderte das Ansehen von Exit in der Öffentlichkeit nicht. Gegen Meinrad Schär, der das Rezept für das Sterbemittel NaP ausgestellt hatte, wurde sogar ein Strafverfahren eröffnet. Für die Dauer des Verfahrens musste seine Zürcher Praxisbewilligung ruhen. Später wurde die Untersuchung eingestellt. Schär konnte nichts Widerrechtliches nachgewiesen werden. Obwohl damals, vor dem Bundesgerichtsentscheid von 2006, noch keine Gutachtenpflicht über die Urteilsfähigkeit des Sterbewilligen existierte, wurde Exit in der Öffentlichkeit vorgeworfen, unvorsichtig gehandelt zu haben. Die Organisation hatte sich auf das Urteil und die Erfahrung von Meinrad Schär verlassen.

Die allgemeine Scheu vor der Klärung

Sterbehilfe für psychisch Kranke? Alle, Laien wie Sachverständige, waren alarmiert und zunächst ratlos. Wie klärt man mit der nötigen Sicherheit ab, ob ein psychisch Kranker, der aus dem Leben scheiden will, urteilsfähig ist?

Die Sterbehilfeorganisationen Exit und Dignitas begegneten dieser heiklen Frage sehr unterschiedlich. Dignitas nahm das Thema sofort offensiv auf und unterstrich mit einer betont liberalen Handlungsvariante ihre freigeistige Position. Exit dagegen verhielt sich, wohl beeindruckt oder gar eingeschüchtert durch die anhaltend negative Publizität, betont zurückhaltend. Im Jahr 1999 wurde sogar die sogenannte Solothurner Erklärung verabschiedet, gemäss der Menschen mit psychischen Erkrankungen keine Suizidhilfe zu gewähren sei. Dagegen protestierten freilich zahlreiche Mitglieder. 2002 schuf Exit deshalb die bis heute bestehende Ethikkommission unter der Leitung von Prof. Klaus-Peter Rippe und gab zugleich verschiedene Gutachten in Auftrag. Es war deutlich zu erkennen, dass die damals noch immer nicht konsolidierte Führung der Organisation vor allem der medialen Öffentlichkeit keine neuen Angriffsflächen bieten wollte und deshalb zunächst einen sehr vorsichtigen, um nicht zu sagen ängstlichen Kurs einschlug.

Der evangelische Pfarrer Walter Fesenbeckh aus Bülach, Exit-Vorstandsmitglied von 2004 bis 2010, berichtet aus der Praxis der ersten Jahre des neuen Jahrhunderts:

«Interessant ist die innere Liberalisierungsgeschichte bei Exit. Bis zu meinem Eintritt in den Vorstand hatte es nur einen Öffnungsschritt gegeben: Auch Menschen mit psychischen Störungen konnten sich für eine Freitodbegleitung (FTB) melden, wurden dann aber vor der FTB intensiv monatelang durchgecheckt (zwei psychiatrische Gutachten, Beurteilung durch die Ethikkommission.)

Dann galt noch die Doktrin, dass man nur Menschen begleitet, die früh in ihrem Dasein wohlüberlegt und durchdacht überzeugte

Exit-Mitglieder geworden waren. Mit der damals kleinen Schar von Freitodbegleitenden setzte ich mich dann aus Überzeugung (zeitliche Unbedingtheit des Menschenrechts auf einen selbstbestimmten Tod) dafür ein, auch den kurz Entschlossenen eine FTB zu ermöglichen, natürlich mit den gleichen sorgfältigen Vorabklärungen durch einen Konsiliararzt und gegen einen höheren Kostenbeitrag bei der Begleitung. Es gab eine leidenschaftliche mehrjährige Auseinandersetzung darüber innerhalb des Vorstands, bis meine Sicht sich durchsetzen konnte.» (Zuschrift an den Autor vom 6. April 2021)

Die Gegenposition – äusserste Zurückhaltung – wurde vor allem von Andreas Blum (Vorstandsmitglied 2001–2007) vertreten, der für die Kommunikation verantwortlich war und alles vermeiden wollte, was Exit ungünstig hätte ins Gespräch bringen können. Seit der Liberalisierung auf diesem Gebiet stieg übrigens die Zahl der Mitgliedschaftsanträge sprunghaft an.

Andere langjährige Beteiligte sehen es etwas prosaischer: Vor allem Andreas Blum und andere seien aus Gerechtigkeitsempfinden gegen die Begleitung von Nichtmitgliedern gewesen. Ausserdem habe auch Taktik mitgespielt: Wenn nur Mitglieder begleitet werden, erhöht dies die Motivation, beizutreten.

«Bestimme dich aus dir selbst!»

Am Beispiel der psychisch Kranken kann man noch eine weitere Besonderheit zeigen, die die Geschichte der Freitodbegleitung in der Schweiz durch ihre ganzen vier Jahrzehnte gekennzeichnet hat: Die stark wachsenden Organisationen mussten ihre Tätigkeit laufend selber hinterfragen und weiterentwickeln, und sie mussten dies ohne Hilfe und Beratung aus sich selbst heraus leisten, weil es in diesem Fachgebiet keine Doktrin und keine Lehrbeispiele gab.

Der Philosoph Paul-David Borter, der 2006 als Praktikant bei Exit eintrat und heute stellvertretender Leiter der Freitodbegleitung ist, schrieb dazu:

«Exit steht für eine Idee; eine moderne Idee ganz im Geiste der Kant'schen Aufklärung: ‹Bestimme dich aus dir selbst!› Dieser Freiheit zu sich selbst, diesem modernen Freiheitsverständnis zugrunde liegt das Prinzip der Verantwortung; einer Verantwortung, nicht willkürlich, sondern achtsam ‹über sich selbst zu bestimmen› und damit sich selbst wie auch anderen Sorge zu tragen.» (*Exit Info*, 1/2020)

Im Lauf der Jahre gab es, wie Borter weiter ausführt, verschiedene Umsetzungsstrategien oder Modelle, nach denen Menschen in den selbstgewählten Tod begleitet worden sind. Die Freitodbegleitung begann behutsam, denn im Vordergrund der Aktivität von Exit stand damals die Durchsetzung der Patientenverfügung. In den ersten zwei Jahren stellte die Organisation ihren Mitgliedern lediglich eine nach englischem Vorbild verfasste Broschüre zur Verfügung, die über mögliche Suizidmethoden informierte und vor bestimmten Methoden warnte, vor allem vor solchen, die Dritte hätten verletzen können. Ab 1985 gingen zunächst weniger als ein halbes Dutzend Mitglieder pro Jahr von Exit begleitet aus der Welt.

Herzensbildung, ruhige Sicherheit

Mit der Einführung des sicheren und schmerzlosen Sterbemittels Natrium-Pentobarbital durch den Arzt und Pharmakologen Wolfgang Hopff (1992) wuchs die Zahl der begleiteten Suizide. Das Ehepaar Sigg war längst an der Belastungsgrenze angelangt. 1997 bildeten Rolf Sigg und Meinrad Schär erstmals 15 Frauen und Männer zu Begleitpersonen aus. Deren Anforderungsprofil hatte Sigg in der Ausschreibung wie folgt umschrieben:

«Zu den Voraussetzungen gehören vor allem Herzensbildung, aber auch Kontakt-, Gesprächs- und Einfühlungsfähigkeit, ruhige Sicherheit auch in schwierigen Situationen, weltanschauliche Toleranz (keinerlei missionarischer Drang!), ausgesprochene Teamfähigkeit und die selbstverständliche Fähigkeit, sich genau an vorgegebene Arbeitsabläufe zu halten. Bei der Sterbebegleitung handelt es sich – bei vollem Spesenersatz – um eine ehrenamtliche Tätigkeit.»

Noch im selben Jahr übernahm Werner Kriesi die Leitung der Freitodbegleitung. Paul-David Borter:

«Mit ihm konsolidierte und verfeinerte Exit die praktische Umsetzung des Vereinsartikels 2, mit Natrium-Pentobarbital als ausschliesslicher Methode. Erstmals wurde im selben Jahr ein Mitglied per Infusion in den Tod begleitet, was einen begleiteten Suizid für jene Mitglieder, die aufgrund ihrer Erkrankung nicht mehr in der Lage waren, das Sterbemittel zu schlucken, neu möglich machte. (…) Von 1998 bis 2006 nahmen jährlich zwischen 107 und 162 Mitglieder die Hilfe der Solidargemeinschaft Exit in Anspruch.»

Ende 2006 ging die Leitung der Freitodbegleitung an Heidi Vogt über. Mit ihr begann deren Professionalisierung, verbunden mit der Verstärkung durch Fachpersonen, was angesichts der stark gewachsenen Geschäftslast und der erhöhten Komplexität vieler Fälle unerlässlich war. Zunehmend baten Menschen mit psychischen Störungen wie auch mit Demenzerkrankungen um Beistand und Begleitung auf dem letzten Weg. Exit hatte sich auf diesem Gebiet zunächst zurückhalten wollen.

In der offiziösen historischen Zusammenfassung von Paul-David Borter liest sich das so:

«Ende 2004 lockerte Exit unter einem strengen Kriterienkatalog das selbstauferlegte Moratorium der ‹Solothurner Erklärung›. Erst im Herbst 2006 wurde aber dann auch die erste Person, die unter einer chronifizierten psychischen Erkrankung und auch schweren körperlichen Einschränkungen litt, faktisch in den Tod begleitet. Parallel bestätigte ein Bundesgerichtsurteil Ende 2006 das Recht von Menschen mit psychischen Erkrankungen auf einen assistierten Suizid. (BGE 133 I 58) Nach diesem wegweisenden Urteil nahmen die Anfragen von Mitgliedern mit psychischen Leiden, chronischen Schmerzproblematiken und Demenzerkrankungen stark zu. Die tatsächlich vollzogenen begleiteten Suizide von psychisch beeinträchtigen Menschen beschränkten sich hingegen auf wenige Einzelfälle pro Jahr. Dabei ist es bis heute geblieben.»

Von der Feindseligkeit zur entspannten Koexistenz

Obwohl die in der «Trennungsschlacht» von 1998 geschlagenen Wunden auf beiden Seiten noch lange nicht vernarbt waren, war auch für unbeteiligte Aussenstehende klar zu erkennen: Die Existenz von zwei in Vorgehensweise und Stil deutlich verschiedenen Organisationen mit dem gleichen Ziel konnte der gemeinsamen Sache nur dienlich sein. Exit taktierte vor allem unter dem Einfluss des auf den tadellosen Ruf der Organisation bedachten Öffentlichkeitsarbeiters Andreas Blum vorsichtig und hütete sich, wie schon zu Baechis Zeiten, vor Extrempositionen. Dignitas dagegen, angetrieben vom charismatischen Gründer und Geschäftsführer, von Anwalt Ludwig A. Minelli, wagte immer wieder das Vorprellen und die Erkundung von Grenzen. Auch hier bestätigte sich, was Marketingleute längst wissen: Wenn das Arbeitsfeld (kommerziell gesprochen: ein Markt) gross genug ist, kann ein einziger Anbieter unmöglich alle Segmente von Interessenten abholen und zufriedenstellen.

Immer mehr Entscheidungsträger auf beiden Seiten sahen dies ein. So wich denn die anfängliche Feindseligkeit zwischen Exit und Dignitas alsbald einem stillen und eigentlich friedlichen Nebeneinander, zumal Dignitas vor allem von Sterbewilligen aus dem Ausland aufgesucht wurde, was Exit immer abgelehnt hatte. Beiden Organisationen hatte das kluge Taktieren nicht geschadet, zumal für beide genug zu tun blieb. Exit-intern führte es aber zu heftigen Meinungsverschiedenheiten.

Der 2007 im Streit ausgeschiedene Kommunikationschef Andreas Blum kritisierte öffentlich, dass Exit in dieser Frage ein Doppelspiel betrieben und manchmal Interessenten aus dem Ausland an Dignitas weitergeleitet habe. Dem widersprach sein Nachfolger Bernhard Sutter: «Wenn ein Todkranker aus dem Ausland anruft und leidend um Hilfe bittet, dann sagt ihm doch keine Exit-Mitarbeitende: ‹'Ja, schauen Sie halt im Telefonbuch nach, wer Ihnen helfen könnte, wir tun es nicht.› Sondern sie weist zum Beispiel auch auf Ex International hin, die ebenfalls Patienten aus dem Ausland nimmt.»

Ein Kranker klagte und siegte

Definitive Klarheit in der Frage der Sterbehilfe für psychisch Kranke schuf der Europäische Gerichtshof für Menschenrechte im Jahr 2011, als jener Schweizer Staatsbürger, der an einer bipolaren Störung litt, und der schon mithilfe von Dignitas das erwähnte Bundesgerichtsurteil 2006 erstritten hatte, Beschwerde gegen die Bedingungen führte, die die Schweizer Behörden in seinem Fall an die Abgabe von Natrium-Pentobarbital– ärztliches Rezept, vertieftes psychiatrisches Gutachten – knüpften. Der Beschwerdeführer erklärte in Strassburg, er sei mit seinem Wunsch um Erstattung eines solchen Gutachtens an nicht weniger als 170 Psychiater in der Schweiz gelangt, jedoch von allen abgewiesen worden, wohl aus Angst vor rechtlichen Schwierigkeiten und öffentlichem Aufsehen. Das Bundesgericht stelle ein Kriterium auf, das nicht erfüllt werden könne. Der kranke Mann fühlte sich in seinem Selbstbestimmungsrecht über das eigene Leben verletzt. Der Gerichtshof gab ihm im Grundsatz recht und sagte wörtlich:

«Im Lichte dieser Rechtsprechung hält der Gerichtshof dafür, dass das Recht eines Individuums, zu entscheiden, auf welche Weise und in welchem Zeitpunkt sein Leben enden soll, sofern es in der Lage ist, seine diesbezügliche Meinung frei zu bilden und dementsprechend zu handeln, einen der Aspekte des Rechts auf Achtung des Privatlebens im Sinne von Artikel 8 der Konvention darstellt.»

Der Gerichtshof äusserte Verständnis für den Standpunkt der Schweizer Regierung, einen Missbrauch des Sterbemittels verhindern zu wollen, dies vor allem in Würdigung der betont liberalen Schweizer Gesetzgebung und Praxis hinsichtlich Suizidbeihilfe. Er hielt es aber für angezeigt, das Begehren des Beschwerdeführers, ohne ärztliches Rezept Zugang zu Natrium-Pentobarbital zu erhalten, «unter dem Blickwinkel einer positiven Verpflichtung des Staates zu betrachten, die notwendigen Massnahmen zu ergreifen, die einen würdigen Suizid ermöglichen».

Konkret allerdings wies das Gericht die Beschwerde mit der Begründung ab, wenn der Beschwerdeführer seinen Brief an die 170 Psychiater anders formuliert hätte, hätte er wahrscheinlich einen gefunden, der ihm bei der Verwirklichung seines Wunsches behilflich gewesen wäre. (Entscheid des EGMR vom 20. Januar 2011, Beschwerde Nr. 31322/07)

Ein weiteres, ebenfalls von Dignitas finanziertes Verfahren betraf das Exit-Mitglied XY, dessen voller Name später in einigen Medien genannt wurde. Die Frau wollte noch als Gesunde das Risiko des Verfalls ihrer körperlichen und, in einem gewissen Mass, ihrer geistigen Fähigkeiten vermeiden. Ihre Erinnerungs- und ihre Konzentrationsfähigkeit sowie ihre Aufmerksamkeitsspanne waren nicht mehr, wie sie einmal gewesen waren. Sie hatte Schwierigkeiten, lange Spaziergänge zu unternehmen und das Spektrum ihrer Aktivitäten wie auch ihr Freundeskreis nahmen ab. Daher war es schon seit einigen Jahren ihr fester Wunsch, die Erlaubnis zur Beendigung ihres Lebens zu erhalten, das sie als immer eintöniger empfand. Die Frau konnte ihren körperlichen Abbau nur schwer ertragen. Ausserdem litt sie zunehmend an Ekzemen und Rückenschmerzen und jede Veränderung ihres Umfelds verängstigte sie. Ihre Lebensqualität nahm stetig ab und sie litt auch unter dem Umstand, nicht offen mit ihren Freunden über ihren Sterbewunsch reden zu können. Exit lehnte sie ab, und Versuche, mithilfe ihres Anwalts einen Arzt zu finden, der ihr behilflich wäre, scheiterten. Ein Rechtsverfahren, mit dem sie schliesslich am Bundesgericht ihr Recht erstreiten wollte, scheiterte. Da wandte auch sie sich an den Strassburger Gerichtshof.

Verzweifelt vor Gericht

Der Gerichtshof stellte in seinem Urteil vom 14. Mai 2013 (Beschwerde Nr. 67810/10) fest, die Schweiz habe durch das ablehnende Urteil des Bundesgerichts der Beschwerdeführerin wegen der Ungewissheit über das Ergebnis ihres Ersuchens in einer Situation, die einen besonders wichtigen Aspekt ihres Lebens betraf, erhebliches Leid zugefügt. Er folgerte, dass die Beschwerdeführerin sich in einem Zustand der Angst und der Ungewissheit bezüglich des Umfangs ihres Rechts, ihr Leben zu beenden, befunden haben muss. Diese Ungewissheit wäre nicht eingetreten, wenn es klare, staatlich genehmigte Richtlinien gegeben hätte, die die Umstände festlegten, unter denen Ärzte die gewünschte Verschreibung ausstellen durften. Dies betraf Fälle, in denen jemand in Ausübung seines oder ihres freien Willens zu der ernsthaften Entscheidung gekommen ist, sein oder ihr Leben zu beenden, ohne dass der Tod unmittelbar aufgrund einer besonderen medizinischen Gegebenheit bevorgestanden hätte. Der Gerichtshof gestand zwar zu, dass es schwierig sein könnte, den notwendigen politischen Konsens in einer so kontroversen Frage mit ihren tiefgreifenden ethischen und moralischen Konsequenzen zu finden. «Diese Schwierigkeiten sind jedoch jedem demokratischen Prozess inhärent und können die Behörden nicht ihrer Pflicht zur Erfüllung ihrer diesbezüglichen Aufgaben entheben (...)»

Die genannten Überlegungen reichten aus, um vonseiten des Gerichtshofs festzustellen, dass das schweizerische Recht zwar die Möglichkeit zur Verschaffung einer tödlichen Dosis Natrium-Pentobarbital eröffne, nicht aber ausreichende Richtlinien bereitstelle, um Klarheit hinsichtlich des Umfangs dieses Rechts zu schaffen. Daher sei Artikel 8 der Konvention in dieser Hinsicht verletzt worden.

Die Schweizer Regierung zog diesen Entscheid an die grosse Kammer des Gerichtshofs weiter. Kurz vor der auf den 2. April 2014 angesetzten öffentlichen Anhörung wurde bekannt, dass die Beschwerdeführerin verstorben war. Davon wussten weder ihr Anwalt noch das Gericht. Der gesundheitliche Zustand von XY hatte sich während der langen Jahre dieser Verfahren so verschlechtert, dass sie von Exit schliesslich angenommen worden war. Ein Pfarrer begleitete sie beim Sterben, und ihm nahm die Patientin das Versprechen ab, niemandem etwas zu sagen. Die Grosse Kammer des Gerichtshofs in Strassburg entschied in der Folge mit neun zu acht Stimmen, dadurch habe XY missbräuchlich gehandelt, weshalb auf ihre Beschwerde nicht eingetreten wurde (Urteil vom 30. September 2014, Beschwerde Nr. 67810/10). So unterblieb die höchstrichterliche Klärung der Frage.

Demenz als Krankheit der Zukunft

2018 lebten in der Schweiz 144 300 Menschen mit Demenz in den verschiedensten Formen, eventuell auch mit psychischen Störungen anderer Art. Davon waren 67 Prozent Frauen. Da die Bevölkerung im Durchschnitt immer älter wird, wird für das Jahr 2030 mit rund 194 000 einschlägig kranken Menschen gerechnet, eine Steigerung um 23,7 Prozent innert nur zwölf Jahren! Nach derselben Quelle sind 2019 durch diese Krankheit Kosten von 11,8 Milliarden Franken entstanden, mehr als der jährliche Umsatz der Schweizerischen Bundesbahnen. Annähernd die Hälfte dieser Kosten sind in der Sprache der Gesundheitsstatistiker «indirekt». Das heisst: Sie bleiben unbezahlt. Es handelt sich um den nach marktgerechten Ansätzen gerechneten Gegenwert der Pflegeleistungen, die unentgeltlich von Angehörigen und anderen nahestehenden Personen erbracht werden. Die Dimensionen des Problems sind gewaltig!

Die Freitodbegleitung für Demenzkranke ist bei Exit ein komplexes und umfangreiches Feld: Jeder Fall verlangt individuelle und sorgfältige Bearbeitung, manchmal umfangreiche Abklärungen. Erstaunlich ist, dass bei Exit am Ende nur 2 Prozent aller Freitodbegleitungen auf Demenzkranke fallen. Die gesamtschweizerische Statistik spiegelt dieses Verhältnis noch auffälliger: Im Jahr 2018 (letzte erhältliche Zahl) sind in der Schweiz 6454 Demenzkranke gestorben, doch nur 0,3 Prozent von ihnen durch einen assistierten Suizid. Der Grund dafür: Bei einer Freitodbegleitung ist die Urteilsfähigkeit die zentrale Bedingung. Dies bedeutet aber im Fall einer Demenzerkrankung, dass Jahre vor dem natürlichen Tod und zu einem Zeitpunkt, an dem das Leben noch genossen werden kann, gestorben werden müsste. Dazu ringen sich nur sehr wenige Demenzkranke durch.

Belastende Situation für alle

Zwei sorgfältig anonymisierte Beispiele aus dem Alltag von Exit sollen illustrieren, wie schwierig die Dinge liegen können und wie stark und, ja, auch belastend die Verantwortung auf allen Beteiligten lasten kann.

Ein damals 46-jähriger Mann, geschieden, Vater von zwei schulpflichtigen Kindern, litt unter einer chronifizierten Depression, die hausärztlich seit dem 16. Lebensjahr medikamentös behandelt wurde. Er litt an einer Angststörung mit Panikattacken, an Sozialphobie, einer asthenischen Persönlichkeitsstörung, einer kombinierten Persönlichkeitsstörung und einer anhaltenden somatoformen Schmerzstörung. Seit sechs Jahren bezog er eine IV-Rente. Über den gleichen Zeitrahmen fanden sich über 30 Suizidversuche nachweisbar in den Akten: mehrheitlich durch eine Tablettenintoxikation in Kombination mit Alkohol, zudem mehrere Strangulierungsversuche, mehrfaches Aufschneiden der Pulsadern und Versuche mit der Plastiksackmethode. Im Zug von zwei Versuchen resultierte dann auch tagelanges Koma auf einer Intensivstation. Über fünf Jahre hinweg lebte der Mann grossmehrheitlich stationär in einer psychiatrischen Klinik. Mit Beginn der Exit-Abklärungen konnte sich der Mann damit einverstanden erklären, von weiteren Suizidversuchen abzulassen; zumindest für die Zeit, bis die Frage geklärt war, ob ein assistierter Suizid möglich wäre oder nicht. Nach elf Monaten Abklärungszeit erhielt er die mündliche Zusage eines Konsiliarpsychiaters, ihm NaP zu rezeptieren, für den Fall, dass er nun aktiv aus dem Leben treten wolle. Infolgedessen trat eine deutliche Entspannung der Symptomatik ein, verbunden mit der Gewinnung einer sinnstiftenden Perspektive. Seit Beginn der Abklärungen 2010 hatte der Mann keine weitere suizidale Krise mehr, geschweige einen Suizidversuch unternommen. Er lebt heute selbstständig, partizipiert am öffentlichen Leben im Rahmen seiner Möglichkeiten und geht einer geregelten Tagesstruktur nach.

Zweites Beispiel: Ein damals 54-jähriger Mann, verheiratet, kinderlos, litt an einer schweren posttraumatischen Belastungsstörung (PTBS) als Folge anhaltender Traumatisierungen in Kindheit und Adoleszenz. Weitere Diagnosen waren eine ängstlich-vermeidende Persönlichkeitsstörung, eine schwere soziale Phobie sowie Transsexualismus von Frau zu Mann nach erfolgter Geschlechtsumwandlung. Erste Suizidversuche fanden bereits in der Adoleszenz statt und blieben anhaltend bis in die Gegenwart hinein. In den ärztlichen Attesten wurde sein Zustand als «chronisch suizidal» beschrieben; eine genaue Anzahl unternommener Suizidversuche liess sich indes nicht rekonstruieren. Der Mann war seit seinem 24. Lebensjahr in anhaltender psychotherapeutischer Behandlung, verbunden mit unzähligen stationären Klinikaufenthalten. Der behandelnde Psychiater gab nach der erfolgten mehrmonatigen Abklärungszeit durch Exit die mündliche Zusage, dem Patienten NaP zu rezeptieren, sollte dieser aktiv aus dem Leben treten wollen. Auch hier setzte daraufhin eine deutliche Stabilisierung der Gesamtsituation ein, suizidale Krisen traten nicht mehr auf. Der Mann bekräftigte immer wieder, dass die Exit-Option für ihn schlicht Lebensqualität bedeute. Er starb schliesslich, etwa zweieinhalb Jahre später, an einem terminalen Lungenkrebs. Er liess sich palliativ begleiten.

Der Umgang mit sterbewilligen psychisch Kranken in der Schweiz unterscheidet sich in einem wesentlichen Punkt von anderen Lösungsansätzen in liberalen europäischen Staaten. Der Unterschied besteht darin, dass der Kranke im Rahmen der Abklärungen für einen assistierten Suizid nicht ausschliesslich mit dem Arzt, sondern auch mit medizinischen Laien verkehrt.

Ähnlich wie die Frage des assistierten Freitods hat sich der schweizerische Weg bei einer anderen gesundheitspolitischen Streitfrage entwickelt, der kontrollierten Heroinabgabe an schwer Drogensüchtige. Auch hier entwickelte sich die Lösung weitgehend theoriefrei und nach laufend kontrollierten und korrigierten Ergebnissen aus der Praxis. Auch die kontrollierte Heroinabgabe wurde zunächst heftig abgelehnt. Nach und nach entwickelte sich aber unter dem Eindruck positiver praktischer Erfahrungen bei allen Beteiligten, Politiker eingeschlossen, ein Lernvorgang. Dieser führte schliesslich über Jahre hinweg zu einer Veränderung der öffentlichen Meinung, der juristischen und gesundheitspolitischen Randbedingungen und schliesslich der medizinischen und juristischen Praxis.

Paul-David Borter hat übrigens wiederholt darauf aufmerksam gemacht, dass sich die Entwicklung der Praxis um den assistierten Freitod in der Schweiz in Zehnjahresschritten abgespielt hat, die sich teilweise überlappten. In den 1980er-Jahren war das Gutachten von Prof. Keller zur Frage der rechtlichen Verbindlichkeit der Patientenverfügung massgebend, das eine solide und später auch von den höchsten Gerichten geteilte Argumentationsgrundlage bildete. In den 1990er- und 2000er-Jahren, insbesondere nach der Abspaltung von Dignitas, stand die Frage der Sterbehilfe an Ausländerinnen und Ausländer zur Diskussion, dann diejenige nach der Sterbehilfe für psychisch Kranke. Die 2010er-Jahre brachten die Probleme um den Altersfreitod, zugleich wurden innerhalb von Exit Forderungen nach einem liberaleren Umgang mit dem Sterbemedikament NaP erhoben. Sie waren aber einstweilen nicht mehrheitsfähig und wurden vor allem aus politischen Opportunitätsgründen nicht weiterverfolgt. Für die 2020er-Jahre ist die Frage nach dem Umgang mit hochbetagten psychisch Kranken als Schwerpunkt absehbar.

Auf allen diesen Gebieten erfolgte die Setzung von ethischen Regeln nicht auf dem üblichen Weg von der wissenschaftlichen Theorie zur Praxis, sondern umgekehrt. Allfällige Doktrinen müssen jeweils aus den «best practices» abgeleitet werden. Die Freitodbegleitung spielt bei diesem Verfahren eine Schlüsselrolle. Diese schweizerische Eigenheit wird inzwischen international als «Schweizer Modell» bezeichnet.

17

Die Annäherung der Politik
an den Volkswillen – Volksvertreter reagieren
lustlos mit einer flauen Debatte

Keine Lust auf Grundsatzfragen und eine Mehrheit
für die Untätigkeit

Im ersten Jahrzehnt des 21. Jahrhunderts hätte die Schweizer Politik eigentlich ihre Position zur freiwilligen Lebensbeendigung definieren sollen. Sie ging aber ausgesprochen lustlos ans Werk und wich einer Grundsatzdebatte aus. Wie immer in einem liberalen Staat galt es zunächst, grundlegende Fragen zu klären: Ist eine staatliche Regelung überhaupt nötig? Und wenn ja: Wie weit soll sie gehen?

Druck kam von der Öffentlichkeit, die der Schlagzeilen über grenzwertige Vorkommnisse müde war, zum Beispiel über den bereits erwähnten Fall der jungen Baslerin, die im November 1998 wegen ihrer schweren Depressionen sterben wollte und vom Kantonsarzt durch Einweisung in eine Klinik unter Amtsgewalt daran gehindert wurde. Schon 1994 hatte der Nationalrat eine Motion des Waadtländer Sozialdemokraten Victor Ruffy – wenn auch nur in der unverbindlicheren Form eines Postulats – überwiesen. Ruffy wollte den berühmten liberalen Artikel 115 des Strafgesetzbuchs, der die Beihilfe zum Suizid aus nicht selbstsüchtigen Gründen für straffrei erklärte, mit einem Artikel 115bis ergänzen. Dadurch sollten Ärzte auch straffrei bleiben, wenn sie auf Wunsch des Todkranken ein tödliches Mittel spritzten, also aktive Sterbehilfe leisteten. Jedermann wusste, dass dies in der Praxis häufig vorkam, doch wurde darüber nicht gesprochen, da vom Strafgesetzbuch mit Gefängnisstrafe bedroht. Diese verbreitete Scheu vor dem Thema war wohl der Grund dafür, dass

Nationalrat Ruffy seine ursprüngliche Idee, die Lancierung einer Volksinitiative, nicht weiterverfolgte.

Arbeitsgruppe hochkarätig, aber uneinig

Wie immer, wenn die Politik ratlos ist, wurde eine Arbeitsgruppe eingesetzt, dieses Mal eine, die aus hochkarätigen Fachleuten bestand und von der bekannten Luzerner Ex-Ständerätin Josi J. Meier präsidiert wurde. Sie war nicht nur eine überall respektierte, starke Persönlichkeit und eine scharfsinnige Juristin, sondern auch bekannt als Frauenrechtlerin mit christlichem Hintergrund. Die aus Fachleuten der Medizin, der Ethik und der Jurisprudenz zusammengesetzte Gruppe brauchte weniger als ein Jahr, um ihren Bericht zu erarbeiten. Diese Denkarbeit blieb der einzige fundierte Versuch, die Frage der Sterbehilfe in der Schweiz auf der politischen Ebene zu regeln. Der Kommission gehörten Befürworter und Gegner der Sterbehilfe an; für Exit nahm Meinrad Schär an den Beratungen teil. Entsprechend uneinig war sich die illustre Gruppe über die Schlussfolgerungen. Näheres berichtete Josi J. Meier:

«Eine Mehrheit ist in extremen und dramatischen Ausnahmefällen bereit, jene von Strafe zu befreien – trotz weiterhin geltender Rechtswidrigkeit ihrer Tat –, die aus Mitleid einen unheilbar und schwer kranken, vor dem Tod stehenden Menschen auf sein ernsthaftes und eindringliches Verlangen hin von einem unerträglichen Leiden befreien. Sie schlägt dazu eine Strafbefreiungsklausel in Artikel 114 Absatz 2 des Strafgesetzbuches vor und beschränkt diese nicht auf Medizinalpersonen.»

Einig war sich die Gruppe aber in der Forderung, die Möglichkeiten der Palliativmedizin und -pflege voll auszuschöpfen und entsprechende Ausbildungen zu fördern. Sodann schlug sie vor, die Regeln für die passive und indirekte aktive Sterbehilfe in einem Bundesgesetz zu regeln. Und es gab weitere wichtige Punkte, die Einstimmigkeit fanden: Die direkte aktive Sterbehilfe, das heisst die gezielte Tötung auf Wunsch, sollte rechtswidrig und verboten bleiben. Und Ärzte sollten auf keinen Fall verpflichtet werden, aktive Sterbehilfe zu leisten, selbst wenn sie legal wäre. Schliesslich sollten die Kosten der Pflege von Sterbewilligen im Entscheidungsprozess keine Rolle spielen.

Die Mehrheit der Arbeitsgruppe konnte jedoch nicht darüber hinwegsehen, dass ein absoluter Schutz des menschlichen Lebens sich in gewissen Ausnahmefällen für die Person, zu deren Schutz und Nutzen er eigentlich gedacht ist, in eine unerträgliche Last verkehren kann. Dabei dachte die Mehrheit der Gruppe an jene – quantitativ schwer zu erfassenden – Fälle, in denen die unerträglichen Leiden eines schwer kranken, kurz vor dem Tod stehenden Menschen auch durch angemessenes Vorkehren nicht mehr gelindert werden können. Bittet jemand in einer derartigen Situation darum, sterben zu dürfen, wäre es nach Ansicht der Mehrheit der Arbeitsgruppe problematisch, denjenigen zu verfolgen und zu bestrafen, der aus Mitleid diesen Menschen von einem Leben erlöst, das nur noch aus sinnlosem Leiden besteht. Der Richter könnte dann einen solchen Helfer zwar schuldig sprechen, aber von einer Strafe Abstand nehmen.

Im Jahr 2000 beschloss der Bundesrat, an den geltenden Gesetzen nichts zu ändern. Nach den ersten Turbulenzen in der Selbsthilfeorganisation Exit und der Abspaltung von Dignitas gab es im Schweizer Parlament, vorab im Nationalrat, jedoch Bestrebungen, die offenen Fragen auf dem üblichen Weg der Gesetzgebung bzw. Gesetzesänderung zu beantworten.

Lustlose Debatte im Nationalrat

In der Wintersession 2001 standen im Nationalrat drei einschlägige Geschäfte auf der Tagesordnung: die Parlamentarische Initiative von Franco Cavalli (SP, Tessin: Strafbarkeit der aktiven Sterbehilfe, Neuregelung), die Parlamentarische Initiative der freisinnigen Dorle Vallender aus Appenzell-Ausserrhoden (Verleitung und Beihilfe zum Selbstmord, Neufassung von Art. 115 StGB) sowie eine Motion des bekannten Paraplegiker-Arzts Guido Zäch (CVP, Aargau: «Gesetzeslücke schliessen statt Tötung erlauben»).

Es kam zu der bisher einzigen parlamentarischen Debatte auf Bundesebene über Freitodbegleitung und Sterbehilfe, und sie dauerte nicht viel mehr als eine Stunde.

Um seine Initiative zu begründen, berichtete Franco Cavalli über die Verhältnisse in Holland, die damals häufig zum Vergleich herangezogen wurden, weil dort die aktive Sterbehilfe erlaubt war. Cavalli kennt sich in den holländischen Verhältnissen gut aus, weil seine zweite Frau von dort stammt und im Pflegeberuf tätig war. Aktive Sterbehilfe war in Holland zwar formell verboten, blieb unter klar definierten Umständen aber straffrei. Die Umstände waren insbesondere: Der Patient ist unheilbar krank und steht kurz vor seinem Tod; Letzteres wird von mindestens zwei Ärzten bezeugt. Und der Patient hat seinen Willen, zu sterben, ausdrücklich und vor Zeugen geäussert. Das Leben des Patienten ist wegen seines Krankheitszustands mit der menschlichen Würde nicht mehr vereinbar.

Demgegenüber war die freisinnige Dorle Vallender vor allem bestrebt, «Missbrauch bei der Suizidhilfe durch die Sterbehilfeorganisationen zu verhindern». Auch in der damals neu beschlossenen Öffnung der Stadtzürcher Pflegeheime für die Freitodhilfe sah Frau Vallender eine Missbrauchsgefahr; sie sprach in diesem Zusammenhang – freilich ohne konkrete Beispiele zu nennen – vom Risiko, «dass ältere Personen von aggressiven Sterbebegleitern in den Tod gedrängt werden». Der Schlusssatz ihres Votums war reichlich polemisch: «Bei uns unterliegen Zahntechniker, Bergführer, Architekten, Ingenieure und viele andere Berufsarten einer Bewilligungspflicht. Sterbehelfer dagegen dürfen unerkannt als selbst ernannte ‹Todesengel› mit angemasstem Mitleid in staatlichen Spitälern und auch sonst agieren. Das dürfen wir nicht wollen, weder in Zürich noch anderswo.»

In der Debatte ging es dem liberalen Arzt Felix Gutzwiller (FDP, Zürich) vor allem darum, die Begriffe zu klären und zu verhindern, dass das Parlament hinter die bis dahin gepflegte Praxis zurückfallen und die Möglichkeit der Ärzte, beim Freitod zu helfen, einschränken würde. Er vermisste «klare staatliche Leitplanken» und forderte dazu auf, «in dieser Thematik mit aller Sorgfalt vorzugehen. Die Grauzone, die Übergänge zwischen Beihilfe zum Suizid, indirekter aktiver sowie aktiver Sterbehilfe sind unscharf.» Aber auch ihm, einem der damals führenden bürgerlichen Gesundheitspolitiker, gelang es nicht, seine Fraktion zu einer kreativen Strategie oder auch nur zu teilnehmender Aktivität zu bewegen.

Der berühmte Paraplegiker-Arzt Guido A. Zäch, der für die Aargauer CVP im Nationalrat sass, sprach sich «aus innerster Überzeugung» gegen jede Form von Sterbehilfe und für den palliativen Weg aus. Er betonte: «Aus der Suizidforschung ist bekannt, dass die meisten Todeswünsche eigentlich Hilferufe sind. Diese Schreie nach menschlicher Begleitung und Unterstützung sind ernst zu nehmen und dürfen nicht mit tödlichen Giften abgestellt werden.» Damit offenbarte Zäch, dass er zwischen den rund 1000 Spontansuiziden pro Jahr in der Schweiz und begleiteten Selbsttötungen keinen Unterschied machte.

Die nachfolgende parlamentarische Debatte war kurz und bestand vor allem aus dem Austausch von persönlichen Glaubensbekenntnissen. Die Sprecher der religiösen Parteien – Ruedi Aeschbacher (EVP, Zürich) und die spätere Bundesrätin Doris Leuthard (CVP, Aargau) – bestanden auf der Unantastbarkeit des Lebens, aber auch die dem Pflegeberuf angehörende Pia Hollenstein (Grüne Fraktion, St. Gallen) verwarf die Initiative Cavalli als Sprecherin der Mehrheit ihrer Fraktion auch wegen des Risikos, dass die erlaubte Tötung schliesslich sozialen Druck auf die Betroffenen ausüben könnte. Sie sagte: «Wenn Tötung durch Dritte in bestimmten Fällen straffrei wird, ist absehbar, dass dann nicht mehr alles darangesetzt wird, um alle anderen aufwendigen Möglichkeiten zu einer bestmöglichen Verbesserung der Lebensqualität wahrzunehmen, auch in der letzten Lebensphase.»

Bundesrätin Ruth Metzler, Vorsteherin des Justizdepartements, wich der Grundsatzdiskussion aus und nahm einzig zur Motion von Guido A. Zäch Stellung, die sie nur in der abgeschwächten Form des Postulats entgegennehmen wollte. Der Nationalrat widersetzte sich diesem Wunsch. Bundesrätin Metzler erklärte, es gehe dem Bundesrat nicht nur um Zeitgewinn für ein behutsames Vorgehen; sie wies auch auf die früher im Jahr 2001 aufgedeckte Affäre um Roger A., den «Todespfleger von Luzern» hin, der zwischen 1995 und 2001 in drei Zentralschweizer Heimen insgesamt 22 pflegebedürftige Menschen getötet hatte, angeblich aus Mitleid und Überlastung, und der zu einer lebenslangen Zuchthausstrafe verurteilt worden war.

Was die Bundesrätin nicht aussprach, aber mit Händen zu greifen war: Der Bundesrat wollte eine zeitliche Distanz legen zwischen der

Affäre um Roger A. und der Grundsatzdiskussion. Die Mehrheit der Nationalräte legte aber an diesem 11. Dezember 2001 keinen Wert darauf. Die Initiative von Franco Cavalli wurde mit 56 gegen 120 Stimmen abgelehnt. Die offizielle Politik war dem Thema ausgewichen.

Anhand der amtlichen Unterlagen kann man feststellen, wer wie gestimmt hat, denn die Abstimmungen im Rat erfolgten unter Namensaufruf. Es kam in dieser Frage offenkundig zu überdurchschnittlich vielen persönlichen Gewissensentscheiden; vor allem die freisinnigen und die sozialdemokratischen Volksvertreter zeigten ein völlig uneinheitliches Meinungsbild, während die Abgeordneten der CVP und der Schweizerischen Volkspartei fast geschlossen Nein sagten. Die ziemlich zerfahrene, fast unanständig kurze und zeitweise eher sinnfreie Debatte verriet auch, dass die Fraktionsleitungen das Thema unterschätzt und folglich eine vertiefte Meinungsbildung unterlassen hatten. An diesem Tag spürte das Volk: Wenn die gewählten Politiker die Arbeit verweigern, müssen die Bürger sie leisten. Dieser 11. Dezember 2001 war für aufmerksame Staatsbürgerinnen und -bürger das Signal, den ausgewiesenen Wunsch nach Selbstbestimmung über die letzte Lebensphase auf ausserparlamentarischem Weg durchzusetzen, vor allem durch die Stärkung der Selbstbestimmungsorganisationen.

Keine Lust auf Grundsatzfragen

Zu der von Bundesrätin Metzler (CVP) damals vage in Aussicht gestellten Grundsatzdiskussion ist es auch in den folgenden 20 Jahren nie gekommen. Franco Cavalli sagt heute: «Die Wahrheit ist: Die grosse Mehrheit der Politiker will von dem heiklen Thema am liebsten nichts hören. Am meisten hat mich getroffen, dass wir nach nur einer guten Stunde Diskussion zu dieser negativen Entscheidung gelangten, während man oft für bestimmt viel weniger wichtige Themen ganze Tage übrig hat. Vorurteile und abgedroschene ideologische Argumente bestimmten diese kurze Diskussion, und es war beinahe unmöglich zu vermitteln, mit welcher Realität wir im Krankenhausalltag konfrontiert sind.»

Gut möglich auch, dass der Druck fehlte, die aktive Sterbehilfe zu legalisieren, da das Modell Freitodhilfe bereits gut und problemlos funktionierte und Kranke, die sterben wollten, dies an den meisten Orten problemlos durch eigene Hand tun konnten, ohne einen Arzt damit zu belasten.

Franco Cavalli stellt sich heute vor, dass das Strafgesetz so abgeändert werden müsste, dass die Beihilfe zur Selbsttötung nur Ärzten erlaubt ist. «Es fällt mir schwer zu verstehen, warum ich, wenn ich einen Krebskranken als behandelnder Arzt während Jahren begleitet habe, die Hilfe in der letzten Phase der Krankheit, im vielleicht wichtigsten Moment seines Lebens, an jemand anderen delegieren soll. Ich habe es nie geschafft zu sagen: ‹Ich habe Sie lange behandelt, aber jetzt gehen Sie zu Exit oder Dignitas!›»

In der Folge lehnte auch der neue Justizminister Christoph Blocher (2003–2007) die vorgeschlagene gesetzliche Regelung ab. Blochers Nachfolgerin Evelyne Widmer-Schlumpf war gegenteiliger Auffassung und wollte die Sterbehilfe einschränken, staatlich kontrollieren und für Kranke aus dem Ausland völlig sperren. Unterstützt wurde sie dabei vom dominanten Bundesrat Pascal Couchepin, einem katholischen Freisinnigen. Abgeordnete der christlichen Parteien CVP und EVP, allen voran der Zürcher Ruedi Aeschbacher, wollten Artikel 115 StGB so verschärfen, dass jede legale Freitodhilfe unmöglich geworden wäre. Widmer-Schlumpf erreichte ihr Ziel nicht. Sie wechselte 2010 ins Finanzdepartement und hinterliess ihrer Nachfolgerin Simonetta Sommaruga (SP) das ebenso heikle wie unerledigte Geschäft. Intern war von einem «Scherbenhaufen» die Rede.

Bundesrätin Sommaruga handelte klug. Sie liess das Dossier erst einmal ein Jahr lang ruhen, dann brachte sie den Bundesrat dazu, endgültig auf die Regelung der Suizidhilfe im Strafrecht zu verzichten, aber die Suizidprävention und die Palliativpflege zu fördern, um die Zahl der Selbsttötungen zu reduzieren. Am Vorabend des 30. Geburtstags von Exit, der mit einem internationalen Kongress der Sterbehilfeorganisationen in Zürich begangen wurde, war dies ein Erfolgserlebnis ohnegleichen. Simonetta Sommaruga hatte damit den Schweizer Sterbehilfeorganisationen das Vertrauen ausgesprochen. Sie bestätigte diese Haltung auch öffentlich in ihrem Referat am Weltkongress der Sterbehilfeorganisationen von 2012 in Zürich.

Während all der Diskussionen hörten die Angriffe vor allem von kirchlichen Kreisen und deren politischen Ablegern nicht auf. Weil auf Bundesebene nach den höchstrichterlichen Entscheiden nicht mehr viel zu machen war, verlegten sie ihre Agitation auf die kantonale Ebene, insbesondere auf Zürich. 2008 brachte dort eine Allianz von Mitgliedern der Evangelischen Volkspartei (EVP) und der betont nationalkonservativen Eidgenössischen Demokratischen Union (EDU) eine Volksinitiative zustande, mit der der Kanton Zürich verpflichtet werden sollte, eine eidgenössische Standesinitiative für ein Verbot der Suizidhilfe einzureichen. Eine zweite Initiative bezweckte ein Verbot der Sterbehilfe an Personen mit Wohnsitz im Ausland («Nein zum Sterbetourismus!»). Nachdem schon der Kantonsrat die beiden Initiativen mit grossem Mehr abgelehnt hatte, sagte das Volk am 15. Mai 2011 so deutlich Nein wie noch nie. Keine einzige der 170 Zürcher Gemeinden nahm die Volksbegehren an; die Ablehnungsquote betrug 84,5 bzw. 78,4 Prozent.

Unbeeindruckt von dieser klaren Absage und der verweigerten Debatte auf eidgenössischer Ebene reichten am 25. Februar 2013 zwei Zürcher Kantonsräte der katholisch unterfütterten Christlich-Demokratischen Volkspartei (CVP, heute: Die Mitte) eine Motion ein. Sie verlangten eine gesetzliche Regelung mit strenger Aufsicht über die Organisationen, entweder durch eine Verschärfung des Gesundheitsgesetzes oder durch ein eigenes Sterbehilfegesetz. Sie verwiesen auf das Muster des Kantons Waadt, der in der Tat ein kantonales Gesetz zu dieser Materie erlassen hatte. Bei genauer Nachschau ergab sich aber, dass mit diesem Erlass lediglich der Zutritt für Suizidhelfer zu öffentlichen Spitälern und Pflegeheimen geregelt wurde.

Wo nichts kaputt ist, gibt es nichts zu flicken!
Nachdem der Nationalrat im Jahr zuvor mehrere ähnlich lautende Vorstösse abgeschrieben und das Bundesgericht eine klare Linie vorgegeben hatte, sah die Zürcher Regierung «kaum Raum für eine umfassende kantonale Aufsichtsregelung». Allfälligen Missständen könne mit den geltenden Gesetzen (Zivilrecht, Strafrecht, Strafverfah-

rensrecht, Betäubungsmittelrecht) entgegengetreten werden. Zur gleichen Zeit verlangten die gleichen Zürcher CVP-Kantonsräte auch, dass die Sterbehilfeorganisationen bei Menschen, die aus dem Ausland zum Sterben in den Kanton Zürich kamen, die Kosten der Legalinspektion und der Leichenschau selber übernehmen sollten. Der Kantonsrat lehnte beide Vorstösse ab. Die Legalinspektion dient zur Sicherung der Identität, zur Diagnose der Todesart im engeren Sinn (Krankheit, Unfall, Suizid oder Delikt) und der Todesursache sowie zur Schätzung der Todeszeit. In Zweifelsfällen kommt es zu einer Autopsie.

Mit solchen punktuellen Entscheiden im grössten und oft tonangebenden Kanton Zürich – und dem hartnäckigen Nichteintreten auf eine Grundsatzdebatte – war das rechtliche Fundament für die Sterbe- und Freitodhilfe gelegt, ungeachtet der Herkunft der Sterbewilligen (Schweiz oder Ausland). Gestützt durch das Bundesgericht legte sich die Politik auf die Fortsetzung der betont liberalen Regelung fest: Wo nichts kaputt ist, gibt es nichts zu flicken! Damit bürdeten Politiker und Gerichte den Sterbehilfeorganisationen aber auch eine enorme Verantwortung auf.

Sterbehilfe als ärztliche Verrichtung?

Auch nach der halbherzigen Kurzdebatte im Nationalrat war es der politisch engagierte Tessiner Krebsarzt und -forscher Franco Cavalli, der in all den folgenden Jahren in der öffentlichen Diskussion immer wieder auf entscheidende Punkte aufmerksam machte, so im Mai 2012, als in Zürich der von Hans Wehrli, Bernhard Sutter und Peter Kaufmann herausgegebene Sammelband *Der organisierte Tod* mit kontroversen Beiträgen zum Thema präsentiert wurde.

Cavalli erklärte, es gebe die verschiedensten Arten, wie Menschen aus der Welt gingen. Heute stürben die meisten Menschen in der Schweiz nach einer chronischen Krankheit und hätten viel Zeit, darüber nachzudenken, wie sie sterben wollten. Und dieser Entscheid sei in einer aufgeklärten Gesellschaft allein ihre höchst persönliche Sache. Trotz der Möglichkeiten der palliativen Medizin gebe es Menschen, die die Sterbehilfe in Anspruch nehmen wollten, berichtet Cavalli aus der eigenen Praxis. Er ist der Meinung, dass die Sterbehilfe zu den ärztlichen Aufgaben gehöre, und zwar nicht nur am Lebensende, wie es die Richtlinien der Schweizerischen Akademie der Medizinischen Wissenschaften umschreiben, sondern auch dann, wenn ein Patient die Qualität seines Lebens als unwürdig und inakzeptabel erachtet. Wäre es zudem überall erlaubt, in Spitälern und Heimen Sterbehilfe zu leisten, wäre das Problem gelöst, denkt Cavalli: «In diesem Fall braucht es keine Sterbehilfeorganisationen mehr.» (zit. nach Markus Hofmann/NZZ, 11. Mai 2014).

Franco Cavalli: Arzt, Forscher, Politiker

Er ist kein Mitglied von Exit, aber ein Freund und Bundesgenosse von besonderem Format. Franco Cavalli (geb. 1942) ist ein aussergewöhnlicher Arzt, weil er nicht, wie die Mehrheit seiner Kolleginnen und Kollegen, der Politik ausweicht, sondern sie als Vehikel für seine humanitären Überzeugungen einsetzt. Von 1978 bis 2007 war Cavalli Chefarzt für Onkologie am Spital Bellinzona, seit 1986 Honorarprofessor an der Universität Bern. Er gilt als einer der renommiertesten Krebsforscher der Schweiz.

Von 1995 bis 2007 gehörte Franco Cavalli dem Nationalrat an. Von 1999 bis 2002 war er Fraktionschef der Sozialdemokraten, und

© Institute of Oncology Research Bellinzona/Alessandro Crinari

201

er hat nie ein Hehl daraus gemacht, dass er ein überzeugter Marxist ist und eigentlich lieber eine Bewegung links von der SP begründet hätte, die er manchmal als «Cüplisozialisten» auslachte.

Aber Franco Cavalli genoss immer den Respekt der meisten politischen Gegner, weil er lebte, was er politisch vertrat. Sein Arbeitspensum war jahrelang fast unmenschlich: siebenfacher Vater, Chefarzt, Politiker, dazu Begründer eines der wichtigsten Onkologie-Kongresse der Welt, ausserdem kraftvoller Helfer beim Aufbau der Tessiner Universität und des onkologischen Forschungsinstituts (IOR) in Bellinzona. Er organisierte immer wieder medizinische Hilfsaktionen für mittelamerikanische Staaten, vor allem für Kuba.

Ein Interviewer hat ihn einmal gefragt, ob er seinen Patienten denn immer die Wahrheit sage. Cavallis Antwort:

«Ich versuche, keine Lügen zu erzählen. Das ist nicht dasselbe, wie immer die Wahrheit zu sagen. Niemals verheimliche ich gegenüber einem Patienten die Präsenz eines Tumors. (...) Lügen sollte man nicht. Denn Lügen destabilisieren die Beziehung zwischen Arzt und Patient. Aber man sollte die Erkenntnisse auch nicht wie ein Roboter ausspucken.»

Damals 2001, im Parlament, wollten sie nicht auf ihn hören, als er mit einer Parlamentarischen Initiative die Neuregelung der strafgesetzlichen Normen bezüglich Sterbehilfe anregte. Nach einer wenig gehaltvollen Diskussion wurde die sorgfältig vorbereitete, auch von bürgerlichen Ratsmitgliedern unterzeichnete Initiative mit 120 gegen 56 Stimmen abgelehnt.

Felix Gutzwiller: nach allen Seiten offen

Die Kernkompetenz des Zürcher Mediziners und Politikers Felix Gutzwiller (geb. 1948) war und ist die Kommunikation, die Fähigkeit und die Ausdauer, Anliegen der Bürgerinnen und Bürger verständlich zu machen und in die Politik einzubringen. Der gebürtige Basler studierte lange in den USA und widmete sich dann als Direktor der entsprechenden Universitätsinstitute der Sozial- und Präventivmedizin, zunächst in Lausanne (1983–1988), dann in Zürich (1988–2013), dort als Nachfolger von Meinrad Schär. Diese Disziplin erforderte automatisch die Umsetzung in die Praxis mit den Mitteln der Politik.

Schon früh wurde Gutzwiller ein führender Gesundheitspolitiker der Freisinnig-Demokratischen Partei, wo er sich seit den 1980er-Jahren, dem Zeitgeist entsprechend, vor allem der Regelung der Gentechnologie widmete und eine fortschrittliche Drogenpolitik durchsetzte. 1999 wurde er in den Nationalrat gewählt, 2007 als Vertreter des Kantons Zürich in den Ständerat. Bei der Wiederwahl 2011 erzielte ausgerechnet er, der Basler, die höchste im Kanton Zürich je erreichte Stimmenzahl.

Gutzwillers Politikstil war integrativ und sozial, er war im Gesundheitswesen einer der am besten vernetzten Politiker und engagierte sich auch in zahlreichen Mandaten ausserhalb des Parlaments. Er kannte keine Berührungsängste zu Privatspitälern, Krankenkassen und zur Pharmaindustrie, wie ein Blick auf die lange Liste seiner Mandate verrät. Bei aller Verbindlichkeit zeigte er aber, wenn es um fundamentale Gesundheitsfragen ging, auch klare Kante. So setzte er sich energisch für das Rauchverbot in Gaststätten ein, was ihm nicht wenige Wirtschaftsliberale übel nahmen.

Früher als andere nahm Gutzwiller den grundlegenden Meinungswandel der Bürgerinnen und Bürger wahr, was die Selbstbestimmung am Lebensende betraf. Zusammen mit dem ausgeprägt linken Krebsforscher Franco Cavalli hielt er den Sterbehilfeorganisationen in den politisch entscheidenden Jahren zu Beginn des 21. Jahrhunderts im Parlament den Rücken frei und half mit, eine parteiübergreifende, liberale und menschenfreundliche Linie durchzusetzen. Sie hat der Schweiz seither internationale Anerkennung eingebracht.

18

Die interne Reform:
Persönlichkeiten schaffen Ruhe –
Exit-Geschichte II (1998–2010)

Persönlichkeiten hinterliessen bleibende Spuren und schufen
neue Instanzen: Ethikkommission, Geschäftsprüfung

Innert 15 Jahren war Exit (Deutsche Schweiz) von einem Pionierverein
mit 69 Gründerinnen und Gründern zu einer Massenorganisation mit
über 50 000 Mitgliedern aufgestiegen – ein beispielloser Erfolg für eine
Schweizer Non-Profit-Organisation, jedenfalls äusserlich! Aber das
organisatorische Gerüst war bei Weitem nicht so stark wie die Kraft
der Gedanken. Wohlmeinende Idealisten, die meisten ehrenamtlich
tätig, versuchten die Arbeitslawine zu bändigen. Der mitleidlose
Befund eines sachverständigen Aussenstehenden lautete im Jahr 1999:
«Der gewachsene Mitgliederbestand und die handgestrickten Füh-
rungsstrukturen führten Ende der 1990er-Jahre zu wenig geordneten,
spontanen Abläufen, Überforderung der wenigen Mitarbeiter und des
ehrenamtlichen Vorstandes. Die Folge waren fehlende Transparenz,
gegenseitiges Misstrauen, unnötige Spannungen und ein schwerer
Verlust des Ansehens der Sterbehilfe in der Öffentlichkeit.»
    Der Mann, der dies in seinen Lebenserinnerungen so aufgeschrie-
ben hat, ist Hans Wehrli (1940–2021), gelernter Müller, promovierter
Naturwissenschaftler, Mitglied einer der alten grossen Zürcher Unter-
nehmerfamilien (Mühle Tiefenbrunnen usw.) und liberaler Politiker.

1998 wurde Wehrli aus dem Zürcher Stadtrat abgewählt und hatte Zeit für neue Aufgaben. Sein Studienkollege Prof. Wolfgang Hopff, Vorstandsmitglied und nun interimistischer Geschäftsführer von Exit, führte ihn bei der Organisation ein, die damals als Folge der Abspaltung von Dignitas administrativ unstabil war. Wehrli und seine Frau waren Exit-Mitglieder seit 1984, hatten aber nie aktiv mitgearbeitet. Er sollte die Struktur von Exit reformieren.

Mit einigen schnellen und entschlossenen Handgriffen stellte Hans Wehrli mit seinen Vorschlägen zur Statutenrevision, die angenommen wurden, die schlingernde Organisation wieder in die Schuhe. Er reduzierte den Vorstand von zwölf auf fünf Mitglieder; ihnen freilich wurden genau definierte operative Aufgaben zugeteilt. Die Arbeit wurde nun auch gemäss den bei Non-Profit-Organisationen üblichen Ansätzen bezahlt. Sodann schlug Wehrli mit Erfolg die Schaffung eines typisch politischen Organs vor: einer Geschäftsprüfungskommission (GPK), deren Vorsitz er selbst übernahm. Dieses Gremium hatte den Auftrag, sämtliche Akten und Dossiers zu prüfen, und funktionierte als Gegengewicht zum Vorstand. Nun herrschten die Prinzipien von «checks and balances», von Gewaltenteilung und gegenseitiger Kontrolle. Hans Wehrli:

«Die GPK untersuchte die Streitereien: Ärzte, Theologen, Ethiker, Juristen, Finanz- und Medienfachleute, Politiker, Laien – alle redeten als ‹Fachleute› allen anderen in guten Treuen drein, doch liessen sie sich selbst von niemand anderem dreinreden. Darum trennte sich Exit – oft schmerzlich – von Personen aus Vorstand, Freitod-Begleitungsteam, Administration und Konsiliarärzten. Alle neuen Funktionsträger wurden sorgfältig ausgesucht, eingeführt und begleitet.»

Wehrli wollte es genau wissen. Er las während sechs Jahren rund 2000 Freitoddossiers aus den zurückliegenden Jahren mit allen Protokollen der Gespräche mit Ärzten und Angehörigen. Dabei lernte er die ganze, oft tragische, oft tröstliche Spannweite der Realität von ganz nahe kennen: vom Fall der krebskranken Äbtissin bis zur 17-jährigen Leukämiepatientin. Dieses intensive Studium von menschlichem Leid und Grösse machte aus Hans Wehrli eine Respektsperson, an deren Empathie und Integrität niemand zweifelte.

Ihn interessierte vor allem der von Gegnern der Suizidbegleitung oft vorgebrachte Einwand, durch die Tätigkeit der Sterbehilfeorganisationen werde aus wirtschaftlichen oder erbrechtlichen Gründen Druck auf die Schwerkranken ausgeübt. Er sagte dazu in einem Interview, er habe die ganze Spannweite der tragischen, aber auch der tröstlichen Schicksalsverläufe um die letzten Stunden der Menschen kennengelernt: «In keinem einzigen Fall war irgendein Druck ersichtlich. Das Bestreben der Angehörigen ging immer in die entgegengesetzte Richtung. Kinder oder Enkel baten jeweils, den Freitod noch hinauszuschieben. In solchen Fällen bitten wir die Sterbewilligen jeweils, zuzuwarten, bis die Angehörigen den Sterbewunsch akzeptieren. Das kann zwei oder sechs Wochen dauern. Theoretisch ist die Befürchtung, es könnte Druck auf die Schwerkranken ausgeübt werden, etwa durch Angehörige, die erben wollen. Gemäss unserer praktischen Erfahrung ist aber das Gegenteil der Fall.» (*Limmattaler Zeitung*, 15. Mai 2012)

Neu: eine Ethikkommission!

Die Geschäftsprüfungskommission mit Hans Wehrli an der Spitze mischte am Anfang die Exit-Organisation tüchtig auf. Aber da sie die richtigen Fragen stellte und auf wunde Punkte hinwies, wirkte sie langfristig in dem noch immer vorherrschenden Reizklima beruhigend. Während das neu geschaffene Leitbild eher folgenlos blieb, wurde eine Ethikkommission eingesetzt, vor allem mit der Aufgabe, kommende Probleme vorwegzunehmen und Lösungsansätze aufzuzeigen. Werner Kriesi übernahm die Ausbildung und Supervision der Freitodbegleitung. Die Finanzen wurden nun von einer anerkannten Revisionsstelle kontrolliert. Der neue Finanzvorstand Jean-Claude Düby stellte die Geldanlage auf eine neue Grundlage und übernahm die Vermögensverwaltung zusammen mit der neu gegründeten internen Anlagekommission, die bis heute erfolgreich waltet. Ein Patronatskomitee sorgte für das blanke Schild nach aussen. Die Öffentlichkeitsarbeit wurde in die Hände von Andreas Blum gelegt, der dem Exit-Vorstand von 2001 bis 2007 angehörte. Blum war von 1979 bis 1999 Direktor des Schweizer Radios DRS gewesen, kannte den Medienbetrieb von Grund auf und war als ehemaliges Mitglied des Nationalrats (SP, 1975–1979) auch politisch gut vernetzt.

2004 trat Hans Wehrli als GPK-Präsident zurück, gleichzeitig wurde die Berner Schulrektorin Elisabeth Zillig, die einen integrativen und ruhigen Kurs verfolgte und viele wichtige Beiträge an die organisatorische Festigung des Vereins leistete, neue Exit-Präsidentin. Doch der Vorstand, flankiert von den Kommissionen und dem «an der Front» tätigen Begleiterteam, kam nicht wirklich zur Ruhe. Zu viele starke und eigenwillige Persönlichkeiten versuchten, alle mit den besten Absichten, in diesem hochemotionalen, für Kompromisse ungeeigneten Themenfeld um die letzten Dinge im menschlichen Leben ihre Vorstellungen durchzusetzen.

Rücktritt aus Protest, neuer Bedarf für Mediation

Zeitweise glaubte man von aussen bei Exit eine auf strikte interne Regeln und staatliche Aufsicht bestehende Berner und eine elastischere, liberale Zürcher Fraktion zu erkennen. Jedenfalls lag für die Generalversammlung 2007 nicht nur der Rücktritt von Andreas Blum im öffentlich geäusserten Zorn vor, sondern auch der Antrag auf eine Abwahl des gesamten Vorstands. Blum beharrte auf einer strengen Abgrenzung gegenüber Dignitas und kritisierte, dass das Freitodbegleiterteam von Exit manchmal «sich selbst Gesetz ist» (zitiert nach NZZ, 22. November 2007). Andreas Blum hat ein Hintergrundgespräch für dieses Buch abgelehnt.

Wieder Krise also bei Exit, und erneut wurde nach Hans Wehrli als Mediator gerufen. Er willigte in die Kandidatur als Präsident ein unter der Bedingung, dass er alle Vorstandsmitglieder, sich selbst eingeschlossen, innert drei Jahren auswechseln könne. Zudem war es sein erklärtes Ziel, den rein männlich besetzten Vorstand weiblicher und jünger zu machen. Das wurde so beschlossen und Hans Wehrli war Exit-Präsident von 2007 bis 2010.

Sein engster Mitarbeiter war der bereits 2002 eingesetzte Hans Muralt, der sich stark zurücknahm, öffentliche Auftritte vermied und die Verantwortung gern mit anderen teilte. Muralt sagt im Rückblick: «Wehrli war ein Glücksfall. Er hat immer gesagt: ‹Solange ich nichts höre, gehe ich davon aus, es laufe alles gut. Aber wenn du mich brauchst, dann bin ich da.› Und genau so zog er es durch.»

«Wehrli war fair, aber auch er konnte sich nicht immer durchsetzen», erinnert sich Hans Muralt. «Dazu kam die ewige personelle Unter-dotierung: zeitweise nur sechs Mitarbeitende für über 50 000 Mitglie-der. Und aus früheren Zeiten gab es noch kistenweise unerledigte Post. Es gab Zeiten, da wurden nicht einmal alle Beitrittserklärungen erledigt.» Exit rannte mit einer zu kleinen Equipe ständig dem eigenen Wachstum hinterher. Wahrscheinlich spielte auch die Scheu mit, in einer Non-Profit-Organisation immer mehr bezahlte Arbeitsstellen zu beantragen.

Auch die Tätigkeit der Freitodbegleitung war nicht problemlos. Die Pioniere der ersten Stunde verliessen sich auf ihren Erfahrungs-vorsprung; sie mussten sich mangels Anleitung das Meiste selbst bei-bringen und entwickelten ein entsprechendes Selbstbewusstsein. Manche aus der ersten Generation machten sich schnell vertraut mit Neuerungen wie Teamarbeit, festen Strukturen und verbindlich for-mulierten «best practices». Bei anderen waren Generationenkonflikte fast unvermeidlich, und das alles in einem Gebiet, in dem bis heute aus gesetzlichen Gründen (Art. 115 StGB, Verbot der Eigennützigkeit der Freitodassistenz) zu einem guten Teil unbezahlte Arbeit geleistet wird, was die Bereitschaft der Freiwilligen, Vorschriften und Kontrol-len zu akzeptieren, nicht fördert, vor allem nicht in einer Organisa-tion, die nie mit Geldproblemen gekämpft, sondern schon 2005 eine Bilanzsumme von 8 Millionen Franken ausgewiesen hat.

Auch dieser heikle Punkt wurde vor dem Hintergrund des straf-rechtlichen Gewinnverbots (Art. 115 StGB) mit der Zürcher Justiz ausgehandelt. Zunächst einigte man sich auf eine Fallpauschale von 350 Franken, heute sind es 650, alle Spesen inbegriffen.

Hans Muralt mit seiner bewegten Karriere ausserhalb der Hilfsbe-rufe fand einen neuen, unbefangenen Zugang zu den Problemen und zu den Menschen bei Exit. Er sagt: «Zunächst nahm ich mir die Kom-petenz aufzuräumen, wo es am nötigsten war. Ich schickte die überzähligen Dosen des Sterbemittels NaP an den Apotheker zurück. Dann kam das Abkommen mit Oberstaatsanwalt Brunner, das ungeachtet der Ablehnung durch das Bundesgericht im Alltag gelebt wurde und das sich in der Praxis bewährt hat. Zugleich wurden die Abläufe innerhalb der Geschäftsstelle standardisiert.» Als Hans Muralt pensioniert wurde (2015), schrieb der Exit-Vorstand in einem Communiqué: «Während seiner Zeit als Geschäftsführer ist Exit gewachsen. Um mit dieser Entwicklung Schritt zu halten, wuchs auch die Zahl der Angestellten von einem halben auf zwei Dutzend an.» Bernhard Sutter, Muralts Nachfolger, hob hervor: «Er hat in den letzten Jahren Mitarbeiterinnen und Mitarbeiter eingestellt, die nicht nur kompetent, sondern vor allem auch engagiert sind.» Damit schuf Muralt die Grundlage für den Ausbau und die inhaltliche Vertiefung der Kernfunktionen von Exit, der Freitodbegleitung und der individuellen Beratung in Sachen Patientenverfügung.

Frauenpower brachte Freitodbegleitung voran

Gerade in den schwierigen Jahren nach 1998, als die Glaubwürdigkeit von Exit öffentlich infrage gestellt wurde, standen zwei Frauen als Präsidentinnen der Vereinigung vor, deren Beitrag trotz relativ kurzer Amtszeiten bedeutend war. Elke Baezner (1999–2003) und Elisabeth Zillig (2004–2007) griffen zwar nicht mit scharfen Führungsinstrumenten in das empfindliche Gefüge ein, aber sie trugen wesentlich zur Beruhigung der Szene bei. In seinem zornigen Abschiedsinterview mit Michael Meier im *Tages-Anzeiger* (15. November 2007) erinnerte Andreas Blum an den Gesamtzusammenhang:

«Es sind nun bald zehn Jahre, dass Exit in einer schweren Krise steckte. Tausende von Mitgliedern kehrten damals, angewidert vom ewigen Gezänk, der Organisation den Rücken. Es war nicht zuletzt den beiden Präsidentinnen Elke Baezner und Elisabeth Zillig und ihrer behutsamen Führung zu verdanken, dass ein Crash-Szenario verhindert werden konnte, Exit wieder Tritt fasste und viel an verlorenem Vertrauen zurückgewann.»

2006 wurde die Sache von Exit erneut durch Frauenpower vorangebracht. Eine Schlüsselposition wurde neu besetzt, nämlich die Leitung der Freitodbegleitung, die bis dahin in den Händen von Pfarrer Werner Kriesi gelegen hatte. Seine Stelle nahm Heidi Vogt (geb. 1954) ein, eine gelernte Pflegefachfrau und ausgebildete Supervisorin mit reicher Erfahrung in Pflege, Sozialpsychiatrie, Coaching, Projektleitung, aber auch in der exekutiven Politik.

Heidi Vogt entwarf ein Aus- und Weiterbildungsprogramm, in dem es vor allem um Gesprächsführung und Psychologie ging. Die meisten Begleitenden waren und sind heute über 50 Jahre alt, zwei Drittel sind pensioniert und müssen sehr viel Zeit zur Verfügung stellen. Alle sind idealistisch motiviert, denn ausser der bescheidenen Aufwandentschädigung gab und gibt es heute noch kein Geld. Die Einführung neuer Mitarbeitender dauert ein Jahr und ist betont praxisbezogen, das heisst konzentriert auf Einführungskurse, schrittweises, beobachtetes Übernehmen der Gesprächsführung und die Leitung einer Freitodbegleitung, Protokollführung, laufende Standortbestimmungen, Vor- und Nachbearbeitungen. Im Lauf der ersten zwei Jahre scheiden dennoch etliche Freiwillige wieder aus. «Für viele ist diese Tätigkeit dann doch zu belastend, dann brauchen sie eine Auszeit», sagt Frau Vogt, die nach ihrer Pensionierung im Jahr 2016 nun als Freitodbegleiterin tätig ist.

«Am Anfang steht ein ganz normales Eintrittsgespräch, um die Eignung der Person abzuklären. Die Auswahl geschieht durch die Freitodbegleitung. Die Ausbildung beginnt mit zwei Einführungstagen; dann geht man mit einer erfahrenen Person über zu den ersten Gesprächen und Begleitungen, anfangs nur beobachtend. Der Anwärter muss über das Erstgespräch einen Bericht schreiben. Nach zwei, drei Begleitungen führt er oder sie selbstständig das Protokoll, das dann auch den Behörden übergeben wird. Der Einführungsprozess dauert in der Regel ein Jahr. In jedem Fall werden Vor- und Nachbesprechungen durchgeführt; von Zeit zu Zeit gibt es Standortgespräche und Erfahrungsaustausch an Fallbesprechungstagen. Im Lauf der Ausbildung wird dann das externe Assessment gemacht. Dies ist bewusst so geplant, weil man möchte, dass die abzuklärende Person bereits ein wenig Erfahrung mit Gesprächen und Freitodbegleitungen hat. Man will sehen, wie sie darüber redet, wie sie ihre Rolle reflektiert, wie sie mit der Belastung umgeht.»

Es gibt wohl nichts Individuelleres im Leben als dessen Beendigung; dennoch ist der Ablauf der Freitodbegleitung eigentlich seit den frühesten Zeiten mit Pfarrer Rolf Sigg in den Grundzügen derselbe geblieben.

Wenn sich der Sterbewillige gemeldet hat, wird ein erstes Telefongespräch mit ihm geführt, allenfalls zusätzlich auch mit Angehörigen. Es wird ein aktuelles Arztzeugnis eingeholt. Dann wird je nach Region eine Begleitperson zugeteilt; ob Frau oder Mann spielt keine Rolle. Der oder die Freitodbegleitende führt das Gespräch mit einem Fragebogen im Kopf, aber individuell. Nach diesem ersten vertieften Gespräch ist der weitere Verlauf extrem unterschiedlich. Heidi Vogt: «Wir hatten Menschen – vor allem solche mit beginnender Demenz und unklarem Verlauf –, mit denen waren wir über zwei, drei Jahre oder gar länger im Kontakt. Das Gegenbeispiel war ein Patient mit fortgeschrittenem Krebsleiden. Ihn haben wir an einem Donnerstag besucht; am folgenden Montag sollte die Freitodbegleitung stattfinden. Aber er starb am Samstag. Manche brauchen Monate und Jahre für den Entscheid, andere ziehen die Sache schnell und mit bewundernswerter Entschlossenheit durch. Abbrüche in letzter Minute sind selten; wir akzeptieren sie in jedem Fall diskussionslos.»

Heidi Vogts letztes grosses Thema bei Exit war die Sterbehilfe für psychisch Kranke, mit der sich die Organisation ab 2008 intensiv befasste. Seither werden zwischen 40 und 50 solcher Fälle pro Jahr eingehend geprüft. Die Anfragen von Menschen mit psychischen Störungen und/oder in Krisensituationen sind aber erheblich zahlreicher. Der Aufwand dafür war und ist immer noch ungleich grösser als derjenige für andere Begleitungen. Die Mehrheit der Gesuche erfüllt die strengen Voraussetzungen nicht, die die Ethikkommission von Exit, gestützt auf die Rechtsprechung des Bundesgerichts, formuliert hat. Kernsatz des obersten Gerichts: «Auch ein psychisch Kranker ist urteilsfähig!»

Es ist ein offenes Geheimnis, dass Fachleute wie auch erfahrene Freitodbegleitende bei diesem Thema oft noch unsicher sind. Wenn eine schwerst depressive Person in Phasen der schwersten Symptomatik sterben möchte, kann der Wunsch durchaus Symptom der Krankheit sein. Oder wenn wahnhafte Vorstellungen, rätselhafte Stimmen usw. dazu führen, dass man sterben möchte, ist dies auch Ausdruck einer psychischen Erkrankung. Es gibt also durchaus kranke Menschen, die in gewissen Phasen ihrer Krankheit nicht urteilsfähig sind. In solchen Fällen sind die Abklärungen durch die spezialisierten Ärzte, aber auch das Erfahrungswissen der Exit-Beratenden aufs Äusserste gefordert. Exit hat seit 2008 in der Beratung spezialisierte Mitarbeitende, die die oft umfangreichen Abklärungen durchführen, die psychiatrischen Gutachten organisieren und vieles mehr.

Persönlichkeiten hinterliessen bleibende Spuren

Hans Wehrli, Andreas Blum, Heidi Vogt, Hans Muralt, Elisabeth Zillig, Jean-Claude Düby: Dies sind die Persönlichkeiten, die im extrem komplexen und mit höchstpersönlichen Werthaltungen und starken Emotionen befrachteten Umfeld der Sterbebegleitung die Vereinigung Exit von 2004 bis 2010 stabilisiert und in einen vergleichsweise ruhigen Normalbetrieb überführt haben. Alle sechs, obwohl durchaus nicht immer einig, haben etwas Auffallendes gemeinsam: Sie hatten keine schnurgeraden Biografien, sondern zeichneten sich in verschiedensten Berufsfeldern aus, bevor sie – ausnahmslos in der zweiten Lebenshälfte – die Arbeit für Exit in Angriff nahmen. Sie waren dadurch in der Lage, Erfahrungen aus den verschiedensten Lebensbereichen und Branchen zu bündeln: Sozialarbeit, Unternehmertum, Kultur, Medien, Technik, Politik.

Letztere war prägend. Drei der sechs Persönlichkeiten, die hier als wichtig für diese kritische Epoche hervorgehoben werden und die zusammen mit dem bewusst zurückhaltenden Hans Muralt die entscheidende Wende zum Besseren zustande brachten, waren politisch aktiv: zwei in städtischen Exekutiven und Parlamenten, einer im Nationalrat. Eine einheitliche politische Richtung ist nicht zu erkennen, es wäre denn eine allen gemeinsame liberale Grundhaltung. Hans Wehrli war ein rechtsfreisinniger Wissenschaftler und Unternehmer aus der altzürcherischen Tradition der freigeistigen liberalen Bürgerlichkeit. Heidi Vogt war bekannt als pragmatische Sozialdemokratin aus der Zürcher Grossstadt-Agglomeration, während Andreas Blum mit seinem künstlerischen und intellektuellen Hintergrund als typischer Vertreter der 1968er-Generation gelten darf, der – wohl im Gegensatz zur Mehrheit der Exit-Mitglieder – ein stärkeres ordnendes Eingreifen des Staats befürwortete. Dass diese sechs und einige andere mit ihnen gemeinsam das angestrebte Ziel, die Stabilisierung von Exit und damit die Kräftigung des Autonomiegedankens in den Fragen um das Lebensende erreicht haben, ist eine bemerkenswerte Leistung und eine Errungenschaft, auch wenn sie mitunter miteinander im Konflikt standen, was vor allem beim Ausscheiden von Andreas Blum aus dem Vorstand (Ende 2007) manifest wurde.

Hans Wehrli: Könner mit ordnender Hand

In allem, was er in seinem Leben anpackte, hat Hans Wehrli (1940–2021) Überdurchschnittliches erreicht: als Spitzensportler (Military-Reiter, Ironman), als Doktor der Naturwissenschaften, als Forscher und Entdecker der Diamantsynthese, als Präsident der Landesmuseumskommission, als Zunftmeister der historischen Zürcher Zunft zum Weggen und nicht zuletzt als Unternehmer.

Nach Jahren in der Müllerei der Familie baute Wehrli eine Firma für Pilzhandel auf. Darin und eigentlich in allem, was er unternahm, hatte er Erfolg, weil er sich nicht mit dem Offenkundigen zufriedengab, sondern den Dingen auf den Grund ging. So gab er sich nicht wie die meisten anderen einfach mit Champignons ab, sondern erschloss ein grosses Sortiment frisch geernteter Steinpilze, Morcheln, Pfifferlinge und anderer Spezialitäten. Die brachte er mithilfe schneller Transportketten zu seinen Kunden. Während die Ware noch als Luftfracht unterwegs war, verkauften Wehrlis Mitarbeiter, vor allem Studenten, die Pilze am Telefon an die grossen Hotels und Restaurants in der ganzen Schweiz. Auf Trockeneis und per Postexpress erreichten die frischen Früchte der Erde die Endstation. Eine der unverhandelbaren Vorgaben lautete zum Beispiel: In 48 Stunden vom südafrikanischen Busch in die Schweizer Hotelküche.

An der spanisch-portugiesischen Grenze suchten während der kurzen Hochsaison im frühen Herbst mehrere Tausend Arbeitslose Steinpilze für Wehrlis Handelsfirma, die mit ihrem Namen ein Kleinformat vorspiegelte, das ihrer marktführenden Bedeutung widersprach: Pilzhüsli Tiefenbrunnen AG.

Von 1992 bis 1998 betätigte sich Hans Wehrli dann in der Zürcher Stadtpolitik. Während dieser Zeit leitete er als vollamtlicher Stadtrat das Schul- und Sportamt mit 6000 Mitarbeitenden, und dies als Vertreter der bürgerlichen Minderheit in einem von der rot-grün-christlichsozialen Koalition dominierten Gremium. Ohne persönliches Zutun wurde er für lange zurückliegende Fehler der von ihm präsidierten Familienfirma in Entsorgungsdingen verantwortlich gemacht. Er stand zu dieser formalen Verantwortung und wurde abgewählt. Das war die Chance für Exit. Mit dem Besteck (und manchmal mit der List) des Profipolitikers leitete er – zuerst mit der Geschäftsprüfungskommission, dann als Präsident – bei Exit die Phase der Beruhigung und des erneuten Wachstums ein.

© EXIT-Info 3.07/Edouard Rieben

Andreas Blum: ehrliche und empfindliche Haut

Eine integre und vielseitige Persönlichkeit, die nicht auf schnellen Erfolg aus war: Das war, was Exit 2001 dringend brauchte, als die Abspaltung von Dignitas noch lange nicht verarbeitet war und schwere Vorwürfe gegen die Organisation laut wurden. Andreas Blum (geb. 1938) war eine dieser Persönlichkeiten.

Von 1979 bis 1999 hatte Blum das Schweizer Radio DRS als Direktor geleitet, sein Hintergrund war solid und schillernd zugleich: studierter Historiker, aktiver Journalist (*Telebühne*), ehemaliger Schauspieler (u. a. in der TV-Serie *Salto mortale*), Berner SP-Nationalrat. Ein Profi wie er wusste, wie mit solchen Krisen umzugehen war. In der ersten Phase war Demut angesagt. «Blum verspricht Besserung. In einem Gespräch räumt er ein, dass viele Probleme rund um Exit ‹hausgemacht› und ‹selbst verschuldet› seien. Er werde sich dafür einsetzen, dass das Image des Vereins verbessert werde.» (NZZ, 13. August 2001) Die Strategie funktionierte. Exit gewann in den Jahren von Blums Wirken als Kommunikator an Ansehen und Respekt.

In seiner ganzen Zeit bei Exit grenzte sich Blum scharf gegen Dignitas und deren «Sterbetourismus» ab, wie er es nannte. Damit war die Bereitschaft gemeint, auch Personen aus dem Ausland beim Freitod zu helfen. Blum warf Minelli öffentlich vor, sich persönlich zu bereichern – ein Vorwurf, gegen den Minelli absichtlich nicht vorging. Als Minelli Hans Wehrli nach dessen Wahl zum Exit-Präsidenten gratulierte, bedankte sich dieser, dass Dignitas deswegen nie gegen Exit geschossen habe, was Minelli mit der Bemerkung quittierte, er werde doch nicht gegen einen Verein vorgehen, der im Grundsatz analoge Ziele wie Dignitas verfolge. Im Gegensatz zur ersten Generation der Freitodbegleiter, namentlich der Pfarrer, befürwortete Blum eine strenge staatliche Kontrolle der Sterbehilfe und Nulltoleranz im Umgang mit dem tödlichen Mittel Natrium-Pentobarbital.

Blum war ein Freund des Klartexts. Als der neue Präsident Hans Wehrli seinen Protestrücktritt als «altersbedingt» darstellte, sprach Blum von «Lüge». Er warnte: «Noch steht Exit gut da. Noch hat das positive Image in der Wahrnehmung der Öffentlichkeit keinen Riss. Noch gilt Exit als seriöse, selbst von Gegnern respektierte Organisation. Es ist aber nicht alles Gold, was glänzt. Gravierende Differenzen in Sachfragen, ein überforderter Vorstand, falsche Prioritätensetzung, eine Politik des Laisser-faire gegenüber basisdemokratischen Anmassungen, eine viel zu large Haltung gegenüber Eigenmächtigkeiten und Unsauberkeiten und nicht zuletzt das Fehlen einer Dialogkultur, die diesen Namen verdient – alles in allem ein Bild in Grautönen, das für die Zukunft skeptisch stimmt.» (Tages-Anzeiger, 15. November 2007)

Hans Muralt: unauffällig, integrierend

Zu viele Menschen mit ähnlichen Biografien sind in manchen Organisationen die Ursache von Konflikten. Oft hat dagegen jemand, der aus einer ganz anderen Welt kommt, auch in verfahrenen Situationen eine unverhoffte Chance. Hans Muralt (geb. 1950), der in der von Elke Baezner und Werner Kriesi geprägten Übergangszeit von 1999 bis 2003 zum neuen Leiter der Geschäftsstelle von Exit gewählt wurde, war einer aus einer anderen Welt.

Der gelernte Radio- und Fernsehtechniker arbeitete lange beim Schweizer Fernsehen, verkaufte zwischendurch Oldtimer und leitete ein Jugendhaus im Emmental.

An seiner nächsten Station als Leiter der Produktionstechnik bei Radio DRS lernte er Andreas Blum kennen, der nach seiner Pensionierung in den Vorstand eintrat und Muralt auf die Stellenausschreibung von Exit hinwies. Der freundliche, ausgeglichene Berner wurde aus 120 Bewerbern gewählt und war Leiter der Geschäftsstelle von 2002 bis 2014, unglaublich lang für Exit-Verhältnisse! In dieser Zeit stieg die Mitgliederzahl von 47 000 auf 81 000 und die Zahl der Mitarbeitenden auf der Geschäftsstelle von sieben auf 24.

Muralt liess sich bewusst, das Beispiel Holenstein vor Augen, nicht in den Vorstand wählen und blieb ein Meister der Unsichtbarkeit nach aussen. Umso intensiver wirkte er nach innen. Schritt für Schritt führten Muralt und Finanzvorstand Jean-Claude Düby klare Arbeitsabläufe für alles ein: Anmeldungen, Austritte, Zahlungskontrolle, dazu ein Berichtswesen, das diesen Namen verdiente – und straffe Verfahren auch in den heiklen Exit-Geschäften wie Rekrutierung von Konsiliarärzten, Aktenführung bei Freitodbegleitungen, Instruktion der Begleitenden, Letzteres in enger Zusammenarbeit mit Heidi Vogt.

«Mit Muralt ist Ruhe in den Betrieb gekommen», sagt eine langjährige Mitarbeitende. «Er führte uns an der langen Leine, was lange Verweildauern und eine höhere Produktivität zur Folge hatte. Er motivierte, statt zu befehlen.»

Die vertrauensbildende Ruhe tat dem Image der Exit-Organisation gut. 2010 wechselte das Präsidium zur Basler Anwältin Saskia Frei. Hans Muralt konnte sich Ende 2014 getrost in die Frühpension verabschieden, «weil ich das so wollte und weil mit Bernhard Sutter der gegebene Nachfolger schon im Hause war». Saskia Frei, die letzte von fünf Präsidenten, die Hans Muralt erlebt hat, sagte: «Die Zusammenarbeit mit ihm war geprägt von gegenseitigem Respekt und Vertrauen.»

© Archiv EXIT

Heidi Vogt: berührt, aber nicht belastet

Für ihre wichtigste Aufgabe bei Exit, die Reorganisation der Freitodbegleitung, gab es ausser der reichen Erfahrung ihres profilierten Vorgängers Werner Kriesi weder ein Konzept noch ein Modell. Aber
Heidi Vogt (geb. 1954) war Aufgaben gewöhnt, die man selbst definieren musste. Nach der Mittelschule hatte sie den Pflegeberuf erlernt,
wechselte in die Sozialpsychiatrie und arbeitete 13 Jahre lang in der
Drogenhilfe, immer parallel zu einschlägigen Weiterbildungsprogrammen. Während acht Jahren war sie dann vollamtliche Stadträtin in
Uster, verantwortlich für die Abteilung Sicherheit. Mit 46 Jahren trat
sie freiwillig zurück, um sich neu zu orientieren mit einem Master in

Supervision und Coaching. Von 2006 bis 2016 leitete sie die Abteilung Freitodbegleitung bei Exit. In dieser Zeit stieg die Zahl der Exit-Mitglieder von 49 040 auf 104 278!

Heidi Vogts Annäherung an die Organisation verlief viel gemächlicher als deren zahlenmässiges Wachstum. Von 2006 bis 2019 vermehrte sich die Zahl der Freitodbegleitungen bei Exit von 150 auf 862. Statt der kleinen Gruppe von neun Konsiliarärzten waren es nun deren 53. Als Heidi Vogt ihre Stelle antrat, gab es 13 Frauen und Männer in der Freitodbegleitung. Als sie aufhörte, waren es deren 34, überwiegend Persönlichkeiten im Pensionsalter.

Das Einführungsprogramm wurde pragmatisch entwickelt, vor allem mit eigenen Kräften und aus eigener Erfahrung. Vieles musste neu entwickelt werden; die Führungsaufgabe war anspruchsvoll.

Wie ist Heidi Vogt persönlich mit der Freitodhilfe zurechtgekommen?

«Es belastet mich nicht, aber es berührt mich jedes Mal stark. Ich lasse mich berühren von allen diesen fremden Schicksalen. Ich gebe mich ein, aber nicht restlos. Es geht unter die Haut, aber ich weiss jetzt, dass ich diese Erfahrungen meiner Seele zumuten kann. In der Regel dauern die Freitodbegleitung und die anschliessende behördliche Untersuchung mindestens drei bis vier Stunden. Man muss gut aufpassen und das Möglichste tun, um die extreme Situation so aushaltbar wie möglich zu machen, für den Patienten, für die Angehörigen und für mich selbst. Ich bin immer wieder beeindruckt vom Mut dieser Menschen, von ihrer Kraft und Entschlossenheit, wenn sie das Mittel dann wirklich einnehmen.»

19
Manchmal heilen, oft lindern, immer trösten

Späte Landung der Palliativmedizin in der Schweiz,
anfänglich mit kümmerlichen materiellen Anreizen

Unheilbarkeit ist die Voraussetzung für sie, und der einzige Ausweg
führt in den Tod. So gesehen wäre die Palliativmedizin wohl die trau-
rigste unter all den Spezialdisziplinen der modernen Medizin. In Wirklichkeit aber ist sie eine der herausforderndsten und schwierigsten,
auch wenn sie im Schweizer Gesundheitssystem noch unterschätzt
und krass unterbewertet wird.

«Palliare» heisst auf Lateinisch «umhüllen», «verbergen», «schützen». Die Palliativmedizin betreut Menschen, die am Ende ihres Lebenswegs angelangt sind. Diese Patienten leiden an einer fortgeschrittenen
und unheilbaren Krankheit. Ihre Lebenszeit ist begrenzt. Das Ziel der
Palliativmedizin ist es, die letzte Lebenszeit der Betroffenen erträglich,
das heisst vor allem schmerzfrei einzurichten, die beste noch erzielbare
Lebensqualität zu erreichen und, wenn möglich und erwünscht, die
Lebenszeit zu verlängern, sodass die Kranken mehr Zeit haben, ihre
Angelegenheiten zu regeln. Wichtig ist ausserdem die Unterstützung der
pflegenden Angehörigen, die den häufigsten und dringendsten Wunsch
der Patienten erfüllen helfen: bis zuletzt zu Hause oder wenigstens in
der vertrauten Umgebung ihres Pflegeheims bleiben zu können.

Die mangelnde menschliche Zuwendung wurde oft als die hässli-
che Kehrseite des medizinischen Fortschritts bezeichnet. Während sich
die Schulmedizin auf die Heilung der Krankheiten durch naturwissen-
schaftliche Erkenntnisse konzentrierte, wurden zu viele Patientinnen

und Patienten mit ihrer seelischen Not, ihrer Angst vor Sterben und Tod allein gelassen.

Deshalb gründete Cicely Saunders 1967 nach dem Vorbild der früheren Hospize, Armen- und Fremdenspitäler das St. Christopher's Hospice in London. Es wurde zum Modell für viele Einrichtungen, die den Menschen am Ende ihres Lebens Zuflucht und Pflege boten, unter anderem Sterbehospize und Lighthouses. In Deutschland eröffnete die Krebshilfe 1983 in der Uniklinik Köln eine erste Station mit fünf Betten, die als Vorbild für andere Palliativstationen diente. 1990 formulierte die Weltgesundheitsorganisation ihre Definition der Palliativmedizin. 1997 erschien in Deutschland das erste Lehrbuch, 1999 wurde der erste Lehrstuhl für Palliativmedizin errichtet.

Späte Landung der Palliativmedizin in der Schweiz

In der Schweiz kam die Palliativmedizin relativ spät und anfänglich nur punktuell an. Als Erste begann die Krankenschwester Rosette Poletti (geb. 1938), die als Erwachsene noch ein Diplom in katholischer Theologie erwarb und in New York doktorierte, an der Höheren Pflegefachschule Ecole du Bon Secours in Genf (seit 2004 Haute Ecole de Santé) für diese Idee zu werben, unter anderem mit mehreren Büchern. Auftrieb gaben der Palliativmedizin auch die Vorträge der in den USA berühmt gewordenen Schweizer Psychiaterin Elisabeth Kübler-Ross. In der Folge entstanden etwa in Zürich, Baden und im Aargau lokale Vereinigungen, die Freiwillige rekrutierten und ausbildeten, die zur Entlastung der pflegenden Angehörigen Nachtwachen bei Schwerkranken und Sterbenden übernahmen. Auch die Zürcher «Affäre Haemmerli» von 1975 rückte die bis dahin eher vernachlässigte Sorge um die Menschen in der letzten Lebensphase in den Vordergrund. Mit dem Ziel, ein gesamtschweizerisches Netzwerk aufzubauen, wurde 1988 die Schweizerische Gesellschaft für Palliative Medizin, Pflege und Begleitung als multiprofessionelle Organisation gegründet (palliative.ch).

Wichtig bei der Palliativpflege ist: Sie geht weit über die medizinische Pflege hinaus und schliesst auch psychische und spirituelle Aspekte ein. Sie hilft Angehörigen, die Krankheit des Patienten und die eigene Trauer zu verarbeiten, und sie ist immer eine Teamarbeit zwischen Medizinerinnen und Medizinern, Pflegenden, Angehörigen und weiteren Fachleuten.

Wie sehr die Schweiz Hospize für Sterbenskranke benötigte, zeigten die 1980er-Jahre deutlich: Viele Spitäler und vor allem auch die Pflegeheime weigerten sich, dem Tod nahe Aidskranke aufzunehmen. In Basel wurde nach amerikanischem Vorbild 1989 das erste Schweizer Lighthouse eröffnet, 1991 folgte das vom charismatischen Arzt und Aidsforscher Ruedi Lüthy mitbegründete Lighthouse Zürich. Beide sind bis heute nicht mehr wegzudenkende Palliativeinrichtungen, obwohl hier kaum mehr Aidskranke aufgenommen werden müssen. Auch den Exit-Verantwortlichen, insbesondere Geschäftsführer Rolf Sigg, war es wichtig, dass die Palliative Care in der Schweiz etabliert wurde. 1988 gründete Exit die Stiftung für Schweizerische Exit-Hospize, die 2007 in Palliacura umbenannt wurde. Mitglieder des Exit-Vorstands besuchten Cicely Saunders in London im Hinblick auf die Gründung eines Sterbehospizes in Burgdorf. Der Betrieb dieses Hospizes musste aber bereits 1995 wieder eingestellt werden: Allzu tiefe Beiträge der Krankenkassen, keine Beiträge des Kantons Bern, hohe Betriebs- und Personalkosten führten zu Jahresdefiziten von mehreren Hunderttausend Franken.

Auch eine Generation später ist die Palliative Medizin (PM) in der Schweiz bei Weitem noch nicht etabliert. Erst seit 2012 sind palliative Lehrinhalte verpflichtender Bestandteil des Curriculums für Medizinstudenten. Seit 2016 ist die PM als interdisziplinärer Schwerpunkt anerkannt, das heisst es gibt eine geregelte Weiterbildung der Ärzte in dieser Spezialdisziplin. Doch an bedeutenden medizinischen Fakultäten wie in Zürich ist die Palliativmedizin immer noch nur ein Wahlmodul. Das Interesse der Studenten ist gross, die Kurse sind schnell ausgebucht, doch entschliessen sich am Ende noch zu wenige Studierende, diese Fachrichtung einzuschlagen.

Kümmerliche materielle Anreize

Das geringe Interesse an der Palliativen Medizin hat damit zu tun, dass die materiellen Anreize kümmerlich sind. Viele Dienstleistungen, die für die ambulante palliative Betreuung unerlässlich sind – Absprachen mit Hausärzten, Spitex, Spezialisten –, müssen unentgeltlich geleistet werden. In der Praxis werden höchstens 60 Prozent der nötigen und effektiv geleisteten Stunden vergütet. Die spezialisierte Palliativpflege wird gleich entschädigt wie normale Pflegedienstleistungen. Für die spezialisierten Sterbehospize gelten trotz 24-Stunden-Bereitschaft und spezieller Ausbildung der Pflegefachleute die gleichen Ansätze wie in den Pflegeheimen. Wie im Gesundheitssystem üblich, wird das Dossier seit Jahren zwischen dem Bundesamt für Gesundheit und den Tarifpartnern hin und her geschoben.

Schon 2006 hat die Gesundheitsdirektion des Kantons Zürich ein erstes Konzept für die Palliativpflege erarbeitet. Darauf stützen sich beeindruckende regionale Lösungen. Eine der meistbeachteten ist diejenige im Zürcher Oberland mit ihrem Mittelpunkt im Spital Wetzikon, aufgebaut und seit dem Jahr 2007 geleitet vom Anästhesisten und ehemaligen Notfallarzt Andreas Weber, der bewusst nicht Teil der Spitalhierarchie ist, sondern um seiner Unabhängigkeit willen im Status des Konsiliararzts verharrt.

Abhilfe von den Graswurzeln her

Das Konzept des Spitals Wetzikon unterscheidet sich von anderen dadurch, dass es vorwiegend auf ambulante Pflege setzt. Die 600 Patientinnen und Patienten im ganzen Zürcher Oberland, die in diesem Netzwerk betreut werden, leben entweder zu Hause oder in ihrem vertrauten Pflegeheim, was eine enge Zusammenarbeit mit den niedergelassenen Ärztinnen und Ärzten und den Spitex-Organisationen (einschliesslich Onko- und Kinder-Spitex) voraussetzt. Dies funktioniert sogar bei Patienten, die rund um die Uhr beatmet werden müssen, sowie etwa bei Menschen mit Lateralsklerose oder schweren Formen von Parkinson.

Für jeden Fall wird ein individueller Notfallplan erarbeitet. Die Patienten haben für plötzliche Störungen starke Medikamente zu Hause. Was tun bei plötzlicher Bewusstlosigkeit? Angehörige werden für solche Fälle trainiert. Das Care-Team, das den Patienten regelmässig aufsucht, ist über das Regionalspital Wetzikon rund um die Uhr erreichbar.

Andreas Weber, der Erfinder dieses Betreuungssystems, ist inzwischen eine Autorität in der Schweizer Palliativpflege. Das Finanzierungsproblem hat Webers Equipe von den Graswurzeln her gelöst, nämlich mit den Gemeinden, deren Behörden und Beamte den direkten Einblick in die Nöte und Bedürfnisse der kranken Mitbürger haben und die aus täglicher Erfahrung wissen, dass sie im bestehenden Kompetenzwirrwarr zwischen Kanton, Tarifpartnern und Gemeinden in der Regel am Ende ohnehin zur Kasse gebeten werden. Der Erfolg der auf Freiwilligkeit beruhenden Zürcher Oberländer Lösung hat sicher auch damit zu tun, dass die örtlichen Gesundheitsbehörden gemerkt haben, dass die palliative Pflege bedeutend günstiger ist als die stationäre.

Durch geduldige Überzeugungsarbeit und den Verlauf der vielen Fallbeispiele finanzieren inzwischen 90 Prozent aller Zürcher Gemeinden mobile Equipen, die in den eigenen vier Wänden der Patienten die palliative Pflege unterstützen, wenn nötig rund um die Uhr. Immer mehr Gemeinden finanzieren diesen Dienst auch in den Pflegeheimen. Wie der Verband der Zürcher Gemeindepräsidenten bestätigt, ist diese pragmatische Lösung finanziell durchaus tragbar, vor allem wenn man sie an den Kosten der Hospitalisierung misst. Diese betrugen 2021 allein für die Grundversicherung im Durchschnitt 12 000 Franken pro Fall.

Seit 2015 gibt es im Kanton Zürich unter dem Namen SPaC den Verband der spezialisierten Palliative Care Leistungserbringer. Sechs mobile SPaC-Teams decken inzwischen den ganzen Kanton Zürich ab, mit Ausnahme eines Zipfels im Norden, wo die Koordination mit dem Kanton Schaffhausen besondere Finanzierungsformen hervorbringt – eine typische Erscheinung im föderalistischen Schweizer Gesundheitswesen!

Die sechs mobilen SPaC-Teams haben im Jahr 2020 1827 schwer kranke Menschen betreut (+10 % zum Vorjahr). Damit hat bereits mehr als die Hälfte aller zu Hause sterbenden Menschen im Kanton Zürich den Zugang zur spezialisierten Palliative Care gefunden. Je nach Team konnten 59 bis 80 Prozent der betreuten Patientinnen und Patienten wunschgemäss zu Hause sterben. Von den mit 250 Franken errechneten Vollkosten pro Betreuungsstunde blieben 95 Franken offen; sie wurden durch Gemeindebeiträge und Spenden gedeckt.

Wer die Kontroversen um den selbstbestimmten Freitod über die Jahre hinweg verfolgt hat, muss bemerkt haben, dass Gegner der Freitodhilfe, namentlich aus kirchlichen Kreisen, oft versucht haben, die Palliative Medizin als «Waffe» gegen Exit, Dignitas und andere Organisationen einzusetzen und die eine Konzeption gegen die andere auszuspielen. Nach 15 Jahren intensiver Arbeit in der alltäglichen Praxis erklärt Andreas Weber, die Selbstbestimmungsorganisationen hätten die Anerkennung der Palliativmedizin wohl eher beschleunigt: «Je mehr Druck sie gemacht haben, desto mehr haben wir profitiert. Unbeschadet davon haben wir eine gute und enge Zusammenarbeit mit Exit, Dignitas usw. vor allem im Bereich der Fortbildung der Freitodbegleitenden, an der wir mitarbeiten.»

Peter Kaufmann: auf einem wichtigen neuen Weg

Der Journalist und Buchautor Peter Kaufmann (geb. 1945) aus Olten steht für die vielen Dutzend freiwilligen Helfer, die sich im Lauf von 40 Jahren in den Dienst der Autonomie am Lebensende gestellt haben. Der gelernte Lehrer und Musikexperte war jahrelang als Kulturjournalist und später beim Schweizer Fernsehen tätig. Er hat sich für die Förderung der palliativen Pflege entschieden und ist seit über 20 Jahren Stiftungsrat, seit 2014 Präsident des Stiftungsrats von Palliacura.

Die Stiftung will heute die Zusammenarbeit zwischen Sterbehilfe und Palliativmedizin fördern. Dies tut sie mit Mitteln, die vor allem Pfarrer Rolf Sigg für die seinerzeit geplanten, aber gescheiterten Sterbehospize bei den Exit-Mitgliedern eingeworben hatte. Sigg spendete zudem jahrelang sein Gehalt als Exit-Geschäftsführer der Stiftung.

Palliacura setzt sich auch bei Krankenkassen und Staat für die palliative Pflege ein. «Alle palliativen Pflegeinstitutionen, insbesondere die Hospize, arbeiten auch heute noch defizitär, und es sind vor allem Private, die die Defizite decken. Es gilt nun, die palliative Pflege im Gesundheitssystem zu verorten und zu stärken. Ein erster Schritt ist 2020 endlich auf Bundesebene gemacht worden: Der Postulatsbericht ‹Bessere Betreuung und Behandlung von Menschen am Lebensende› ist eine umfassende Auslegeordnung und gibt Impulse für den weiteren Ausbau und eine gerechte Finanzierung der palliativen Pflege. Es ist nun am Parlament, zu handeln.»

Peter Kaufmann betont: «Es geht uns um Ergänzung und Zusammenarbeit zwischen palliativer Pflege und Freitodbegleitung, nicht um Konkurrenz; eine Haltung, die Exit von jeher vertreten hat.»

Andreas Weber: den Menschen die Angst nehmen

Eigentlich war Andreas Weber (geb. 1961) Anästhesist und Notfallarzt. Aber als der Notfall in der eigenen Familie eintrat, wurde er hellhörig: «Als mein Vater unheilbar an Krebs erkrankte, merkte ich, wie viel noch fehlte, wie viel aber auch mit einfachen Mitteln und wenig Aufwand machbar wäre. Und was eine bessere Vernetzung mit Gemeinde, Hausarzt und Spitex für den Kranken bei sich zu Hause bringen kann. Oft ist alles vorhanden, nur wird es nicht richtig eingesetzt.»

Den Menschen die Angst nehmen: Darauf beruht das Konzept, das Andreas Weber am Spital in Wetzikon eingeführt hat und das als beispielhaft gilt. «Wenn wir einer schwer kranken Person im Spital

231

sagen können, dass wir sie am nächsten Tag zu Hause aufsuchen werden, zusammen mit der Spitex, dem Hausarzt und anderen wichtigen Personen wie Nachbarn und Freunden, um dort gemeinsam zu besprechen, was es zu tun gibt, vermitteln wir ihr ein hohes Mass an Sicherheit.»

Was Andreas Weber im rauen, direkten Alltag des Zürcher Oberlands angefangen hat, ist zu einem Pionierprojekt geworden: einer Organisation für spitalexterne Palliativmedizin für etwa 200 000 Einwohner auf der Basis der Heimpflege. Das Projekt beruht darauf, den Patienten als vollwertigen Partner ernst zu nehmen, sein familiäres und soziales Umfeld einzubeziehen, Hausärzte und Spitex zu Teammitgliedern zu machen.

Zugleich hat Weber gelernt, den politischen Apparat zu mobilisieren. Weil er von den Gemeinden ausgegangen ist, in denen die Kenntnis der Fälle und das Verständnis dafür vorausgesetzt werden können, ist er erfolgreich geworden. Im Kanton Zürich steht eine Organisation mit ambulanten Pflegeteams. Andere Kantone messen sich daran. Die Saat scheint aufzugehen.

Andreas Weber gehört nicht in die Hierarchie des Spitals von Wetzikon. Er ist mit allen Vorteilen und Risiken ein Belegarzt, ein Konsiliarius geblieben, hingegeben an die Aufgabe, aber in Distanz zum Organigramm und unabhängig. Ein wesentlicher Teil seiner Arbeit bleibt unbezahlt. Noch unbezahlt. Vielleicht ändert sich das bald. Menschen wie Andreas Weber arbeiten hier und heute an dem, was nötig ist, und nicht an dem, was Geld bringt.

20

Vom Gegeneinander zum Nebeneinander – Angriff auf «Sterbehilfe als Geschäftsmodell»

Sterbehilfe in der Schweiz ausser Kontrolle?
Kontroverse um Kosten und Spenden

Nur wenige Stunden, nachdem am 16. Mai 1998 im Zürcher Kongresshaus die Exit-Generalversammlung im Tumult geendet hatte, wurde die Organisation Dignitas gegründet. Ihre wichtigsten Ziele waren annähernd identisch mit dem Original: Selbstbestimmung, Eigenverantwortung, Wahlfreiheit und Menschenwürde bis zur letzten Stunde des Lebens. Auch Dignitas legte von Anfang an grossen Wert auf Beratung, Palliativversorgung, Patientenverfügung und Suizidprävention. Das letztere Ziel hatte die Mehrheit der Teilnehmenden an der besagten Exit-Generalversammlung freilich abgelehnt.

Die treibende Kraft hinter Dignitas war damals und blieb in den folgenden fast 25 Jahren Ludwig A. Minelli: ein streitbarer Freigeist, ein überaus effizienter Öffentlichkeitsarbeiter und ein auf Menschenrechtsfragen spezialisierter, hartnäckiger und oft erfolgreicher Rechtsanwalt, der wiederholt Leitentscheide erwirkt hat und dafür in Justizkreisen hohen Respekt geniesst. Dignitas zählte zwar zeitweise über 20 Mitarbeitende, aber einzig Minelli trat nach aussen in Erscheinung. Die Statuten von Dignitas nennen den Chef des Vereins «Generalsekretär». Dieser ist de facto Präsident und Geschäftsführer in einem. Merkmale üblicher schweizerischer Vereinsdemokratie waren bei Dignitas nie erkennbar. Dies wurde der Organisation auch immer wieder zum Vorwurf gemacht.

Am Ende des Gründungsjahrs zählte Dignitas 288 Mitglieder; Ende 2001 waren es 1079 Mitglieder. Nach einem viel beachteten Beitrag im deutschen Nachrichtenmagazin *Der Spiegel* verdoppelte sich die Mitgliederzahl auf 2263 im Jahr 2002. In diesem Jahr führte Dignitas bereits 76 Freitodbegleitungen durch.

Zum Sterben in die Schweiz?

Der grosse Unterschied zwischen Exit und Dignitas betraf die Aufnahme von Personen mit Wohnsitz im Ausland. Exit lehnte dies immer ab, weil sie mit inländischen Patientinnen und Patienten schon ausgelastet war. Dignitas sah dies anders, nämlich so:

«Aus der Überlegung, dass ein Mensch, der in der Schweizer Grenzstadt Kreuzlingen wohnt, Mitglied werden und bei einer schweren Krankheit Hilfe erhalten kann, und dass es deshalb kaum verantwortet werden kann, jemandem, der nur ein paar Meter entfernt in der deutschen Nachbarstadt Konstanz lebt, bei gleichen Verhältnissen eine solche Bitte abzuschlagen, wurde entschieden, dass Dignitas auch Mitglieder im Ausland aufnimmt: Niemand soll aufgrund seines Wohnsitzlandes diskriminiert werden. Dignitas wurde dadurch international zugänglich und vernetzt.»

Auch der Stil machte einen Unterschied. Exit sorgte sich um die Akzeptanz der Freitodbegleitung, suchte ihren Platz im schweizerischen Gesundheitswesen und nahm diesen Zielen zuliebe politische Rücksichten. Dignitas dagegen war, dem Temperament ihres Gründers und Leiters Minelli entsprechend, kompromisslos und immer kampfbereit. Dies zeigte sich in den folgenden Jahren stets dann, wenn Dignitas würdige Sterbezimmer für die aus dem Ausland angereisten Sterbewilligen suchte. Im Zürcher Stadtkreis Wiedikon, später auch in Stäfa und Maur verhinderten die Baubehörden mit vorgeschobenen planungsrechtlichen Begründungen den Gebrauch der angemieteten Räume zum Zweck des Ablebens. Zeitweise wurden die Sterbebegleitungen dann in Hotels durchgeführt, naheliegenderweise ohne vorherige Information der Hoteldirektion. Zweimal wünschten aus Deutschland angereiste Dignitas-Mitglieder, den Todestrunk lieber im eigenen Auto einzunehmen. Dies geschah in einer bewaldeten

Gegend bei einem geschlossenen Ausflugsrestaurant, was ein von den Behörden aufgebotener indiskreter Bestatter an die Medien weiterleitete, worauf es in Deutschland Schlagzeilen gab, die Menschen seien «auf einem Parkplatz an der Autobahn» gestorben. Schliesslich musste sich Dignitas die Befugnis, Freitodbegleitungen in einem geeigneten Gebäude mit diskreter Zu- und Abfahrtsmöglichkeit in der Industrie- und Gewerbezone in Schwerzenbach durchzuführen, am Verwaltungsgericht erstreiten. Dignitas-Gründer Minelli ging auch gegen den Zürcher Kantonsarzt vor, der wiederholt gegen Ärzte eingeschritten war, die mit der Organisation zusammenarbeiteten. Nach planungs- und mietrechtlichen Schikanen auch in Wetzikon konnte Minelli mit der finanziellen Hilfe von Dignitas-Mitgliedern in Pfäffikon (ZH) ein für den Zweck geeignetes Haus mit Umschwung auf seinen Namen erwerben: Der Erwerb durch Dignitas erschien ihm damals als zu riskant, da der Verein weder politisch noch finanziell «in trockenen Tüchern» war. Neun Jahre später trat er die Liegenschaft an Dignitas zu einem Vorzugspreis ab.

Immer wieder wurde die Organisation kritisiert, weil das gesamte Vereinsleben einschliesslich der erheblichen Einnahmen auf einen einzigen Funktionsträger zuliefen, den Gründer und Motor Ludwig A. Minelli. Dignitas pflegt nicht das in der Schweiz gewohnte demokratische Vereinsleben. Dies hat wiederholt zum öffentlich geäusserten Verdacht geführt, Gründer Minelli bereichere sich an der Freitodhilfe und verstosse damit gegen Artikel 115 des Strafgesetzbuchs, der Freitodhilfe nur dann zulässt, wenn sie uneigennützig geschieht. Mehrmals wurde versucht, Minelli wegen seiner für Aussenstehende nicht transparenten Vereins- und Kassenführung zur Rechenschaft zu ziehen, doch diese Versuche scheiterten, zuletzt 2018 am Bezirksgericht Uster. Damals ging es um die Fälle von drei deutschen Frauen, die vor ihrem Freitod die Organisation Dignitas mit namhaften Spenden bedacht hatten. Minelli wurde freigesprochen und erhielt eine hohe Prozessentschädigung. Später warf er der Staatsanwaltschaft vor, aus politischen Motiven gehandelt zu haben.

2005 wurde in Hannover auf Initiative von Deutschen mit Schweizer Unterstützung ein selbstständiger Verein Dignitas (Sektion Deutschland) e. V. gegründet.

In einem Interview von 2017 erklärte Minelli zur Kostensituation: «Die Arbeit von Dignitas – Beratung, Büro und Begleitung – wird mittlerweile von 23 Teilzeitbeschäftigten geleistet. Also braucht es Einnahmen. Freitodbegleitungen sind im Übrigen kein Geschäft. Die gesamten Aufwendungen von Dignitas im Jahre 2016, geteilt durch die im selben Jahr erfolgten 201 Freitodbegleitungen, ergeben einen Kosten-Durchschnitt von gegen 15 000 Franken pro Fall. Dignitas berechnet den Mitgliedern höchstens 10 500 Franken, der Rest wird aus allgemeinen Mitgliederbeiträgen gedeckt.» (*Der Landbote*, 9. Mai 2017)

Die Zeitschrift *Beobachter* rechnete Minelli anhand öffentlich zugänglicher Steuerdaten eine starke Vermögensvermehrung vor. Er erklärte diese damit, dass er geerbt habe.

Andreas Blum, der ab 2001 bei Exit im Vorstand mitwirkte und die Öffentlichkeitsarbeit verantwortete, beschrieb das damalige Verhältnis zwischen den beiden Organisationen wie folgt:

«Minelli hat seine Verdienste, keine Frage. Über das Ganze gesehen fällt meine Beurteilung aber sehr kritisch aus. Dignitas ist eine One-Man-Show: Dignitas ist Minelli, Minelli ist Dignitas. Die Organisation ist vor allem in finanziellen Dingen völlig intransparent. Die Mitglieder haben rein gar nichts zu sagen, eine demokratische Kontrolle existiert nicht, kurz: Dignitas ist eine Blackbox, eine ‹Gesellschaft mit beschränkter Haftung› in Sachen Sterbehilfe. Durch seine Militanz schadet Minelli der Sache, für die zu kämpfen er vorgibt, massiv.» (*Tages-Anzeiger*, 15. November 2007)

Inzwischen haben sich die Animositäten auf beiden Seiten gelegt; selbst während der Kampfphase blieb Minelli mit mehreren leitenden Mitarbeitenden von Exit stets im Gespräch. Offenkundig arbeiten beide Organisationen nach vergleichbaren liberalen und laizistischen Grundsätzen; eigentlich vertreten sie nur in der Frage der Zulassung ausländischer Sterbewilliger verschiedene Auffassungen. Aus dem Gegeneinander ist in der Praxis längst ein friedliches Nebeneinander geworden. Es gibt für beide Organisationen genug zu tun.

Weitere Organisationen im Umfeld

Schon drei Monate vor der Deutschschweizer Exit war 1982 eine analoge Organisation für die Westschweiz gegründet worden, die heute als Exit Suisse Romande, Association pour le Droit de Mourir dans la Dignité (Exit A.D.M.D.) auftritt. 2018 verzeichnete sie 28 762 Mitglieder; seit Jahren wächst Exit Suisse Romande um annähernd 10 Prozent pro Jahr.

Seit 2014 ermöglicht auch die Stiftung Eternal Spirit den begleiteten Freitod. Sie wurde gegründet von der Ärztin Erika Preisig, die auch den Verein Lifecircle präsidiert und nach den vom Publizisten Matthias Ackeret veröffentlichten Informationen bis 2019 rund 600 Menschen in den Tod begleitet hat. Daneben gibt es unter anderem die Organisation Ex International, gegründet vom Exit-Pionier Rolf Sigg sowie die Pegasos Swiss Association.

Die Stiftung ERAS (Echtes Recht auf Leben und Selbstbestimmung), die selbst keine Sterbehilfe leistet, aber die Idee der Selbstbestimmung für Urteilsfähige bis zur letzten Stunde vertritt, trat 2015 mit der Forderung hervor, dass auch gesunden Menschen ein Recht auf das Sterbemittel Natrium-Pentobarbital zustehe. Das Bundesgericht wies dieses Begehren zurück.

Sterbehilfe in der Schweiz ausser Kontrolle?

Der sonst auf dem Gebiet der Medien, der Werbung und des Marketings tätige Verleger, Publizist und jahrelange Moderator des Blocher-Internetfernsehens, Matthias Ackeret, half 2017 der Zürcherin Margrit Schäppi, einen Verlag für ihre Lebensgeschichte zu finden. Als im folgenden Jahr das Buch *Die Glückssucherin* erschien, war die Autorin schon tot, gestorben mit der Assistenz von Exit. Dies veranlasste Ackeret zu einer fundamentalen Kritik an der liberalen Schweizer Sterbehilfepolitik, die er als «schon längst aus dem Ruder gelaufen» bezeichnete. Die Kritik erschien als Nachwort zum Buch.

Ackeret forderte unter anderem eine strengere Untersuchung der assistierten Suizidfälle sowie des Geldflusses bei den Sterbehilfeorganisationen; insbesondere sollte diesen verboten werden, Legate entgegenzunehmen.

Jürg Wiler, Vizepräsident und Kommunikationsleiter von Exit, erwiderte kühl:

«Der jährliche Mitgliederbeitrag bei Exit beträgt 45 Franken, 1100 Franken kostet der Beitrag auf Lebenszeit. Und nach einer dreijährigen Mitgliedschaftsdauer sind sämtliche in Anspruch genommenen Dienstleistungen für die Mitglieder kostenlos. Exit hat die Kosten für eine Freitodbegleitung zu bezahlen, doch werden sie von den allgemeinen Vereinsmitteln getragen. Als Non-Profit-Organisation hat sie die Freitodbegleitung seit Anbeginn nach dem Solidaritäts- und Versicherungsprinzip angelegt. Die Kosten werden also nicht von den wenigen Mitgliedern voll getragen, welche die Hilfe in Anspruch nehmen müssen, sondern von den vielen, die sie nie in Anspruch nehmen. So viel zum lukrativen ‹Businessmodell›.»

Bereits 2009 hat der Zürcher Regierungsrat im Rahmen einer parlamentarischen Anfrage festgehalten, dass Kosten für eine Freitodbegleitung in Höhe von gegen 10 000 Franken nicht zu einer Bereicherung führen würden. Die Schweizer Justizministerin Simonetta Sommaruga hat öffentlich erklärt, dass die fachliche Hilfe bei der Freitodbegleitung ihren Preis habe. Und dass all jene, die diese erbringen, also etwa Ärzte und Pflegende, dafür auch bezahlt werden müssen. «Damit soll auch das fachliche Know-how gewährleistet werden», sagte sie.

Von 2010 bis Mitte 2021 ist die Mitgliederzahl von Exit von 52 000 auf über 142 000 Personen gestiegen. Als Gründe nennt Jürg Wiler:

«Seriosität, Kompetenz, Sachlichkeit und das klare Bekenntnis zu unseren Gesetzen und der Rechtsprechung zeichnen die Arbeitsweise aller für den Verein tätigen Personen aus. Jährlich kommt es in der Schweiz zu rund 66 000 Todesfällen. Davon betreffen rund 1,5 Prozent Freitodbegleitungen; sie bleiben damit insgesamt relativ selten. Gleichzeitig ist die Zahl der gewaltsamen Suizide – sie sind für alle Beteiligten schrecklich – trotz Bevölkerungswachstum in unserem Land faktisch rückläufig. Die Suizidrate hat sich seit 1980 mehr als halbiert. Auch dazu tragen die Sterbehilfeorganisationen bei.» (*swiss info.ch*, 4. Januar 2019)

© Felix Aeberli

Roger Kusch: Sterbehilfe aus dem Schweizer Exil

Wer im entscheidenden Augenblick dem eigenen inneren Kompass folgt, wird mit einer Biografie belohnt, die wohlwollende Beobachter später einmal als «bewegt» bezeichnen werden. Roger Kusch (geb. 1954) hätte es einfacher haben können. Er leistete Wehrdienst, machte seine in Deutschland üblichen zwei juristischen Staatsexamen und den Doktor mit einer Dissertation zum Thema «Der Vollrausch».

Dann hätte es eigentlich ganz nüchtern auf der Karriereleiter für Nachwuchspolitiker mit Rückhalt im öffentlichen Dienst aufwärtsgehen können. Roger Kusch wechselte zwischen Ministerium und Gericht und wurde Oberstaatsanwalt, worauf er als aktives CDU-Mitglied Justizsenator im Bundesland Hamburg wurde (2001–2008). Als der Innensenator Ronald Schill den Ersten Bürgermeister Ole von Beust angriff und behauptete, von Beust habe Kusch aus privaten Gründen begünstigt, redete Kusch Klartext und äusserte sich öffentlich zu seiner Homosexualität. In den vorgezogenen Neuwahlen wurde Kusch wieder zum Justizsenator gewählt; offenkundig gefiel manchen Wählern sein harter Kurs in Sachen Strafrecht und Strafvollzug. 2008 wurde Kusch jedoch von Bürgermeister von Beust entlassen. Er trat aus der CDU aus, die ihm zu links war, und gründete eine neue, konservative Partei namens HeimatHamburg.

Ab 2008 wandte sich Kusch dem Sterbehilfethema zu: mit einem eigenen Verein, der einen Injektionsautomaten zur Selbsttötung vorstellte. Der Versuch, eine hamburgische Volksinitiative zu starten, scheiterte kläglich. Der Verein und Kusch persönlich gerieten unter starken Druck der Justiz. 2015 trat der neue Paragraf 217 des deutschen Strafgesetzbuchs in Kraft, der die «geschäftsmässige Förderung der Selbsttötung» unter Strafe stellte. Dementsprechend stellte Kuschs Verein seine Tätigkeit in Deutschland ein. Bereits während des Gesetzgebungsverfahrens in Deutschland gründete der streitbare Einzelgänger in der Schweiz den Verein Sterbehilfe Deutschland und sicherte so den Verein, sich selbst und die Mitglieder gegen durchaus zu befürchtende Eingriffe deutscher Behörden: Ein Verwandter der sterbewilligen deutschen Person holt das tödliche Mittel, das legal beschafft wird, in der Schweiz ab und bringt es zum Patienten nach Deutschland. Da der deutsche Paragraf 217 StGB Verwandte von Sterbewilligen privilegierte, machten sich diese dadurch nicht strafbar.

Mit dem 26. Februar 2020 änderte sich alles. Das Bundesverfassungsgericht kippte den gesamten Artikel 217 und erklärte das selbstbestimmte Sterben zum Persönlichkeitsrecht. Kusch arbeitet dennoch weiterhin von Zürich aus, weil: «Wenn es in Zürich an der Wohnungstür klingelt, gehen wir davon aus, es sei der Postbote. In Deutschland haben wir früher erst mal nachgeschaut, ob ein Polizeiauto vor der Tür steht.»

21
Warum sich der Staat besser nicht einmischt

Liberalität als Grundsatz, aber ein Bündel
nachdenklicher Fragen

Die Polizei hatte ein umfangreiches Sicherheitskonzept entworfen.
Rund um das Swissôtel im Zürcher Stadtteil Oerlikon waren Polizisten in Zivil in neutralen Autos aufgefahren. Der Kongress der Suizidhilfeorganisationen, der vom 13. bis zum 15. Juni 2012 in diesem
Business-Treffpunkt zwischen Flughafen und City stattfand, elektri-
sierte noch immer die Menschen. Und er stellte, im Rückblick gesehen, entscheidende politische Weichen für das Thema in der Schweiz.

In Zürich trafen sich über 100 Delegierte der World Federation of
Right to Die, der Dachorganisation von 55 Sterbehilfeorganisationen
aus aller Welt. Gastgeberin war die Schweizer Organisation Exit, die
in diesem Jahr ihr 30-jähriges Bestehen feierte und nicht ohne Stolz
auf ihre damals rund 63 000 Mitglieder hinwies, «etwa die Grösse
einer mittleren national verbreiteten Partei», wie Präsidentin Saskia
Frei in ihrem Begrüssungswort bemerkte. Sie wies auch darauf hin,
dass die Schweiz bezüglich Sterbehilfe eine der liberalsten Gesetzge-
bungen der Welt habe.

In der direkten Demokratie Schweiz, wo eine verhältnismässig
geringe Zahl von Bürgerinnen und Bürgern mit den verfassungsmäs-
sigen Rechten auf Initiative oder Referendum eine Volksabstimmung
zu einer Sachfrage verlangen kann, war es relativ einfach, festzustellen, was auch Umfragen immer wieder gezeigt hatten: dass nämlich das Recht auf Selbstbestimmung am Lebensende in der Schweiz

solide mehrheitsfähig ist. Dies war soeben (2011) im Kanton Zürich erneut bewiesen worden. Zwei Initiativen aus freikirchlichen Kreisen, die ein Verbot der Suizidhilfe anstrebten, wurden mit den stärksten Nein-Mehrheiten verworfen, die es in der politischen Geschichte des Kantons Zürich je gegeben hatte.

Die Angst vor sozialem Druck auf Alte und Kranke

Am Zürcher Kongress wurde der polizeiliche Beistand nicht gebraucht. Auf dem Marktplatz hatten die Gegner einen Stand aufgebaut, ohne aber den Kongress zu stören. In einem benachbarten Gebäude hielten sie eine öffentliche Veranstaltung ab, die von etwa einem Dutzend Interessierten besucht wurde. Die Euthanasia Prevention Coalition und der Bundesverband Lebensrecht aus Deutschland verbreiteten Communiqués, in denen der Vorwurf geäussert wurde, Sterbehilfe werde als Druckmittel auf Alte und Kranke eingesetzt; sie sollten aus dem Leben scheiden, statt der Gesellschaft zur Last zu fallen.

Ein zentrales Thema des Kongresses war, ob der Staat eine Aufsicht über die Sterbehilforganisationen ausüben und, wenn ja, wie weit diese gehen solle. Am öffentlichen Kongresstag, der von 400 Menschen besucht wurde, lehnte der liberale Arzt und Politiker Felix Gutzwiller eine Einmischung des Staats ab. Die Selbstregulierung in der Schweiz funktioniere gut. Dies bestätigte auch der in Fragen der Sterbehilfe langjährig erfahrene Zürcher Oberstaatsanwalt Andreas Brunner, der freilich ein Rahmengesetz mit Qualitätsstandards vorgezogen hätte. Angesichts der wachsenden Zahl suizidwilliger alter Menschen mit nicht tödlichen Krankheiten brauche es Leitplanken, sagte er. Diese sollen verhindern, dass Druck auf schwer kranke alte Menschen entsteht, die in der letzten Lebensphase hohe Gesundheitskosten verursachen. Die Gefahr, dass solcher Druck entstehe, hielt Brunner, anders als viele Exit-Mitglieder, nicht für unbegründet. Vor allem sei dafür zu sorgen, dass der Sterbewunsch tatsächlich wohlerwogen sei. «Mir ist ausserdem wichtig, dass der assistierte Suizid nicht zur Normalität wird», präzisierte Brunner am Rand des Kongresses.

Nichtstun als klügste Variante staatlichen Handelns

Der Höhepunkt des letzten Kongresstags war die Rede von Bundesrätin Simonetta Sommaruga, der damaligen Schweizer Justizministerin. Sie schilderte die während Jahren andauernde, von Ratlosigkeit gekennzeichnete politische Debatte um das fühlbar unangenehme und unwillkommene Thema: «Im Parlament wurden Vorstösse eingereicht mit widersprüchlichen und unvereinbaren Forderungen. Der Bundesrat schrieb Berichte, machte Gesetzesentwürfe, schickte diese in die Vernehmlassung und suchte immer wieder nach einem Entscheid, der auf eine gewisse Akzeptanz stossen würde.»

Verschiedene Ideen wurden präsentiert, um die Sterbehilfe staatlich zu kontrollieren: amtliche Überprüfung der Suizidhilfeorganisationen; Offenlegungspflichten über deren Finanzen; Pflichtberatungen für Suizidwillige oder Ausbildungsvorschriften für Suizidhelfer. Sommaruga fasste zusammen: «Der Bundesrat hat alles geprüft und kam zum Schluss, dass die heutigen gesetzlichen Bestimmungen genügen, um Missbräuche zu verhindern.»

Ein Bündel nachdenklicher Fragen

Simonetta Sommaruga wollte das Thema aber nicht nur aus der strafrechtlichen Sicht betrachten, sondern in seinem viel weiteren Zusammenhang. «Die Tatsache, dass die Suizidhilfeorganisationen in der Schweiz in letzter Zeit einen massiven Mitgliederzuwachs hatten, spricht einerseits für die betreffenden Organisationen: Sie geniessen offenbar Vertrauen. Die steilen Zuwachsraten sollten uns aber auch zu denken geben.»

Sie wies darauf hin, dass die Palliativmedizin – eine wichtige Handlungsvariante für Menschen in der letzten Lebensphase und eine Alternative zur Sterbehilfe – zu wenig verbreitet ist. «Während wir enorme Summen in die technologische medizinische Entwicklung investieren, fehlen nach wie vor die flächendeckenden Versorgungsangebote für die Palliativmedizin. Auch in der Ausbildung, was Lehrstühle und Fachärzte anbelangt, liegt die Schweiz hinter vielen anderen Ländern zurück.» Sodann wies die Bundesrätin auf die Bedeutung der Patientenverfügung hin. Sie entliess ihre Zuhörer nicht mit Thesen, sondern mit einem Bündel von wesentlichen Fragen zum Nachdenken:

- Hat das offensichtlich weitverbreitete Bedürfnis, den eigenen Todeszeitpunkt selber zu bestimmen, nicht auch etwas mit einer Gesellschaft zu tun, die nichts mehr dem Zufall überlassen will? Auch der Geburtszeitpunkt ist heute ja in gewissen Fällen ein fix geplanter Agendaeintrag.
- Ist das starke Bedürfnis nach Kontrolle nicht auch Ausdruck davon, dass man in unserer Gesellschaft immer weniger fähig ist (oder: nicht mehr lernt), gewisse Veränderungen einfach geschehen zu lassen?
- Kann es gar sein, dass der Zeitgeist einen Druck ausübt auf uns alle: Wer nicht in jeder Situation in der Lage ist, autonom zu entscheiden, hat sein Leben nicht im Griff?
- Ist der starke Zulauf zu den Suizidhilfeorganisationen nicht gar Ausdruck davon, dass wir auch den Tod im Griff haben wollen?

Und noch zwei unbequeme Fragen:

- Ist der Preis, den wir für den grossen medizinischen Fortschritt bezahlen, jener, dass die Medizin am Schluss des Lebens nicht mehr fähig ist, uns in Würde gehen zu lassen?
- Was für ein Gesundheitswesen wollen wir eigentlich: eines, das bis ganz am Schluss den Tod bekämpft, oder eines, das den Menschen mit all seinen Bedürfnissen ins Zentrum setzt – auch mit seinen Bedürfnissen nach Geborgenheit, nach Aufmerksamkeit, Zuwendung und nach Liebe?

Weil sie alle angehen, könne man diese Fragen nicht den Suizidhilfeorganisationen überlassen; das würde sie auch überfordern – so gewissenhaft sie auch sein mögen. Es müsse hingegen die Aufgabe des Staats sein, dafür zu sorgen, dass seine Bürgerinnen und Bürger in Würde sterben dürfen.

Sommarugas Rede wurde stark beachtet; ihr Auftritt vor dem Weltkongress der Suizidhilfeorganisationen wurde in der Öffentlichkeit auch als Vertrauensbeweis für diese aufgefasst. Und am Ende ihres Vortrags, den das Auditorium zuerst mit gespannter Stille und dann mit heftigem Beifall entgegennahm, prägte sie einen Satz, den man – selten bei Politikerworten! – in Stein hätte meisseln können:

«Vergessen wir nie: Niemand darf meinen, definieren zu können, was die Würde am Ende des Lebens bedeutet – es sei denn, für sich selbst.»

Simonetta Sommaruga: die umsichtige Pfadfinderin

Als sie wieder einmal das heikle und unerledigte Dossier zur Hand nahm, tat Simonetta Sommaruga etwas, was Politikerinnen und Politiker selten tun. Sie verliess ihr Büro, um das Problem an den Graswurzeln zu studieren, in einer Palliativabteilung in der Westschweiz. Die Ministerin sprach mit den Betroffenen: ohne Kameras, ohne Mittelsleute, ohne Öffentlichkeit. Am längsten dauerte das Gespräch mit einem Mann, der an einer unheilbaren Krankheit litt.

«Dieser Patient sagte vieles, das mir seither nicht mehr aus dem Kopf geht. Zum Beispiel: ‹Ich habe keine Hoffnung mehr, aber ich geniesse die guten Stunden.›»

Vor Sommarugas Wahl in die oberste Landesbehörde (2010) hatte es die Selbstbestimmungsidee am Lebensende nicht leicht im Bundesrat. Das Dossier lag bei Eveline Widmer-Schlumpf, einer heftigen Gegnerin der Sterbehilfeorganisationen. Der katholische Freisinnige Pascal Couchepin aus dem Wallis, meinungsstark und jeder Einmischung in andere Ressorts zugeneigt, unterstützte sie. Nicht ohne polemische Untertöne war immer wieder die Rede von der Bekämpfung des «Sterbetourismus», womit die auch Ausländern zugänglichen Dienste der Organisation Dignitas gemeint waren.

Es sah nicht gut aus für freiheitliche Lösungen. Es zeichnete sich eine bundeshausinterne Gruppierung katholischer Chefbeamten ab, die ihrer Auffassung Nachachtung verschaffen wollten. Schon lief eine grosse Vernehmlassung. Ein gesetzliches Verbot, mindestens aber strenge Auflagen für die Sterbehilfeorganisationen waren absehbar. Die Ideologen machten sich kampfbereit.

Simonetta Sommaruga verhielt sich klug und zurückhaltend. Sie liess das heisse Dossier erst einmal ein Jahr lang abkühlen, dann gab sie behutsam, aber hartnäckig Gegensteuer gegen die in Wissenschaft und Verwaltung weitverbreiteten Regulierungstendenzen. Die beiden Exit-Organisationen und die anderen Selbstbestimmungsvereinigungen betrieben in dieser Zeit ein intensives politisches Lobbying und waren damit erfolgreich. Entgegen häufiger Behauptungen wurde schnell klar, dass es die oft als Gefahr heraufbeschworenen Missbräuche nicht gab und dass trotz des Wirkens der für die Selbstbestimmung eintretenden Organisationen die Zahl der Suizide in der Schweiz über die letzten zehn Jahre deutlich gesunken war. Dies nicht zuletzt wohl auch als Folge der fortgeschrittenen Palliativmedizin.

Das Gesetzesprojekt wurde schliesslich sechs Wochen nach der erstaunlichen Zürcher Doppel-Volksabstimmung vom 15. Mai 2011 lautlos entsorgt. Seither gilt in der Schweizer Politik der Grundsatz der aufmerksamen Nichteinmischung des Staats.

22
Der Erfolg beruhigte die Szene

Forschungsprojekt mit ideologischer Schlagseite
und ein grosses Wort vom Gericht: Selbstbestimmung
kommt vor Glaubensfreiheit

Von 2012 bis 2015 stieg die Zahl der Exit-Mitglieder in der Schweiz von 65 156 auf 95 621, das heisst um 46 Prozent. In der selben Zeit steigerte auch Dignitas ihre Mitgliederzahl um 10 Prozent auf 7291, verteilt auf 91 Länder der Erde. Dignitas hat heute sogar sechs Mitglieder, die in China wohnen.

Mit dem starken Wachstum gingen die organisatorische Konsolidierung und eine auffallende Beruhigung der Szene einher. Die Sterbehilfeorganisationen lieferten kaum mehr Stoff für knackige Boulevardgeschichten und Konflikte. Sie waren organisatorisch auf solidem Boden angekommen, erfüllten ihre Aufgaben zuverlässig und wurden nun definitiv als Teile des schweizerischen Gesundheitssystems anerkannt. Ein bedeutender Teil der praktizierenden Schulmediziner hatte – auch unter dem Einfluss der unangefochtenen Palliativpflege – gelernt, die emotionalen und spirituellen Bedürfnisse ihrer todkranken Patientinnen und Patienten in den Behandlungsplan einzubeziehen und ihnen damit den Abschied, auf welchem Weg auch immer, erträglicher zu machen.

Exit nutzte den Schwung der grossen Publizität um den Zürcher Kongress und die Rede von Bundesrätin Sommaruga für die Mitgliederwerbung und mietete 2013 zum ersten Mal einen Stand an der Muba in Basel, der damals grössten Publikumsmesse der Schweiz. Im Sektor «Lebensbalance» wurde hier vor allem über die den neuen gesetzlichen Bestimmungen angepasste Patientenverfügung informiert. Die Kirchen kritisierten diesen Auftritt heftig. Lukas Kundert, Kirchenratspräsident der Evangelisch-reformierten Kirche Basel-Stadt, erklärte gegenüber der Presse, man betrachte mit Sorge, «dass Exit dazu beitrage, die Sterbenden unter Druck zu setzen, ihrem Leben ein vorzeitiges Ende zu bereiten». Belege für diesen schweren Vorwurf wurden nicht geliefert. Auch die katholische Spitalseelsorgerin Lucia Hauser äusserte ihre Bedenken: «Niemand sollte seinem Leben gewaltsam ein Ende setzen müssen, weil das Umfeld versagt.» Die Gesellschaft stehe in der Pflicht, Sterbende so zu unterstützen, dass ein Suizid überflüssig werde.

Das Publikum urteilte weniger verkrampft und belagerte den Stand, an dem auf unkomplizierte Weise Informationen aus erster Hand angeboten wurden, Reporter aus halb Europa berichteten über den Vorgang. Der Andrang war besonders gross, weil seit dem 1. Januar 2013 zwei für die Selbstbestimmung des Patienten wichtige Neuerungen im Schweizerischen Zivilgesetzbuch (ZGB) verankert waren: erstens der Vorsorgeauftrag für die Regelung sämtlicher Lebensbereiche, und zweitens die Patientenverfügung speziell für die medizinische Behandlung. Die von Exit 2011 durchgeführten öffentlichen Anlässe in Basel, Bern und Zürich wurden von insgesamt 1700 Personen besucht. 2018/19 folgten weitere Anlässe in Basel, Bern, Zürich, Luzern, St. Gallen und Lugano. Präsidentin Saskia Frei leitete in dieser Phase der hohen Akzeptanz und der politischen Ruhe eine Konsolidierung der Organisation ein, verbunden mit dem Ausbau der langfristigen Beratungskompetenz zum Thema Demenz.

Forschungsprojekt mit ideologischer Schlagseite

Auch in der Phase der vermeintlichen Beruhigung hörten die Nadelstiche gegen die Suizidhilfeorganisationen nicht auf. Der Schweizerische Nationalfonds zur Förderung der wissenschaftlichen Forschung führte von 2012 bis 2018 das Forschungsprojekt «Lebensende» durch, bestehend aus 33 Einzelprojekten; im Auftrag des Bundesrats wurden dafür 15 Millionen Franken Steuergelder ausgegeben. Im Frühjahr 2013, als die Stossrichtung des Projekts und dessen personelle Leitung klar waren, setzten sich zum ersten Mal in der Geschichte sämtliche Schweizer Selbstbestimmungsorganisationen gemeinsam öffentlich gegen die ihrer Ansicht nach tendenziöse Forschungspolitik zur Wehr. Besonders hart kritisiert wurde, dass die Leitung des Projekts dem aus Deutschland stammenden katholischen Moraltheologen und Suizidhilfegegner Markus Zimmermann übertragen worden war. «Das selbstbestimmte Sterben, das weniger als ein Prozent der Sterbefälle ausmacht, wird mit bis zu 40 Prozent der Projekte überproportional untersucht», reklamierte Exit an der gemeinsamen Pressekonferenz der Organisationen. Von einem Missbrauch des Nationalfonds durch eine weltanschauliche Minderheit war die Rede, ein Vorwurf, den dieser wie auch der Bundesrat zurückwiesen.

Am Ende des Forschungsprogramms NFP 67 stellte sich heraus, dass die leitenden Organe die ursprüngliche Schlagseite des Projekts stillschweigend behoben hatten. Schon bevor eine der vielen Untersuchungen – 200 Forschende, 33 Teilprojekte – überhaupt begonnen hatte, verrieten die Zielformulierungen, welche Ergebnisse erwartet wurden: «Diskussion über eine angemessene strafrechtliche Regelung der Suizidhilfe», «Regulierung, welche Form des Sterbens zu erlauben sei». Als die Sterbehilfeorganisationen Transparenz über die Forschungsvorgänge forderten, wehrte sich der Nationalfonds bis vor Bundesgericht zuerst erfolgreich. Fünf Jahre später stellte der Sprecher von Exit fest: «Das Programm hat bei der Wertung der Suizidhilfe erkannt, dass es sich hierbei um ein Randphänomen handelt und auch in diesem Bereich die Patientenselbstbestimmung zu schützen und zu stützen ist.» Spannend ist, dass die Forscher nicht weniger als 3666 Dossiers von Freitodbegleitungen untersuchten und nur in Einzelfällen Unklarheiten fanden. In zentralen Dossiers stimmten die Sterbehelfer mit den Forschenden völlig überein: Förderung und Ausbau der Palliativpflege, Verbesserung der Patientenverfügung, volle Selbstbestimmung für die Patientinnen und Patienten am Lebensende sowie mehr Aus- und Weiterbildung für Ärzte im Bereich Suizidhilfe. Vor Kurzem hat der kleine Verein ERAS gegen den Schweizer Nationalfonds sein Begehren um Akteneinsicht mithilfe des Bundesgerichts und des Bundesverwaltungsgerichts weitgehend durchsetzen können, womit deren frühere Urteile anlässlich der Auskunftsbegehren von Dignitas obsolet geworden sind.

Die relative Ruhe an der Aussenfront ermöglichte Exit, dringliche organisatorische Arbeiten nachzuholen und neue Fragen vertieft zu bearbeiten. Am 1. Oktober 2013 wurde in Binningen, an der Stadtgrenze zu Basel, das Baugesuch für eine Geschäftsstelle für die Nordwestschweiz eingereicht. Sofort meldeten sich auch hier 20 Einsprecher, die in der Einrichtung eines Sterbezimmers eine «Teilumnutzung» der Zentrumszone mit Wohnanteil erblickten. Nach einer Orientierungsversammlung zogen deren 15 die Einsprache zurück. Fünf Nachbarn wünschten in der Nachbarschaft ihrer Geschäfte definitiv keine Konfrontation mit dem Sterben. Nach einem Jahr wies das Bauinspektorat des Kantons Basel-Landschaft sämtliche Einsprachen ab. Die Räume dieser Exit-Zweigstelle dürfen seither höchstens acht Mal im Jahr für Freitodbegleitungen benützt werden, für Patienten, die für ihren letzten Gang aus öffentlichen Spitälern verwiesen werden, weil diese keine Sterbehelfer im Haus dulden. Exit willigte ein, die Freitodbegleitungen mit Rücksicht auf die Geschäfte erst nach Ladenschluss durchzuführen.

Die Erfahrung lehrte, dass Exit sich nicht nur mit örtlichen Baubehörden herumschlagen, sondern auch im Verkehr mit Bundesstellen wachsam bleiben musste. Zum wiederholten Mal wurden die Selbstbestimmungsorganisationen auf eidgenössischer Ebene von der Mitwirkung bei den häufig vorentscheidenden Vernehmlassungsverfahren ausgeschlossen. Dies geschah auch, als personelle Vorschläge für die Wahlen in die Nationale Ethikkommission (NEK) eingereicht werden konnten. Einmal mehr wurden Exit und andere Organisationen übergangen, während es an Kandidaturen von Kritikern und erklärten Feinden der Selbstbestimmung nicht mangelte. Hinterher entschuldigte sich Bundesrätin Widmer-Schlumpf bei Exit für das «Versehen».

Auch bei anderer Gelegenheit zeigten sich die Gegner erfinderisch. Kaum waren die Bestrebungen zur schärferen Regulierung von Bundesrätin Evelyne Widmer-Schlumpf gescheitert (2011), trat die SVP-Nationalrätin Sylvia Flückiger-Bäni aus dem Aargau im Sommer 2012 mit einem Vorstoss hervor, der die Behörden- und Bestattungskosten von Freitodbegleitungen der begleitenden Selbstbestimmungsorganisation auferlegen wollte und damit indirekt den Familien der Sterbewilligen.

Obwohl in den zurückliegenden 40 Jahren alle Volksabstimmungen in den Kantonen, aber auch alle Umfragen grosse Mehrheiten für die Autonomie am Lebensende ergeben hatten, rückten Politiker der konfessionell gebundenen Parteien von der Taktik der ständigen Nadelstiche nicht ab. In den Kantonsparlamenten von Aargau und Basel-Landschaft reichten Abgeordnete der Evangelischen Volkspartei (EVP) Vorstösse gegen nicht näher bezeichnete «Missbräuche» bei der Sterbehilfe ein. Das Vorgehen der EVP im Jahr 2013 erweckte zeitweise den Eindruck einer gezielten Kampagne. Im Kanton Zürich forderten zwei CVP-Kantonsräte ein kantonales Aufsichtsgesetz über «Freitodbegleitungsvereine». Die Luzerner CVP-Nationalrätin Ida Glanzmann verlangte die Kontrolle der Kassen der Begleitungsorganisationen. Im Kanton Zürich versuchten zwei Kantonsräte aus der CVP und der SVP, der Sterbehilfeorganisation Dignitas die Kosten der Polizei- und Justizeinsätze im Zusammenhang mit den assistierten Suiziden von zugereisten Ausländerinnen und Ausländern aufzuerlegen. Das Zürcher Kantonsparlament lehnte mit dem Argument der Rechtsgleichheit diese «Zweiklassen-Sterbehilfe» (so die Bezeichnung durch einen Kantonsrat der SP) mit 91 gegen 73 Stimmen ab.

In den Kantonen Aargau und Wallis wurde gegen die Sterbehilfe in staatlichen Alters- und Pflegeheimen agitiert. Überall wurden Gegnerinnen und Gegner der Selbstbestimmung in Forschungsprogramme und Standesorganisationen eingeschleust, rezeptierende Ärzte unter Druck gesetzt, und die Öffentlichkeitsarbeit begnügte sich nicht mit diskriminierenden Zeitungsartikeln. Auch Strafanzeigen wurden immer wieder erhoben, von denen manche rechtsmissbräuchlich aussahen. Am Ende wurden auch an sich aufgeschlossene Politiker wie der zur Grünen Partei gehörende Zürcher Justizdirektor Martin Graf weich. 2012 schlug er ein kantonales «Aufsichtsgesetz» für Sterbehilfeorganisationen vor, das die Hürden für die Sterbehilfe bei vielen Betroffenen erhöht hätte. Drei Jahre später wurde Graf aus der Kantonsregierung abgewählt.

Exit-Fernsehspots erneut abgelehnt

Noch im Herbst 2017 wiederholte das Schweizer Fernsehen eine schon 1996 ausgeübte Schikane, indem es den Auftrag für die Ausstrahlung von Fernsehspots der Organisation Exit abwies. Noch wenige Jahre zuvor (2010) hatten der Schauspieler Walter Andreas Müller, die Modeschöpferin Christa de Carouge, die Radiojournalistin Elisabeth Schnell und der Fitnessunternehmer Werner Kieser ungehindert für Exit werben dürfen. Nun aber wollten die Publizistin Esther Girsberger, die Ständerätin Anita Fetz, der Maler Rolf Knie, der Filmregisseur Rolf Lyssy und der Komiker Peach Weber in ungefilterten Selbstzeugnissen (Testimonials) erklären, warum sie Sterbehilfe für sinnvoll hielten. Das Schweizer Fernsehen lehnte die Spots ab mit der Begründung, dass «die Freitodbegleitung als Dienstleistung nicht nur politisch, sondern auch gesellschaftlich stark umstritten» sei. Ein nicht unerheblicher Teil des Publikums würde wohl durch die Ausstrahlung in seinen Gefühlen verletzt.

Argumente dafür, dass sich die Einstellung der grossen Mehrheit der Schweizerinnen und Schweizer innert wenigen Jahren so grundlegend geändert hätte, dass das Publikum vor untunlichen Meinungen sozusagen mit Brachialgewalt hätte geschützt werden müssen, hat die SRG nicht vorgebracht, weil es sie nicht gab. Offenkundig fürchtete sich aber das zu 80 Prozent aus Zwangsgebühren finanzierte staatsnahe Mediengrossunternehmen im Vorfeld der No-Billag-Initiative über die Abschaffung der Zwangsgebühren für Radio und Fernsehen vor negativer Publizität. Es freuten sich die privaten Sender, die die Aufträge von Exit diskussionslos akzeptierten. Auch ohne SRF hatten die Spots guten Erfolg.

Auch Ärztinnen und Ärzte für die Selbstbestimmung

Längst hatte sich auch die grosse Mehrheit der Ärzteschaft der Meinung der grossen Mehrheit ihrer Patientinnen und Patienten angeschlossen, wie eine 2014 veröffentlichte Umfrage von Exit zeigte. Die Fachleute urteilten nicht wesentlich anders als die Gesamtbevölkerung. 78 Prozent bezeichneten Suizidhilfe als vertretbar. Eine Mehrheit der teilnehmenden Ärztinnen und Ärzte erklärte sich auch bereit,

Patienten hinsichtlich des selbstbestimmten Sterbens zu beraten. 44 Prozent konnten sich vorstellen, persönlich Suizidhilfe zu leisten. Eine Mehrheit hielt Suizidhilfe selbst bei Personen im nicht terminalen Stadium für vertretbar.

Gestützt auf die klaren Meinungen, die in allen Abstimmungen und Umfragen deutlich wurden, erhob Exit verschiedentlich immer wieder Protest. Unter anderem rügte der damalige Kommunikationsverantwortliche Bernhard Sutter, ab 2015 Geschäftsführer von Exit, «die Tatsache, dass einzelne Theologen, Universitätslehrer, Wissenschaftler, Heimvertreter – auffallend oft ursprünglich aus Deutschland stammend – sich dafür einsetzen, die Patientenselbstbestimmung in der Schweiz zu beschneiden. In den letzten Jahren haben sie sich in einflussreiche Positionen gebracht, sitzen in Kommissionen und Medizinerorganisationen und machen in Forschungsprogrammen mit. Dort schaffen sie – perfiderweise oft mit öffentlichen Geldern – die ‹wissenschaftlichen› Grundlagen, um ihre Forderung zu legitimieren, Suizidhilfe dürfe nur noch in den wenigen Tagen der terminalen Phase geleistet werden (was einer Reduktion um mindestens einem Drittel entsprechen würde). Renommierte Organisationen wie die Schweiz. Akademie der Medizinischen Wissenschaften (SAMW), der Nationalfonds (SNF) und sogar der Bundesrat haben sich solche Selbstbestimmungsgegner unterjubeln lassen.» (*Exit Info*, 4/2014)

Mit dem Inkrafttreten des neuen Erwachsenenschutzrechts Anfang 2013 wurde die Stellung des Patienten im Gesundheitsbetrieb verbessert. Zugleich rückte die Frage des Altersfreitods in den Vordergrund.

Ärztinnen und Ärzte waren mittlerweile zwar oft bereit, bei Vorliegen eines zum Tod führenden Leidens ein Sterbemedikament zu verschreiben. Bei nicht tödlichen Erkrankungen, die unerträgliche Beschwerden oder unzumutbare Behinderung mit sich bringen, konnte Exit meist durch Vermittlung von liberal denkenden Konsiliarärzten helfen.

Die heutige Exit-Präsidentin Marion Schafroth ergänzt: «Dem Bedürfnis einiger Menschen im hohen Alter, sich völlig unabhängig vom Gesundheitszustand nach einem gelebten Leben für das selbstbestimmte Sterben zu entscheiden, konnte Exit nicht nachkommen.

Denn es finden sich kaum Ärztinnen und Ärzte, die bereit wären, für Bilanzsuizide physisch vollständig gesunder Betagter ein Sterbemedikament zu verordnen. So kam es vor, dass betagte Sterbewillige bei nur ‹leichteren› Gesundheitseinschränkungen gar keinen Arzt fanden, der ihnen das Sterbemedikament verschrieb.»

Eine Gruppe hochbetagter Exit-Mitlieder empfand es als Zumutung, dass man bei einem gewünschten Bilanzsuizid im Alter bei einem weniger lebenserfahrenen Arzt als Bittsteller auftreten und sich sozusagen einer Gewissensprüfung unterziehen müsse. Sie argumentierten, dass der bundesgerichtliche Grundsatzentscheid (133 I 58) schon im Jahr 2006 klargestellt habe, dass die Rezeptierung auch für einen frei verantwortlichen Bilanzsuizid ohne körperliches Leiden mit der ärztlichen Sorgfaltspflicht vereinbar sei.

Über 90 Prozent der rund 8000 Exit-Mitglieder, die sich an einer internen Umfrage beteiligten, befürworteten ein weitergehendes Engagement für eine liberalere Regelung für ein selbstbestimmtes Sterben von betagten und hochbetagten Menschen. Die Generalversammlung von 2014 stimmte einer entsprechenden Erweiterung der Vereinsstatuten zu.

Behutsames Vorgehen beim begleiteten Altersfreitod

Unter dem Druck der Mitglieder und eher widerwillig beschäftigte sich der Exit-Vorstand mit der Frage des begleiteten Altersfreitods. «Das Thema beschäftigt Exit seit vielen Jahren», heisst es im Jahresbericht für 2016, «und mit Blick auf die gesellschaftliche Verantwortung von Exit hat der Vorstand beschlossen, behutsam in Etappen vorzugehen. Vorerst werden nun die konkreten Anfragen für Altersfreitod bei Exit wissenschaftlich erfasst und speziell betreut. Gestützt auf die daraus gewonnenen Erkenntnisse kann dann das weitere Vorgehen nachhaltig geplant werden. Parallel zur internen Datenerhebung wird die Schweizerische Ärzteschaft im Rahmen eines Informationsprogramms aktiv über legale Freitodhilfe orientiert, um die dort herrschenden Unsicherheiten zu beseitigen.»

Je älter die Gesellschaft – vor allem dank des medizinischen Fortschritts – wird, desto stärker ist der Problemdruck, was den Altersfreitod betrifft. Schon seit den frühen 1990er-Jahren betrug der Anteil an polymorbiden Patienten unter den Menschen, die mit Exit aus dem Leben schieden, ein Viertel. (Polymorbid ist, wer an verschiedenen, aber nicht tödlichen Krankheiten leidet.) In Verbindung mit dem Altersfreitod wird häufig auch der Bilanzsuizid genannt, mit dem ein in der Regel sehr alter Mensch aus freiem Willen und Lebenssattheit die Welt verlässt. Exit setzt sich für einen erleichterten Zugang der Betroffenen zum Sterbemittel ein; vorausgesetzt wird der «wohlerwogene, dauernde und autonome Sterbewunsch».

In einer Mitgliederinformation von Exit heisst es: «Der ‹Altersfreitod› stellt eine besondere Kategorie der Sterbebegleitung dar. Der Verein versteht unter einem Altersfreitod den assistierten Suizid eines betagten Menschen, der nicht an einer tödlichen Krankheit leidet, aber wegen der Summe seiner Beschwerden und Leiden seine Lebensqualität als beeinträchtigt empfindet.» (Exit Info 2/2019)

Hierbei umfasst der Begriff «Leiden» die Verminderung von körperlichen Funktionen, abnehmende Sinnesleistungen und Defizite in der Leistungsfähigkeit, ohne dass eine zum Tod führende Krankheit vorliegen muss. Zusätzlich finden psychosoziale Faktoren und das Wissen um zu erwartendes Leiden ihren berechtigten Platz bei der Beurteilung des Leidens im und am Alter.

Die besonderen Probleme bei Altersdemenz

Ein grosses Thema war zur selben Zeit die Frage der Altersdemenz. Gemäss einer von der Vereinigung Alzheimer Schweiz veröffentlichten Schätzung lebten im Jahr 2020 in der Schweiz rund 128 000 Menschen mit einer Form von Demenz. Die Zahl der Menschen, die jedes Jahr neu erkranken, wird auf der Basis europaweiter Studien für die Schweiz auf 31 000 Personen geschätzt. Mit anderen Worten: Alle 17 Minuten kommt ein neuer Erkrankungsfall hinzu. 73 Prozent der Erkrankten sind Frauen. Nur 6,5 Prozent aller Betroffenen waren unter 65 Jahre alt, als sie erkrankten.

In seinem wegweisenden Entscheid vom 3. November 2006 hat das Bundesgericht unter anderem festgehalten, dass die sterbewillige Person im Fall eines Freitods urteilsfähig sein und der Sterbewunsch auf einem selbstbestimmten, wohlerwogenen und dauerhaften Entscheid beruhen muss. Dazu Exit:

«Urteilsfähigkeit ist die wichtigste Voraussetzung für einen begleiteten selbstbestimmten Tod. Urteilsfähig ist, wer zur eigenständigen Willensentscheidung fähig und sich über die Folgen seines Handelns im Klaren ist. Die Urteilsfähigkeit muss von einem Arzt schriftlich bestätigt sein.

Eine weitere wichtige Bedingung ist die Tatherrschaft. Die sterbewillige Person muss zwingend in der Lage sein, die letzte Handlung – das Trinken des in Wasser aufgelösten Barbiturats oder das Öffnen des Infusionshahns – eigenhändig auszuführen. Kann sie dies nicht tun, so ist eine Begleitung nicht mehr möglich.

Die Voraussetzungen der Wohlerwogenheit und Konstanz stellen sicher, dass der Sterbewunsch gründlich durchdacht und nicht beispielsweise das Resultat einer momentanen depressiven Verstimmung oder aus einem Affekt heraus entstanden ist. Ebenso wesentlich ist die Autonomie, das heisst der Sterbewunsch ist frei von äusserem Druck zustande gekommen.

Immer mehr Menschen leiden an Demenzerkrankungen. Alzheimer zum Beispiel kann relativ früh diagnostiziert werden – zu einem Zeitpunkt, da die Urteilsfähigkeit als Voraussetzung einer Freitodbegleitung noch intakt ist. Im Lauf der Demenzerkrankung verliert der Betroffene seine Urteilsfähigkeit. Dann ist eine Freitodbegleitung nicht mehr möglich. Mit anderen Worten: Der von einer Demenzdiagnose betroffene Mensch muss sich zu einem Zeitpunkt für das Sterben entscheiden, in dem sein Leben oft noch eine gewisse Qualität aufweist. In einem späteren Stadium der Krankheit kann Exit nicht mehr helfen.

Den Mitgliedern mit einer Demenzdiagnose und Sterbewunsch wird geraten, sich frühzeitig zu melden, um ihre Situation und das weitere Vorgehen ein erstes Mal zu besprechen. Während dieses ersten Kontakts ist es wichtig, ein Netzwerk mit Angehörigen, Ärzten und dem Begleiter aufbauen zu können, um den Zeitpunkt nicht zu verpassen, in dem eine Entscheidung für den Freitod noch möglich ist.» (Exit-Info 4/2014)

Exit und die mit ihr eng verbunden Stiftung Palliacura (gegründet 1988) hatten Ende 2014 auch einige prominente Abgänge von wichtigen, aber diskret im Hintergrund verharrenden Leistungsträgern zu vermelden; sie wurden mit den gebührenden Ehren und Dankesbezeugungen verabschiedet. Dabei wurde auch die ungeschriebene, aber stark spürbare Funktion des Stiftungsrats der Palliacura als Denk- und Planungsgremium der Exit-Organisation sichtbar, die ja seit dem Eintritt von Hans Wehrli nur noch einen schlanken, auf fest umrissene Ressorts konzentrierten Vorstand besass.

Pfarrer Werner Kriesi, Mitglied des Stiftungsrats während acht Jahren, wurde als «das theologische und moralische Gewissen von Palliacura» geehrt. Er trat auch als aktiver Sterbebegleiter, Redner und Buchautor hervor.

Der gelernte Mediziner Alfred Gilgen (1930–2018), der während 24 Jahren Erziehungsdirektor des Kantons Zürich gewesen war, gehörte nach seinem Rücktritt aus der Kantonsregierung während zwölf Jahren dem Palliacura-Stiftungsrat an und war ein wichtiger politischer Berater, vor allem bei der Abwehr der Zürcher «Zwillingsinitiativen» von 2011. Die wuchtige Ablehnung dieser autonomiefeindlichen Vorstösse hatte gesamtschweizerische Signalwirkung. Gilgen und weitere ehemalige Mandatsträger von Exit, die im Stiftungsrat der Palliacura sassen, zwangen den damaligen Exit-Vorstand, sich schliesslich doch noch am Abstimmungskampf zu beteiligen.

Jacques Schaer betreute während 26 Jahren die Finanzen und das Vermögen der Stiftung und mit grosser Sorgfalt die Liegenschaft in Burgdorf, die nach dem Rückzug von Exit/Palliacura aus dem Hospizwesen sinnvollerweise in eine Alzheimerstation der örtlichen Pro Senectute umgewandelt wurde. Der Anwalt Ernst Haegi gehörte dem Stiftungsrat während 26 Jahren an, davon während 17 Jahren als dessen Präsident.

2016 wurden die Ärzte Klaus Tschudi und Bernhard Rom für ihre langjährige Tätigkeit in der Ethikkommission von Exit geehrt. Ihre Hauptaufgabe war zunächst die Diskussion um die Suizidbegleitung von Menschen mit psychischen Störungen.

Im April 2016 konnte Exit ihr 100 000. Mitglied begrüssen. Was sich in all den Jahren der Konsolidierung nicht geändert hatte, war die Tatsache, dass entgegen den Behauptungen der Gegner die Zahl der effektiv mit Sterbehilfeorganisationen aus dem Leben geschiedenen Menschen im Verhältnis zu deren Mitgliederzahlen überhaupt nicht zunahm. Die Zahl der Suizidbegleitungen beträgt inzwischen 1,5 Prozent aller in der Schweiz registrierten Todesfälle. Bei Exit nahmen im langjährigen Durchschnitt zwischen 0,3 und 0,6 Prozent der Mitglieder die Freitodbegleitung in Anspruch, bei Dignitas liegt das langjährige Mittel um 2 Prozent. Dies zeigt deutlich, dass offenbar die grosse Mehrheit der Mitglieder der Selbstbestimmungsorganisationen ihre Mitgliedschaft präventiv als Option und als letzten Notausgang betrachtet. Als Hauptmotiv für den Beitritt wird seit Jahren mit Abstand am häufigsten die Patientenverfügung genannt.

Suizid- und Suizidversuchsprävention

In der Schweiz nehmen sich jedes Jahr rund 1000 Menschen das Leben. Fachorganisationen, das Bundesamt für Gesundheit und andere nehmen an, dass die Zahl der gescheiterten Suizidversuche um ein Vielfaches höher liege. 2002 erklärte der Schweizer Bundesrat, auf einen vollendeten Suizid kämen bis zu 50 Versuche; der Kinder- und Jugendpsychiatrische Dienst der Universitätsklinik Zürich geht bei Erwachsenen von einer Verhältniszahl von 1 zu 60 und bei Jugendlichen von 1 zu 200 aus. Vor allem die Organisation Dignitas hat deshalb der Suizidversuchsprävention seit ihrer Gründung eine hohe Priorität eingeräumt, dies auch wegen der schweren und oft bleibenden gesundheitlichen Schäden, von den enormen Kosten für das Gesundheitssystem und die Volkswirtschaft ganz abgesehen.

Anerkannt und etabliert oder nicht: Immer wieder mussten sich die Sterbehilfeorganisationen bis in die jüngste Zeit mit der Bürokratie nach einer durchgeführten Sterbebegleitung auseinandersetzen. Hier blüht der kantonale Föderalismus nach wie vor ungehemmt. Im Kanton Zürich kommen in der Regel zwei Polizeibeamte in Zivil und ein Arzt; im Kanton Bern dagegen marschierten noch vor wenigen Jahren bis zu acht Amtspersonen auf und das Prozedere konnte mehrere Stunden dauern, was für die Angehörigen schwer zu ertragen war.

Unter dem Druck der von Exit ausgelösten Publizität um diesen Missstand und weil auch die Ärzteschaft daran Kritik übte, kam es 2016 zu entscheidenden Vereinfachungen. Heute erscheinen auch im Kanton Bern in der Regel noch drei Untersuchungspersonen; wenn neue Mitarbeitende eingeführt werden, sind es höchstens deren sechs. Während der Coronazeit kamen höchstens vier Personen, alle in Zivil. Die Polizeibeamten tragen, wenn überhaupt, ihre Waffen nur unter der Jacke; dazu kommen Beamte des Kriminaltechnischen Diensts und Ärzte vom Institut für Rechtsmedizin.

Selbstbestimmung kommt vor Glaubensfreiheit

Immer wieder gab es Auseinandersetzungen um die Zulassung von Freitodbegleitenden zu Pflegeheimen. 2016 kam es zu einer letztinstanzlichen gerichtlichen Klärung, paradoxerweise dank einer Beschwerde, die eine gegnerische Organisation gegen das revidierte Gesundheitsgesetz des Kantons Neuenburg eingereicht hatte. Die Novelle verpflichtete die Institutionen zwar nicht zur Mitwirkung bei der Freitodbegleitung, aber zur Gewährung des freien Zugangs der Freitodhelfer zu den Patienten. Gegen diese Liberalisierung gelangte die Heilsarmee, die im Kanton Neuenburg ein Alters- und Pflegeheim betreibt, wegen Verletzung der Glaubens- und Gewissensfreiheit an das Bundesgericht. Die Richter betonten, dass aufgrund des Selbstbestimmungsrechts jeder Mensch selber darüber entscheiden dürfe, wann und wie er sterben wolle. Da die private Institution Subventionen von der Öffentlichkeit beziehe, unterstehe sie der staatlichen Kontrolle, mithin auch der Verpflichtung, Sterbehelfer zuzulassen. Anders verhielte es sich, wenn die Heilsarmee auf die Subventionen verzichten und ihr Heim als rein private Institution etablieren würde.

Dieses Urteil wurde zum Präjudiz für viele andere religiös geführte Heime in der Schweiz. In der Folge verwies Rosann Waldvogel, Chefin der Stadtzürcher Alterszentren, auf die Erfahrungen der Stadt Zürich, wo die Sterbebegleitung in den Heimen schon seit 2001 möglich ist. Die Liberalisierung habe die Zahl der effektiv durchgeführten begleiteten Suizide nicht erhöht und der oft befürchtete Nachahmungseffekt bei Mitbewohnenden sei nirgends beobachtet worden. Dagegen zeigte die Statistik aus dem Jahr 2016, dass nur 10 Prozent der insgesamt 722 durchgeführten Freitodbegleitungen in Heimen geschahen, in 5 Prozent der Fälle musste ein Sterbezimmer von Exit beansprucht werden. 85 Prozent der Sterbewilligen konnten ihrem Wunsch gemäss in der eigenen vertrauten Umgebung Abschied nehmen. Das Bundesamt für Gesundheit bestätigt, dass 73 Prozent der in der Schweiz wohnenden Menschen zu Hause zu sterben wünschen.

Michael Meier: der kritische Begleiter

Wenn er auftauchte, wechselten manche Exit-Pioniere die Strassenseite. Einmal verklagten sie ihn, aber erfolglos. Michael Meier (geb. 1955) war der Journalist, der die Schweizer Freitodbewegung über mehr als 30 Jahre hinweg mit kritischem Auge begleitet hat.

«Aus Sinnsuche und Neugier» hatte der Sohn eines protestantischen Rechtsanwalts ein römisch-katholisches Theologiestudium durchlaufen und ordentlich abgeschlossen, ohne mit der beabsichtigten Konversion und der Priesterweihe ernst zu machen. Dafür wurde er der führende Schweizer Fachjournalist für Religion, Kirche und Gesellschaft, immer für den Zürcher *Tages-Anzeiger*.

263

Meier war dabei an der turbulenten Generalversammlung 1998 in Zürich, als die von Rolf Sigg mobilisierten Getreuen – Meier nannte sie «Ledernacken» – den Geschäftsführer Peter Holenstein sowie Vizepräsident Manfred Kuhn und Ludwig A. Minelli vertrieben, worauf diese noch am selben Tag Dignitas gründeten.

«Es wurde geschrien, sie rissen einander die Mikrofone aus den Händen. Ich dachte mir: Wenn das die selbstbestimmten Menschen sind, will ich mit ihnen nichts zu tun haben.» Michael Meier enthüllte immer wieder Fehlleistungen von einzelnen Exit-Helfern und problematische Fälle, vor allem wenn es um die Freitodbegleitung von psychisch Kranken ging.

«Der Umgang mit Exit war früher vorwiegend unangenehm», sagt Michael Meier. «Ich erlebte viele Funktionäre als Gegner. Exit wurde lange Zeit das Stigma des Ungeheuerlichen, den Geruch des moralisch Verwerflichen nicht los. Peter Holenstein hatte eigentlich das richtige Konzept, aber die alte Garde hat ihn nicht machen lassen.» Doch bei aller Kritik betont der Theologe und Journalist: «Exit hat ein gutes Modell, weil die Tatherrschaft beim Betroffenen bleibt.»

Nach jahrzehntelanger Beobachtung bleibt Michael Meier dabei: «Die katholische Kirche ist der Hauptgegner der Selbstbestimmung am Lebensende. Sie fühlt sich durch frei denkende Mitglieder herausgefordert. Die Autonomie der Menschen ist ihr verdächtig. Es geht nicht um Menschenrechte, sondern um Gottes Recht. Der Wille des betroffenen Menschen wird diskreditiert.»

Der Theologe Michael Meier ist heute selbst Mitglied von Exit.

23
Baustellen der Zukunft

Altersfreitod, Sondersituationen: Exit reagiert mit dem
«Modell 2030» – die Ärzte-Akademie schwenkt um

Die Dinge um Leben und Tod sind schwierig zu planen. Auf einmal
bricht ein Unheil herein wie die Coronapandemie, und die Lebens-
grundlagen für Millionen von Menschen, aber auch ihr Bewusstsein
und ihr Lebensgefühl verändern sich von Grund auf. Dennoch muss
eine Massenorganisation wie Exit – sie erreicht 2022 voraussichtlich
die Schwelle von 150 000 Mitgliedern – ihre Aktivitäten planen und
den Einsatz ihrer Mittel, vor allem der personellen Ressourcen in
den Gremien und in der professionellen Verwaltung, nach Prioritäten
ordnen.

In einem Rückblick auf ihre lange Präsidialzeit (2010–2019)
betonte Saskia Frei, der Anfang sei schwierig gewesen, weil drei ältere
und verdiente von insgesamt fünf Vorstandsmitgliedern gleichzeitig
zurücktraten und die Organisation noch stark von der Pioniergeneration beeinflusst war. Viele Mitglieder der Organisation und manche
Chargierte vertraten die Meinung, Exit sollte sich für eine radikal
liberalere Lösung einsetzen und für eine rezeptfreie Abgabe des Sterbemittels an Betagte kämpfen. Der neue Vorstand dagegen sah, dass
dies nicht mehrheitsfähig war und dass das Ansehen und die Akzeptanz des Vereins abhängig waren von der Sorgfalt im Umgang mit
diesem Stoff sowie von der strikten Befolgung der gesetzlichen Vorgaben bzw. der vom Bundesgericht gesetzten Leitplanken. Saskia Frei:
«Die konsequente Haltung des Vorstands sowie das Fortschreiten der

Professionalisierung der Geschäftsstelle führten in dieser Hinsicht allmählich zu einer Beruhigung.» Auch der Weltkongress von 2012 und der vielbeachtete Auftritt von Bundesrätin Sommaruga bedeuteten eine wichtige öffentliche Anerkennung dieses geradlinigen Kurses. Als eines der wichtigsten Elemente ihrer Präsidialzeit bezeichnete Saskia Frei den vollzogenen Bedeutungswandel von Exit «von der Anlaufstelle im Notfall zum breit abgestützten Viersäulen-Prinzip für ein möglichst selbstbestimmtes Lebensende: Patientenverfügung, Beratungstätigkeit, Engagement in der Palliativmedizin, Freitodbegleitung.»

Ungeahnte neue Akzente

In den 40 Jahren seit der Organisation der Selbstbestimmungsbewegung durch die Gründung von Exit haben sich die Dinge in ungeahnter Weise bewegt. So sind die früher als unantastbar geltenden ärztlichen Standesregeln, auch dem Kreuzworträtsellöser bekannt als «Eid des Hippokrates», relativiert worden. Das Verwaltungsgericht Basel-Stadt hat mit Urteil vom 6. Juli 2017 festgehalten, dass das Standesrecht der Ärzte – vor allem in der Form der FMH-Ordnung und der Richtlinien der Schweizerischen Akademie der Medizinischen Wissenschaften (SAMW) – «keine über das abschliessende Bundesrecht hinausgehenden ärztlichen Berufspflichten begründen kann. Standesregeln dürfen von vornherein nicht in Grundrechte eingreifen, und sie sind rechtlich unverbindlich, soweit sie nur eine ethische Haltung darstellen, nicht im öffentlichen Interesse liegen und auch nicht der Auffassung der Mehrheit der Bevölkerung und der Ärzteschaft entsprechen. Im Konfliktfall müssen Standesregeln ohne Weiterzug hinter dem geltenden staatlichen Recht zurücktreten.»

Das umfassend begründete Urteil wurde nicht an das Bundesgericht weitergezogen und war daher rechtskräftig. In der Folge sind die Richtlinien der SAMW zu Sterben und Tod revidiert worden (2018). Dass die Akademie trotz der klaren juristischen Lage weiterhin Richtlinien erlässt, hängt offensichtlich mit ihrer Autorität als standespolitische Instanz zusammen, die offenbar auch bei der heute aktiven Generation der Ärztinnen und Ärzte mehrheitsfähig ist.

In jeder grossen Organisation – und namentlich wenn es um so ernste und endgültige Fragen wie Sterben und Tod geht – gibt es Gruppen, die schneller marschieren möchten, als die Musik spielt. Im Juni 2018 regten 13 Exit-Mitglieder mit einem Antrag an, eine Arbeitskommission zum Thema Altersfreitod, einschliesslich des Ziels einer rezeptfreien Abgabe des Sterbemittels, zu bilden. Der Vorstand blieb zurückhaltend und warnte vor verfrühten Forderungen, «die, wenn überhaupt, nur für eine kleine Minderheit infrage kommen und im Gegenzug die bisherige liberale Haltung der Schweizer hinsichtlich der Selbstbestimmung gefährden könnten».

Einige Wochen später präsentierte die Arbeitskommission ihre Resultate und Anträge. Diese wurden alle an der Generalversammlung 2019 angenommen. Im November 2019 wurde die Frage zusätzlich an einer von 600 Interessierten besuchten Arbeitstagung mit Experten erörtert. Das Interesse war riesig; es hätten drei Mal so viele Plätze vergeben werden können. Marion Schafroth, die neue Präsidentin, stellte klar, dass sie den vorsichtigen Kurs ihrer Vorgängerin fortsetzen werde. Vor allem die Forderung nach rezeptfreier Freigabe des Sterbemittels sei «zurzeit unrealistisch».

Der Klartext von der neuen Präsidentin lautete: «Wenn wir jetzt eine riesige politische Kampagne mit einer Forderung starten, die, wie wir meinen, von der Mehrheit der Bevölkerung und der Politik nicht getragen wird, verschwenden wir eine Unmenge an personellen und finanziellen Ressourcen.»

«Modell 2030» – der Schritt in die Zukunft

Ende Februar 2019: Bei Exit war die Schwelle von 130 000 Mitgliedern in Reichweite. Innert zehn Jahren hatte sich die Zahl der jährlichen Freitodbegleitungen von 217 auf 862 vervierfacht. Eine prospektive Studie hatte ergeben, dass sich etwa 8 Prozent der Schweizerinnen und Schweizer über 55 einen Exit-Beitritt überlegen. Demgemäss läge das Potenzial bei über 300 000 Mitgliedern. Eine Reorganisation war überfällig.

Eine Arbeitsgruppe hatte umfangreiche Vorbereitungsarbeiten geleistet. Jetzt konnte der Vorstand die nötigen Neuerungen unter dem

Titel «Modell 2030» einführen. Damit war ein vernünftiger Planungshorizont festgelegt.

Was unverändert bleiben musste: Freitodbegleitung ist ein Akt der Freiwilligkeit und der Solidarität, wie es die Pioniergeneration angedacht hatte. Alle Begleiterinnen und Begleiter sind im Angestelltenverhältnis mit flexiblen Einsatzzeiten tätig. Freitodbegleitung soll aber bei niemandem die Haupterwerbsquelle sein. Jede Begleitperson kann jederzeit ein Mandat ablehnen oder eine Auszeit nehmen. Jedoch sollen neu fest angestellte Fachpersonen mit Zusatzausbildung bei komplexen und/oder anfänglich unklaren Fällen (z. B. bei Nebendiagnosen Demenz oder psychischen Störungen) Vorabklärungen vornehmen und dadurch die Begleitpersonen unterstützen und deren Arbeitslast reduzieren. Auszugehen ist sodann davon, dass die Erwartungen der Mitglieder wie auch des Umfelds – Angehörige, Ärzteschaft, Heime, Pflegeorganisationen, Behörden – steigen werden.

In einem ersten Schritt der Neuerungen sollte die Arbeit von Exit regionalisiert werden, wobei man die vom Bundesamt für Statistik definierten Grossregionen übernehmen wollte. Der in der Planung stark engagierte stellvertretende Leiter Freitodbegleitung, Paul David Borter, schrieb dazu in der Mitgliederzeitschrift: «Obwohl das Sterben mit Exit in absoluten Zahlen nach wie vor ein urbanes Phänomen darstellt, nahmen die relativen Anteile der ländlichen Gebiete über die letzte Dekade gesehen deutlich zu. Eine verstärkte Ausrichtung nach regionalen Gesichtspunkten ist also auch aus operativer Sicht angezeigt.» Die Regionalisierung sollte auch den Austausch zwischen den Begleitpersonen in regionalen Teams erleichtern.

Neu sollten die regional tätigen Begleitenden durch ein professionelles Team von ebenfalls regional aktiven Triage-Fachpersonen aus den Bereichen Gesundheits- und Sozialwesen fachlich unterstützt werden. Für jede der fünf definierten Grossregionen – Espace Mittelland, Nordwestschweiz, Innerschweiz/Tessin, Zürich, Ostschweiz – würde eine Fachperson angestellt, die bei komplexen oder unklaren Fällen die nötigen Vorabklärungen aufsuchend durchführt.

Die Umsetzung des «Modells 2030» in die Praxis begann schon 2019. Damit verbunden waren die Aktualisierung der Einführungsdokumente für die Konsiliarärzte sowie die komplette Durchleuchtung und Revision der juristischen und administrativen Vorgaben rund um die Handhabung des Sterbemittels NaP. Im Jahr 2019 wurde mit 862 die zweithöchste Zahl der Freitodbegleitungen in der Geschichte von Exit erreicht. 59 Prozent waren Frauen, 41 Prozent Männer, das Durchschnittsalter betrug 78,2 Jahre. 85 Prozent der Freitodbegleitungen konnten in den Privaträumen der Patientinnen und Patienten stattfinden, 13 Prozent in Heimen. Nur in 20 Fällen (2 %) musste ein Sterbezimmer in Anspruch genommen werden.

Verständnis für Sondersituationen

Mit dem Wachstum der Mitgliederzahlen stieg die Akzeptanz der Freitodhilfe und entsprechend differenzierten sich mit den Jahren die Aufgaben der damit befassten Organisationen. Sondersituationen wurden zum Thema. 2018 wurde erstmals der Fall eines 67-jährigen verwahrten Häftlings bekannt, der mit seinem Sterbewunsch an die Öffentlichkeit gelangte. Exit stellte sich auf den Standpunkt, dass jedes Hilfe suchende Mitglied Anspruch auf sorgfältige Abklärung hat und dass für Mitglieder in Gefangenschaft die gleichen Rechte gelten sollen wie für solche in Freiheit.

Zunächst wurde eine Vernehmlassung unter den Kantonen durchgeführt, dann erhielt das Schweizerische Kompetenzzentrum für den Justizvollzug den Auftrag, die zum Teil stark auseinanderlaufenden Ergebnisse zusammenzufassen und Empfehlungen an die Kantone zu formulieren.

Über die Hälfte der Fälle in Zivil bearbeitet

Was die Vorgehensweise der kantonalen Polizei- und Justizbehörden nach begleiteten Suiziden betrifft, konnten nur Fortschritte vermerkt werden. Exit hatte eine Arbeitsgruppe eingesetzt, die bei der Justizdirektorenkonferenz, bei einzelnen Justizdirektoren und bei den Kantonen auf eine vereinfachte und schonende Prozedur einwirkten. Die sogenannten Legalinspektionen nach «aussergewöhnlichen Todesfällen» – und darunter wird jede Form von Suizid verstanden – sind für die Angehörigen sehr belastend. Sie sind jedoch bundesrechtlich nur dann gesetzlich zwingend, wenn die Identität einer verstorbenen Person oder deren Todesart unbekannt sind.

Exit hat im Jahr 2020 rund 900 Fälle untersucht und festgestellt, dass es noch immer erhebliche Unterschiede in der Vorgehensweise zwischen den einzelnen Kantonen gibt. In 54 Prozent der Fälle sind nur noch zivil gekleidete Beamte aufgetreten; bei über der Hälfte der Inspektionen (52 %) waren nur zwei, bei einem Viertel der Fälle sogar nur ein Polizeibeamter zur Stelle. In 82 Prozent der Fälle war nur ein Arzt vor Ort, der die vorgeschriebene Leichenschau durchführte. Drei von vier Inspektionen fanden ohne Beisein der Staatsanwaltschaft statt, was sich Exit als Vertrauensbeweis anrechnete. Schlussfolgerung des Berichts: «Fast alle behördlichen Untersuchungen, nämlich 97 %, verliefen anstandslos sowohl gegenüber den Hinterbliebenen als auch gegenüber den Begleitpersonen.» (*Exit Info*, 3/2020).

Handlungsbedarf besteht noch bei einzelnen Kantonen, die grundsätzlich nur uniformierte Polizeibeamte entsenden; dies betrifft noch immer ein Viertel der Fälle. Als unverhältnismässig bezeichnete Exit in dem Bericht ausserdem, dass in 44 Prozent der Fälle der kriminaltechnische Dienst aufgeboten wurde, als ob es Spuren zu sichern gäbe wie bei einem Verbrechen. In jedem zehnten Fall wurde beanstandet, dass die zwecks ärztlicher Untersuchung entkleidete Leiche nicht zugedeckt wurde. Sodann wurde in vielen Fällen die Wartezeit nach der Benachrichtigung der Polizei durch die Freitodbegleitperson als zu lang kritisiert. Exit erklärte sich daraufhin bereit, in Zukunft die kantonalen Polizeistellen im Voraus zu benachrichtigen, selbstverständlich ohne Namensnennung, damit sie sich auf den Einsatz vorbereiten könnten. Obwohl in einzelnen Kantonen schon seit zehn Jahren zur gegenseitigen Zufriedenheit so verfahren wird, lehnen die meisten Kantone eine Voranmeldung ab.

Vor allem Töchter und Söhne dabei

Jürg Wiler, Vizepräsident von Exit, hat aufgrund interner Aufzeichnungen über die Präsenz von Angehörigen beim begleiteten Freitod Folgendes berichtet:

«Im Schnitt sind 2,6 Angehörige an einer Freitodbegleitung anwesend. In über einem Drittel der Fälle begleiten die Töchter und Söhne ihre Eltern in den Tod. Bei rund einem Viertel der Begleitungen nehmen die Ehe- und Lebenspartnerinnen und -partner diese Aufgabe wahr, wobei dieses Bild je nach Region verschieden aussieht. Ein Viertel der Begleitungen findet – im Normalfall bei Personen in hohem Alter – im Beisein von nur einer oder einem Angehörigen statt. Im Gegenzug können auch mal 15 Personen anwesend sein.

Behördenmitglieder begegnen den Angehörigen aus Sicht der Begleitpersonen zumeist (80 %) empathisch. Dagegen beschränkt sich unangemessenes Verhalten wie Respektlosigkeit der Behörden den Angehörigen gegenüber auf ganz wenige Einzelfälle.»

Corona – die neue Realität

Die Coronapandemie, die seit Frühjahr 2020 das öffentliche Leben und den Alltag der Menschen in aller Welt umgewälzt hat, ist auch an den Selbstbestimmungsorganisationen nicht spurlos vorbeigegangen. Exit gab zunächst bekannt, es sei an der laufend aufdatierten Patientenverfügung nichts zu ändern; sie empfahl aber den Betroffenen, rechtzeitig mit den Ärzten zu sprechen, um eine sinngemässe Anwendung sicherzustellen. Stark zugenommen hat während der Pandemie die Zahl der Patientenverfügungen. Zahlen sind schwierig zu ermitteln, weil die Verfügungen an verschiedenen Stellen hinterlegt werden. Exit hat zum Beispiel festgestellt, dass bei der Vereinigung in manchen Monaten des Coronajahrs 2020 etwa doppelt so viele Patientenverfügungen hinterlegt worden sind wie im Vergleichsmonat des Vorjahrs. Ausserdem wurden viele bestehende Verfügungen ergänzt, vor allem um die Frage der künstlichen Beatmung zu klären.

Die üblichen Treffen bei Exit zwecks Erfahrungsaustauschs und Weiterbildung mussten online durchgeführt werden. Infolge der coronabedingten Einschränkungen schritt die Regionalisierung langsamer voran als geplant.

Von einem Tag auf den anderen zwang die Covidverordnung die Organisation, die über 65 Jahre alten Freitodbegleiter vorübergehend aus dem Verkehr zu ziehen. Dies betraf die Mehrheit des damals 45

Personen umfassenden Begleitteams. Die Einsätze mussten neu geplant werden, was für alle Beteiligten, vor allem aber für die betroffenen Patientinnen und Patienten mühsam und aufreibend war.

Während des ersten Lockdowns ging die Zahl der Anfragen zurück, weil der Zugang zu Alters- und Pflegeheimen praktisch ausgeschlossen war. Von Ende März bis Anfang Mai 2020 wurden nur noch medizinisch dringende Freitodbegleitungen durchgeführt, dies betraf vor allem Fälle von Atemnot oder unerträglichen Schmerzen.

Einschnitt und Aufbruch

2022 feiert die Organisation Exit das 40. Jahr ihres Bestehens. Was zuerst die spontane Idee der pensionierten Lehrerin Hedwig Zürcher in Oberägeri war und später die Herzenssache vieler Pionierpersönlichkeiten, ist zu einer respektierten, referendumsfähigen Organisation und zu einem gewichtigen Faktor im Schweizer Gesundheitswesen geworden. Die übrigen Schweizer Selbstbestimmungsorganisationen, vor allem Dignitas und die von der Ärztin Erika Preisig gegründete Eternal Spirit, haben wertvolle Beiträge zum gemeinsamen Ziel geleistet: der nicht mehr verhandelbaren Errungenschaft, dass jeder Mensch auch am Lebensende oder im Fall eines subjektiv unerträglichen Leidens einen freien Willen besitzt und das Recht hat, diesen individuell gegenüber den staatlichen, kirchlichen und gesellschaftlichen Machtapparaten durchzusetzen.

Welch ein Kulturwandel! Welch ein Zugewinn an Menschlichkeit! Früher, wenn der Patient am Ende seines Lebenswegs angelangt war, haben sich viele «Halbgötter in Weiss» schamhaft abgewandt und das Feld dem Geistlichen überlassen, allenfalls noch einem gütigen Hausarzt, der es nicht übers Herz brachte, seinen langjährigen Patienten allein zu lassen.

Die Selbstbestimmungsorganisationen haben das früher schamhaft totgeschwiegene Thema Tod öffentlich gemacht und im Bewusstsein der grossen Mehrheit der Schweizer Bevölkerung verankert. Der grosse Schritt, der selbst gewählte und gewollte Suizid ist, was die Zahlen betrifft, unbedeutend und wird es vermutlich auch bleiben. Von den knapp 70000 Menschen, die heute pro Jahr in der Schweiz sterben, wählen rund 1750 diesen Weg. Das sind weniger als 3 Prozent. Alle Organisationen haben dazu beigetragen, die Wahlmöglichkeiten der betroffenen Menschen am Ende ihres Lebens zu erweitern. Die moderne Medizin hat namentlich im 20. und 21. Jahrhundert enorme Fortschritte gemacht. Im Verbund mit der Pharmaindustrie hat sie zunächst die epidemisch auftretenden Massenkrankheiten – Pocken, Cholera, Typhus, Kindbettfieber, Röteln – entweder ausgerottet oder doch vor allem durch Impfungen unter Kontrolle gebracht. Wissenschaftler in aller Welt haben bislang unbekannte Krankheiten entdeckt und erforscht und die medizinischen Fachrichtungen, Diagnose- und Operationstechniken zu unerhörten Spezialisierungsgraden vorangetrieben.

Noch in den ersten Nachkriegsjahren, als das neu entdeckte Penicillin noch nicht allgemein zugänglich war, starben auch in der Schweiz Menschen an Tuberkulose. Inzwischen hat auch die Pharmaindustrie unter anderem auf dem Weg der Biochemie in allen erdenklichen Bereichen ungeahnte Fortschritte realisiert.

Um das Gründungsjahr von Exit (1982) betrug die mittlere Lebenserwartung eines männlichen Neugeborenen in der Schweiz 72,4 Jahre, diejenige eines weiblichen Kinds 79,1 Jahre. Im letzten statistisch aufgearbeiteten Jahr 2019 waren es 81,9 Jahre für Männer und 85,6 Jahre für Frauen. Damit ist eine starke demografische Veränderung eingetreten, die vereinfacht als «Überalterung der Gesellschaft» bezeichnet wird und nicht nur für die Zukunft der Sozialversicherungen ein enormes Problem darstellt, sondern die Gesundheitskosten in enorme Höhen treibt. Diese sind in den letzten Lebensjahren am höchsten. Für das Jahr 2020 werden die Gesamtkosten des schweizerischen Gesundheitssystems mit 85,5 Milliarden Franken angegeben – im Durchschnitt gegen 10000 Franken für jeden der rund 8,72 Millionen Einwohnerinnen und Einwohner.

Mit Krebs und Kreislauferkrankungen sind neue, auch zivilisationsbedingte Bedrohungen aufgetreten, in Form der sich stark ausbreitenden Demenz zum Beispiel, und auch solche, die eindeutig mit dem höheren Alter der Menschen zu tun haben.

Die Selbstbestimmungsorganisationen haben dem Gesundheitswesen und der gesamten Gesellschaft in der Schweiz viele wertvolle Dienste erwiesen. Durch den von ihnen ausgeübten Druck von unten haben die Mediziner, aber auch die Organe der direkten Demokratie verstanden, dass die Beziehung Arzt-Patient kein Herrscher-/Untertanen- und kein Lehrer-/Schüler-Verhältnis ist, sondern ein Auftragsgeschäft auf Augenhöhe. Dass der Auftraggeber das letzte Wort hat, ist 2018 sogar durch die mit ihren Richtlinien einflussreiche, wenn auch nicht rechtsetzende Schweizerische Akademie der Medizinischen Wissenschaften (SAMW)anerkannt worden. Diese für die meisten Ärzte in berufsethischen Fragen massgebende Instanz ist von ihrem früheren strikten Standpunkt abgerückt, Hilfe beim Sterben sei keine ärztliche Aufgabe. Nach dreijähriger Expertenarbeit in einer Subkommission und unter Berücksichtigung der vom Nationalen Forschungsprogramm «Lebensende» (NFP 67) erarbeiteten Ergebnisse hält die SAMW «die Suizidhilfe nun bei einem urteilsfähigen Patienten dann für vertretbar, wenn dieser unerträglich unter den Symptomen einer Krankheit und/oder Funktionseinschränkungen leidet, andere Optionen erfolglos geblieben sind oder von ihm als unzumutbar abgelehnt werden».

Die SAMW-Richtlinien und deren Annahme oder Ablehnung durch die Verbindung der Schweizer Ärztinnen und Ärzte (FMH) sind in der Praxis sehr wichtig, weil sie normalerweise von der FMH in die Statuten mit aufgenommen werden und damit für viele der rund 40 000 in der Schweiz tätigen Ärztinnen und Ärzte gültig und wegweisend sind. In diesem Fall beschloss die Ärztekammer der FMH jedoch, die medizinisch-ethischen Richtlinien der SAMW nicht in den Anhang der Standesordnung zu übernehmen. Die FMH begründete ihren negativen Entscheid damit, dass die Richtlinien «unerträgliches Leiden» als Voraussetzung für die Suizidhilfe definieren. Dies sei ein unbestimmter Rechtsbegriff, aus dem für die Ärzteschaft grosse Rechtsunsicherheit resultiere. Kürzlich hat die SAMW einen neuen Entwurf der Richtlinien vorgelegt.

Die Selbstbestimmungsorganisationen haben den gesundheitspolitischen Fortschritt und das Wohl der Patienten auch dahin gehend gefördert, indem sie das Thema Tod und Sterben auf die gesundheitspolitische Tagesordnung gesetzt haben. Über Jahrzehnte hinweg haben sie die Palliativmedizin unterstützt und öffentlich und mit Erfolg auf deren Bedeutung aufmerksam gemacht. Seit 2013 besteht auf Bundesebene eine «Nationale Strategie Palliative Care». Doch ist die palliative Pflege hierarchisch, ausbildungsmässig und, ja, auch finanziell noch lange nicht an dem Ort angelangt, der ihr gebührt. Die Lösung der Finanzierungsfrage liegt nun auf der politischen Ebene.

Sterbehilfe, ein weibliches Thema

Mitte 2021 gab es bei Exit 56 Freitodbegleitpersonen. 38 oder zwei Drittel davon waren Frauen, und der Frauenanteil ist in der Wahrnehmung der Verantwortlichen der Organisation seit Anbeginn immer hoch gewesen. Statistiken, geschweige denn eine vertiefte Untersuchung über die Motivation der Begleitpersonen, ihre soziale Herkunft, ihre Ausbildung und ihre Erfahrungen gibt es bisher bei keiner der schweizerischen Sterbehilfeorganisationen.

Einzelbeobachtungen sprechen aber eine eindeutige Sprache: Vorträge und Kurse zur Selbstbestimmung am Lebensende werden überwiegend von weiblichem Publikum frequentiert, was aber in erster Linie mit der Demografie zu tun hat: In den höheren Altersklassen gibt es mehr Frauen als Männer. Aus dem gleichen Grund betrug in den Jahren zwischen 2010 und 2020 der Anteil der Frauen an der Gesamtheit der Personen, die eine Freitodbegleitung in Anspruch nahmen, jeweils zwischen 55,5 und 60 Prozent. Die Freitodbegleitenden von Exit betonen aber: Wenn beide Ehepartner noch leben, kommen in der Regel auch beide zu Kursen und Beratungen.

Wer immer sich in der Szene umtut, bestätigt: Seit den Zeiten der Exit-Mitbegründerin Hedwig Zürcher ist Sterbehilfe ein Thema mit ausgesprochen weiblicher Affinität. Auch die Konsolidierung der Organisation, ihr Zugewinn an öffentlichem Ansehen und an Gewicht in der gesundheitspolitischen Szene fällt mit dem Zeitpunkt zusammen, da erstmals eine Frau als Präsidentin die Geschicke der Organisation leitete. Besonders auffällig ist der Wachstumsverlauf des Verbands: Im Jahr 2010 zählte Exit 53 472 Mitglieder; damals wurde mit der politisch erfahrenen Basler Anwältin Saskia Frei erstmals eine Frau zur Präsidentin gewählt. Sie blieb neun Jahre lang im Amt, wesentlich länger als jeder ihrer männlichen Vorgänger. Zusammen mit dem Vorstand, der Geschäftsprüfungskommission und einer hoch motivierten, zu einem grossen Teil weiblichen Belegschaft gelang es in dieser Zeit, eine ruhige Arbeitsatmosphäre zu schaffen und die stets drohende Gefahr der Überbetonung umstrittener Dossiers (z. B. Altersfreitod, Freitodbegleitung für psychisch Kranke) einigermassen zu begrenzen. Im Umgang mit konfrontativen Themen, etwa der wiederholt geforderten freien Abgabe des Sterbemittels NaP, entschied sich Exit – nicht selten zum Missvergnügen einzelner Mitglieder – immer wieder für Kompromisse und gegen den kämpferischen Modus um der politischen Akzeptanz in der direkten Konkordanzdemokratie willen.

2019, als Saskia Frei das Amt an die Ärztin Marion Schafroth weitergab, betrug die Mitgliederzahl 128 212. Der praktische Teil der Suizidhilfe von Exit liegt heute fast ausschliesslich in weiblicher Hand. Interne Erhebungen der Geschäftsstelle haben gezeigt, dass aktuell 80 bis 90 Prozent der Abklärungsarbeiten für die Freitodbegleitung von Frauen geleistet werden.

Sicher haben aber die Wachstumssprünge auch andere Gründe gehabt. So fällt in die ersten Jahre, da das neue schweizerische Erwachsenenschutzrecht in Kraft war, eine enorme Steigerung der Mitgliederzahlen auf: von 69 501 im Jahr 2013 auf 104 278 im Jahr 2016.

Mitunter spricht Exit die für die schwierige und heikle Aufgabe der Freitodbegleitung erforderlichen Qualifikationen auch öffentlich an, wie beispielsweise in einem Inserat, das Ende Oktober 2021 im Mitteilungsblatt *Exit Info* erschien:

«Wir suchen: Begleitpersonen für die Deutschschweiz und das Tessin. Sie sind bereit, sich zu engagieren und zeigen sich solidarisch mit Vereinsmitgliedern in schwierigen Lebenssituationen, die sich mit dem Gedanken tragen, ihr Leben allenfalls mit Hilfe von Exit zu beenden. Sie sind eine lebenserfahrene, belastbare und emotional gefestigte Persönlichkeit zwischen 40 und 66 Jahren; Sie haben einen empathischen Zugang zu Menschen und zu deren Fragen, Zweifeln und Ängsten; zudem sind Sie reflektiert und differenziert im Umgang mit den Themen Krankheit, Sterben und Tod.»

Saskia Frei: Einheit von Rede und Tat

Als Scheidungsanwältin hat sie viele Grenzzonen der menschlichen Existenz erkundet. Sie geht dem Streit nicht aus dem Weg, aber zugleich sagt sie: «Wenn ich auf die Unzufriedenen zugehe und ihnen erkläre, was machbar ist und was nicht, gelingt in 95 Prozent der Fälle eine Einigung.» Saskia Frei (geb. 1957) war Präsidentin von Exit von 2010 bis 2019, länger als jeder und jede andere. Auffallend an ihrer Amtszeit war: Es gab kaum mehr Schlagzeilen. Exit wuchs heftig, die Freitodbegleiter wirkten im Stillen, die Justiz hatte damit nicht mehr viel zu tun. Manchmal setzte Exit aber Akzente. 2013 nahm die

Organisation erstmals als Ausstellerin an der Mustermesse teil, der Erfolg von Saskia Freis Idee war enorm.

Die Frau war schon immer für Überraschungen gut. 2006 bewarb sie sich als freisinnige Grossrätin (Kantonsparlament) um einen Sitz in der Basler Regierung. Aber Saskia Frei verfehlte im ersten Wahlgang das absolute Mehr – die Folge einer gezielten Kampagne, die zwei Mandate ihres ebenfalls als Anwalt tätigen Ehegatten betrafen. Im Wahlkampf bekam die populäre, aber kantige Politikerin die Quittung dafür, dass sie nie Zweifel daran gelassen hatte, dass sie als Sicherheitsdirektorin eine harte Linie fahren würde.

Während zehn Jahren war sie Mitglied des Grossen Rats, zeitweise Fraktionschefin und aktiv im Vorstand des Frauenvereins. «Aber ich wollte mich nicht im Alltagskram verlieren», sagt Saskia Frei heute. Sie verliess die Tagespolitik und wandte sich Exit zu, in deren Geschäftsprüfungskommission sie zehn Jahre lang mitgearbeitet hatte.

Als Exit-Präsidentin (2010–2019) war Saskia Frei eine Meisterin der Lautlosigkeit. Sie sortierte die hängigen Probleme nach Dringlichkeit und bestand streng auf legalem Vorgehen und äusserster Genauigkeit, namentlich im Umgang mit Natrium-Pentobarbital. Zu der in der Öffentlichkeit gelegentlich aufgeschäumten Frage des Altersfreitods und der Forderung nach Freigabe oder Lockerung der Rezeptpflicht sagt sie noch heute schnörkellos: «Es kann kein Ziel sein, Grauzonen zu bewirtschaften. Exit hat genügend damit zu tun, das Wachstum zu bewältigen und die errungenen Freiheiten zu verteidigen.»

Marion Schafroth: als Ärztin für die Selbstbestimmung

«Das Engagement für Selbstbestimmung am Lebensende passt zu meiner Biografie», sagt die Ärztin Marion Schafroth, die seit 2019 die Organisation Exit präsidiert. Zuvor war die Anästhesistin mit eigener Praxis in Liestal Konsiliarärztin von Exit gewesen.

Konsiliarärzte bearbeiten die Fälle von Freitodwilligen, deren Hausärzte nicht bereit sind, das Rezept für das Sterbemittel Natrium-Pentobarbital auszustellen. Dies ist ein mehrstufiger und anspruchsvoller Prozess, der jeder kritischen Überprüfung standhalten und in einem Bericht festgehalten werden muss. Der Arzt prüft zuerst die Krankengeschichte, spricht eingehend mit dem Patienten, stellt wenn nötig Rückfragen und entscheidet dann, ob sie das Rezept ausstellt. Wesentlich ist die Frage, ob der Patient oder die Patientin urteilsfähig und der Freitodwunsch frei ist von vorübergehenden Einflüssen, dafür fest, klar, überlegt und plausibel.

Exit hat zum Leben von Marion Schafroth gepasst, weil sie, nachdem sie auch als Mutter von zwei Söhnen immer mit mindestens halbem Pensum gearbeitet hatte, bereit war für ein neues Engagement, als die Söhne selbstständig wurden. Sie fand es zunächst in der Politik und wurde in das Stadtparlament von Liestal gewählt. Ihre politische Blutgruppe war liberal (FDP), sie orientierte sich an den Eckwerten Selbst- und Sozialverantwortung. Später wurde sie in den Stadtrat (nebenamtlich tätige Exekutive) gewählt. Während zwei Amtsperioden war sie für die städtischen Betriebe verantwortlich, einschliesslich Abfuhrwesen, Wasserversorgung und Strassenunterhalt, während einer dritten Amtsperiode dann für Sicherheit und Soziales.

Marion Schafroth ist eine Pragmatikerin, die zugleich Herzlichkeit und gute Laune ausstrahlt. Sie ist davon überzeugt, dass die Selbstbestimmungsorganisationen – es sind in der Schweiz inzwischen deren neun, mit Exit klar an der Spitze – schon aus demografischen Gründen weiterwachsen werden. «Die Idee ist in der Gesellschaft angekommen. Etwa in zwei Generationen wird das Anliegen der Selbstbestimmung auch am Lebensende im Gesundheitswesen der Schweiz wie selbstverständlich integriert sein.»

Als hauptsächlich erfolgsbestimmende Faktoren bis hin zu dieser vollzogenen Integration sieht Präsidentin Schafroth einerseits die verbesserte und verstetigte Information und Weiterbildung der Ärzte zum Thema Lebensende und andererseits die kostendeckende Übernahme der finanziellen Leistungen der palliativen Pflege durch die Krankenkassen.

24
Drei Schicksale oder
Was Menschen wirklich bewegt

Drei prominente Schweizer, die in den für die Selbstbestimmungs-
sache entscheidenden Jahren zwischen 2008 und 2014 mit assistiertem Suizid von der Welt gegangen sind, markieren die Spannweite der
Schicksale, die bei der Sterbehilfe vorkommen. Die mit ihrer Zustimmung veröffentlichten Selbstzeugnisse machen in der Öffentlichkeit
weitaus mehr Eindruck als die Statements von geistlichen und welt-
lichen Wortführern.

This Jenny

Am 15. November 2014 starb der Politiker und Unternehmer, Menschen- und Tierfreund This (Matthias) Jenny (geb. 1952), weil sein Magenkrebs unheilbar und die Prognose hoffnungslos war. Er hatte von 1998 bis 2014 dem Ständerat angehört und genoss als liberaler Freigeist, erfolgreicher Baumeister und grosser Sportler Respekt und Beliebtheit, auch bei seinen politischen Gegnern und weit über das heimatliche Glarnerland hinaus. This Jenny blieb auch in eigenster Sache, was er immer war: offen. Alle Welt wusste von seinem Magenkrebs. Ein halbes Jahr vor seinem Tod sagte er in einem Interview: «Ich lebe ja gerne. Es ist mir noch nicht verleidet.» This Jenny wollte

bewusst öffentlich sterben und am eigenen Beispiel die klassische Aus-
gangslage für den assistierten Suizid vorführen. Die Welt erfuhr fast
alles von ihm, von seinem Haarausfall, von der nachlassenden Kraft
im Fitnessraum, von den letzten Tagen, die er zeitweise noch auf den
Skipisten von Zermatt verbrachte. Jenny gehörte zu den 15 Prozent
der Betroffenen, die positiv auf die Chemotherapie ansprachen. Aber
die 5 Prozent Überlebenschance, die ihm am Schluss vorgerechnet
wurden, genügten dann doch nicht. This Jenny wurde zum Vorbild
eines Todkranken, der mit offenen Augen und heiterem Sinn seinem
Ende entgegenging und mit grösster Fassung besorgte, was noch zu
besorgen war. Zugleich sagte er: «Es gibt keine Liste der Dinge, die ich
noch erledigen will. Jeden Tag mache ich, was mir Freude macht.»

Heinrich Oswald

Im März 2008 starb der Manager, Buchautor und Armeereformer Heinrich Oswald (geb. 1917) mithilfe von Exit. Noch wenige Monate vor seinem Tod hielt der 90-Jährige vor grossem Publikum ein einstündiges, frei vorgetragenes Referat und brillierte wie gewohnt auch in der Fragestunde. Heinrich Oswald war zunächst Anwalt, dann Personalchef, Marketingleiter und schliesslich Generaldirektor bei der Knorr Nährmittel AG in Thayngen. 1972 wurde er an die Spitze der Ringier AG berufen, wo er während elf Jahren die grundlegende Erneuerung des grössten privaten Schweizer Verlagsunternehmens durchführte. 1969/70 präsidierte Oberstleutnant Oswald die von

Bundesrat Rudolf Gnägi eingesetzte Kommission für Fragen der militärischen Ausbildung. Doch seine Reformvorschläge blieben in der Militärbürokratie stecken; zu Oswalds Ärger wurden nur Äusserlichkeiten wie die Abschaffung der Achtungstellung und der Grusspflicht realisiert. Heinrich Oswald, der auch nach seinem Rücktritt als gesuchter Berater arbeitete, war nicht lebensgefährlich erkrankt, hatte aber verschiedene Gebrechen. Er nahm Abschied von der Welt, weil er genug vom Leben hatte und gewohnt war, seine Angelegenheiten in den eigenen Händen zu behalten. Ueli Oswald, einer seiner zwei Söhne, hat in einem sehr persönlichen und offenen Erinnerungsbuch die innere Befindlichkeit des in Würde gealterten Manns geschildert, aber auch die Probleme der nächsten Angehörigen, die mit dem Sterbewunsch dieser eigenwilligen und mitunter schwierigen Persönlichkeit konfrontiert wurden.

Timo Konietzka

Friedhelm, genannt Timo Konietzka (1938–2012): Er schoss das allererste Tor in der neu gegründeten Bundesliga (1963, für Dortmund gegen Werder Bremen). Auch in der Folge wurde er bekannt als unersättlicher Torschütze. Der gelernte Bergmann aus Lünen in Westfalen durchlief eine bewegte Karriere als Fussballspieler, Spielertrainer und Trainer und brachte es in der Bundesliga und der Schweiz auf insgesamt zehn Meistertitel und Cup- bzw. Pokalsiege. Auch auf dem Fussballfeld blieb er ein Schwerarbeiter. Seine wichtigsten Stationen als Spieler waren Borussia Dortmund und der TSV 1860 München. Obwohl es Gerüchte über Angebote von Inter Mailand und Real Madrid gab, zog er 1967 überraschend in die Schweiz. Mit dem FC Winterthur, den Berner Young Boys und den damals führenden Zürcher Klubs FC Zürich und Grasshoppers feierte er weitere Erfolge. Später führte er zusammen mit seiner Frau in seiner schweizerischen Wahlheimat, in Brunnen am Vierwaldstättersee, das Gasthaus Ochsen. Er wurde in dem Innerschweizer Ort so beliebt, dass er 2012 zum «Bartlivater» gewählt wurde, dem höchsten fasnächtlichen Ehrenamt, das dort zu vergeben ist. Am Schmutzigen Donnerstag strahlte und grüsste er von seinem Narrenwagen nach allen Seiten. Am nächsten Tag sagten ihm die Ärzte, dass er ein Gallengangskarzinom und nicht mehr lange zu leben habe.

Schon in gesunden Tagen hatte sich Timo Konietzka für Exit entschieden. Claudia Konietzka erinnert sich: «Er war stark und ein wunderbarer Ehemann. Wir hatten noch eine sehr intensive, traurige und doch schöne Zeit zusammen.» Wenige Wochen nach der Fasnacht rief er noch einmal seine Enkel zu sich, nahm ein Bier und dann den Todestrunk.

25
Die Schweizer Lösung als globales Modell?

Die direkte Demokratie macht das Meinungsbild
sichtbar und glaubhaft – überall in Europa Powerplay
zwischen Justiz, Politik und Bürokratie

Am Ende aller Tage hat heute jede Schweizerin und jeder Schweizer
das Recht, selbst zu bestimmen, wann ihr oder sein Leben enden soll.
Wenn zu diesem letzten Schritt Begleitung und Hilfe benötigt werden,
sind diese legal, solange sie nicht «aus selbstsüchtigen Beweggründen» geleistet werden. (Art. 115 StGB). Jede Ärztin und jeder Arzt
darf das geeignete Medikament zur Einleitung des Todes verschreiben. Nur den entscheidenden Akt ausführen – den Trank einnehmen
oder den Verschluss der Medikamentenleitung öffnen – muss die sterbewillige Person selbst.

Noch vor knapp 50 Jahren wäre diese inzwischen durch höchstrichterliche Praxis mehrfach bestätigte Freiheit undenkbar gewesen.
Wie es gekommen ist, dass die Schweiz in dieser Frage weltweit ein
einzigartiges freiheitliches Modell ohne Spezialgesetz geschaffen hat,
ist in diesem Buch beschrieben worden. Ausschlaggebend war der
Druck von unten im System der direkten Demokratie.

Zwei Bürger ohne viel Geld und Beziehungen – die pensionierte
Lehrerin Hedwig Zürcher und der kaufmännische Lehrling Rolf
Wyler – waren in den späten 1970er-Jahren in dieser Sache unabhängig voneinander an die Öffentlichkeit getreten. Sie hatten von der englischen Art und Weise erfahren, unerträglich gewordenes Leben durch
eigene Hand in Freiheit und Würde zu beenden. Sie waren betroffen
und beschlossen, zu handeln.

In der direkten Demokratie funktioniert so etwas ohne übermässigen Aufwand.

Als die Pioniere Zürcher und Wyler ihre Ideen verbreiteten, spürten sie mit einer Klarheit, die sie selbst nicht erwartet hatten: Die grosse Mehrheit der Menschen teilte unabhängig von Status, Beruf oder Glauben ihre liberale Auffassung. Überraschend viele Mitbürgerinnen und Mitbürger hatten – vor allem aufgrund von Erfahrungen aus dem eigenen Umfeld – längst erkannt: Die bewundernswerten Fortschritte der medizinischen und pharmazeutischen Disziplinen in den zurückliegenden Jahrzehnten hatte eine für die Betroffenen qualvolle Kehrseite. Oft wurde das Leben unrettbar kranker Menschen verlängert, nur weil es technisch möglich war. Was zu geschehen hatte, wurde von den «Göttern» und den noch seltenen «Göttinnen in Weiss» angeordnet. In der damals herrschenden ärztlichen Begriffswelt bedeutete der Tod des Patienten für sie eine professionelle Niederlage. Die betroffenen Todkranken hatten nichts zu sagen.

Die direkte Demokratie machte das Meinungsbild sichtbar und glaubhaft

Die etablierten politischen Kräfte in der Schweiz merkten einstweilen noch nicht, dass sich in dieser überaus heiklen, selten öffentlich diskutierten, aber bedrängenden Frage die Mehrheit des Volks längst von der Meinung der Herrschenden in Politik, Medizin und Kirchen entfernt hatte.

Dabei ist die durch die Schweizer Verfassung garantierte direkte Demokratie die einfachste und verlässlichste Form der Meinungsforschung. 1977 wurde die Idee von der Autonomie des Menschen, sein eigenes Lebensende betreffend, zum ersten Mal an der Urne getestet, und zwar in Zürich, dem bevölkerungsreichsten Kanton des Landes. Eine Mehrheit von 58,2 Prozent sprach sich für die von einem Aussenseiter im Alleingang ergriffene Volksinitiative aus, obwohl sie von fast allen Parteien totgeschwiegen wurde und der Initiant kein Geld für Werbung hatte. Die Initiative musste wegen der Aufgabenteilung zwischen Bund und Kantonen etwas ziemlich Kompliziertes verlangen, nämlich: Der Kanton Zürich sollte durch eine Standesinitiative auf Bundesebene die Änderung des Artikels 114 des Strafgesetzbuchs beantragen, sodass die Tötung eines Menschen auf dessen eigenes Verlangen unter bestimmten Umständen straffrei bliebe. Das Volksbegehren wurde nie realisiert, weil es die damalige Landesregierung, die sich die Standpunkte der Ärzteorganisationen und der Kirchen zu eigen machte, strikt ablehnte.

Aber das Volk hatte ein erstes deutliches Signal gesetzt. Fortan stand das zuvor unterschätzte Thema auf der Traktandenliste der Gesundheitspolitik. 1982 gründeten Hedwig Zürcher und der Anwalt Walter Baechi die «Vereinigung für humanes Sterben», der sie nach englischem Vorbild den Namen «Exit» gaben. Fast gleichzeitig kam es zu einer analogen Gründung in der Westschweiz, ausgelöst durch eine Gruppe von Genfer Ärztinnen und Arztgattinnen.

Inzwischen sind in der Schweiz neun Organisationen mit der gleichen Grundidee und ähnlichen Zielen tätig. Exit (Deutsche Schweiz), die mit Abstand grösste, dürfte im 40. Jahr ihres Bestehens die Zahl von 150 000 Mitgliedern erreichen. Zum Vergleich: Unia, die grösste Schweizer Gewerkschaft, zählt 182 700 Mitglieder, die vier Bundesratsparteien zwischen 32 000 (SP) und 120 000 (FDP), alles gemäss eigenen Angaben. Aus den Ergebnissen mehrerer kantonaler Volksabstimmungen und aus zahlreichen Meinungsumfragen darf man schliessen: Drei von vier Schweizerinnen und Schweizern befürworten die freiheitliche, auf Selbstverantwortung gegründete Variante in dieser Existenzfrage.

Das schweizerische Modell der Freitodbegleitung ist insofern einzigartig, als die Suizidhilfe hauptsächlich von privaten Organisationen geleistet wird. Die Ärzteschaft ist in den Prozess einbezogen, weil in jedem Fall ein Rezept für das Sterbemittel Natrium-Pentobarbital (NaP) benötigt wird. Aus einer Schrift der Organisation Exit:

«Die wichtigsten Voraussetzungen für eine Freitodbegleitung sind die Urteils- und Handlungsfähigkeit der sterbewilligen Person sowie ein wohlerwogener, konstanter und autonomer Sterbewunsch. Die aktive Sterbehilfe (Tötung des Patienten auf Verlangen) ist in der Schweiz wie in den meisten anderen Ländern verboten. Zulässig, aber nicht ausdrücklich gesetzlich geregelt sind die passive und individuelle Sterbehilfe.» (*Exit Info*, 3/2020).

Es war ein aufsehenerregendes Urteil, weil das höchste Gericht Deutschlands zum ersten Mal gleich einen ganzen Artikel aus dem Strafgesetzbuch kippte. Am 26. Februar 2020 erklärte das Bundesverfassungsgericht in Karlsruhe den 2015 verabschiedeten Paragrafen 217 im deutschen Strafgesetzbuch (auch Sterbehilfe-Verhinderungsparagraf genannt) für nichtig. Das Gericht betonte, dass jeder Mensch das Recht und die Möglichkeit haben muss, selbst über sein Lebensende zu bestimmen. Gerichtspräsident Andreas Vosskuhle sagte bei der Urteilsverkündung: «Dieses Recht schliesst die Freiheit ein, (…) hierfür bei Dritten Hilfe zu suchen und diese in Anspruch zu nehmen.» Damit war der fünfjährige Bann gegen die Freitodhilfe in Deutschland durch einen höchstrichterlichen Spruch erledigt.

Der Widerstand der offiziellen Politik gegen die Freitodhilfe war damit aber nicht etwa gebrochen. Zunächst verfingen sich die Sterbewilligen im Dickicht der deutschen Bürokratie. Die deutsche Autorin Daniela Wakonigg schrieb dazu:

«Schwierig gestaltet sich das selbstbestimmte Sterben mitunter in der Praxis. Es muss zum Beispiel nicht nur ein Arzt gefunden werden, der bereit ist, entsprechende Hilfe zu leisten. Dieser Arzt muss auch noch in der richtigen Region zugelassen sein. Denn in Deutschland gibt es insgesamt 17 Landesärztekammern mit jeweils eigener Berufsordnung. Mehr als die Hälfte von ihnen verbietet Sterbehilfe explizit, wodurch einem Arzt der Verlust seiner Approbation drohen kann, wenn er Präparate zur Selbsttötung verschreibt.» (*Exit Info,* 2/2021)

Gesundheitsminister Jens Spahn (CDU) ignorierte das höchstrichterliche Urteil und wies das Bundesinstitut für Arzneimittel und Medizinprodukte (BfArM) offiziell an, Anträge für die Beschaffung des Sterbemittels NaP abzulehnen. Schwerstkranke, die gegen diese Ablehnungen klagten, wurden auf eine juristische Slalomfahrt geschickt, die man in Anbetracht der Dringlichkeit solcher Fälle und der dahinterstehenden menschlichen Tragik nur als zynisch bezeichnen kann. Das für die Klagen zuständige Verwaltungsgericht Köln bat das Bundesverfassungsgericht um eine Entscheidung zu der Frage, «ob das Betäubungsmittelgesetz im Hinblick auf den Ausschluss von Selbsttötungen mit dem Grundgesetz vereinbar sei». Das oberste Gericht verwarf den

Antrag des Verwaltungsgerichts Köln und verwies auf die Sterbehilfeorganisationen, die nach dem Urteil vom Februar 2020 ihre Tätigkeit
wieder aufgenommen hätten «und eine zumutbare Alternative zur
Freigabe des NaP durch das BfArM zur Verfügung stünde».

Gesundheitsminister bremst und spielt auf Zeit

Seit Frühjahr 2020 wird nach Angaben des Gesundheitsministeriums
an einem neuen Sterbehilfegesetz gearbeitet. Gesundheitsminister
Spahn, der aus seiner Ablehnung der Sterbehilfe nie ein Hehl gemacht
hat, forderte Sachverständige und Institutionen auf, Vorschläge für
die Neuregelung einzureichen. Die Freitodhilfeorganisationen rekla-
mierten, der Minister habe fast ausschliesslich Gegner der Autonomie
am Lebensende befragt, und reichten uneingeladen ihre Stellungnah-
men ein. Seither herrscht Funkstille. Anfang 2021 regte sich die Politik. Parlamentarier der Sozialdemokraten sowie der oppositionellen
Linken und der FDP schlugen eine Beratungspflicht für Suizidwillige
in staatlich anerkannten Beratungsstellen vor. Bündnis 90/Die Grünen
formulierten etwas wolkig, «dass Sterbehilfevereine einen Suizidwil-
ligen nur unter bestimmten Voraussetzungen begleiten und unterstützen dürfen». Die Organisationen wiesen alle diese zeitraubenden
bürokratischen Schranken zurück und beschwerten sich über die
Missachtung des Urteils des Bundesverfassungsgerichts. Die Autorin
Daniela Wakonigg resümiert:
    «Die jüngsten Entwürfe zeigen deutlich, dass die Debatte um die
Sterbehilfe bei den politischen Entscheidungsträgern in Deutschland
noch immer stark vom Misstrauen gegenüber Sterbehilfeorganisationen sowie der Angst vor einem möglichen Missbrauch der Suizidhilfe
geprägt ist. Erfahrungen mit der Sterbehilfe in Nachbarländern, die
zeigen, dass es bei einer liberalen Sterbehilfepraxis weder zu einem
Missbrauch noch zu einer exorbitanten Suizidwelle kommt, scheinen
schlicht nicht zur Kenntnis genommen zu werden.» (*Exit Info*, 2/2021)
    Noch deutlicher äussert sich, wie gewohnt, die kämpferische Dig-
nitas. Die Beratungspflicht stehe im Widerspruch zum Urteil des obersten Gerichts und sei ein unzulässiger Eingriff in die höchstpersönliche
Selbstbestimmung und in die freie Willensbildung jedes Bürgers:

«(Diesem) von vorneherein Pflichtberatungen, erzwungene Warte-
zeiten und kaum praktikable psychiatrische Begutachtung aufzuerlegen
und damit inhumane Hürden zu errichten, ist ein direkter Angriff auf
die höchstpersönliche Lebensgestaltung. (...) Zahlreiche Politiker stellen ihre persönlichen moralischen Vorlieben oder ihre politische Karriere über die ethische Überzeugung einer Mehrheit der Bevölkerung.»
Immerhin hat der 124. Deutsche Ärztetag im Mai 2021 in einer
Abstimmung entschieden, das Suizidhilfeverbot für Ärzte aus der
Musterberufsordnung der Bundesärztekammer zu streichen. Den
Landesärztekammern wurde zugleich nachdrücklich empfohlen, das
Urteil des Bundesverfassungsgerichts auch auf Landesebene umzuset-
zen und die bisherigen Verbote zur Mitwirkung an einem Suizid auf-
zuheben. Eine einheitliche Haltung der Landesärztekammern war im
Lauf des Jahrs 2021 noch nicht sichtbar.

Überall in Europa: Powerplay zwischen Justiz, Politik und Bürokratie

Ähnlich liegen die Dinge in Österreich. Dort hat der Verfassungsge-
richtshof das seit den 1930er-Jahren bestehende Verbot der Hilfeleistung beim Suizid im Paragrafen 78 des Strafgesetzbuchs ausser Kraft
gesetzt, dies freilich nur mit einer auffallend langen Übergangsfrist bis
zum 1. Januar 2022. Offenkundig wollten die Richter dem Gesetzge-
ber Zeit geben für «flankierende Massnahmen», welcher Art auch
immer. Die Begründung der österreichischen Verfassungsrichter lautet
ähnlich wie diejenige des deutschen Bundesverfassungsgerichts.
    In Frankreich bleibt die aktive Sterbehilfe ebenso verboten wie der
assistierte Suizid. Seit 2005 ist es den Ärztinnen und Ärzten immerhin
erlaubt, Patienten mit schweren und unheilbaren Krankheiten sterben
zu lassen. Ab 2016 steht todkranken Menschen ein Recht auf «termi-
nale Sedierung» zu, das heisst auf eine dauerhafte, zu Bewusstseins-
verlust führende Medikamentierung bis zum Tod.
    Auch das Verfassungsgericht von Italien hat sich 2019 mit der
Materie befasst, als es einen Sterbehelfer, der einem Freund beim
Abschied beigestanden hatte, vom Vorwurf der Beihilfe zum Suizid
freisprach. Das Gericht befand, dass die bisher mit Strafe bedrohte
Hilfe beim Sterben erlaubt sei, sofern der Patient eine unheilbare

Krankheit habe, die unerträgliche physische oder psychische Schmerzen verursache. Zudem müsse der Patient seinen Willen frei und bewusst äussern können. Auch hier forderte das Gericht von der Politik eine gesetzliche Regelung.

Bemerkenswerte Differenzen zeigen sich in verschiedenen grossmehrheitlich katholischen Ländern. In Spanien und Portugal soll sogar die aktive Sterbehilfe erlaubt und das bisher geltende Verbot der Suizidhilfe abgeschafft werden. In Spanien ist auch die Rede davon, dass die Krankenkassen die Kosten der Sterbehilfe übernehmen sollen. In Polen dagegen ist jede Art der Suizidhilfe verboten, auch die passive. Auf Übertretungen stehen mehrjährige Gefängnisstrafen. Ähnlich verhält es sich in Griechenland, wo die orthodoxe Kirche ihren Einfluss geltend macht.

Benelux: sogar aktive Sterbehilfe erlaubt

Belgien, die Niederlande und Luxemburg sind bis heute die einzigen europäischen Länder, die auch die aktive Sterbehilfe erlauben, vorausgesetzt, dass sie von einer Ärztin oder einem Arzt durchgeführt wird. Voraussetzungen sind die unheilbare Krankheit des Patienten sowie dessen Urteilsfähigkeit und ausdrückliche Willensäusserung. Eine Kontrollkommission aus Ärzten, Juristen und Ethikern wacht nachträglich über die Erfüllung der Bedingungen. Belgien ist seit 2014 der erste europäische Staat, der keine Altersgrenze mehr vorgibt. Wenn die Eltern zustimmen und ein Psychologe die Urteilsfähigkeit des kleinen Patienten bestätigt, können auch Kinder in den Tod begleitet werden. Eine ähnliche Regelung besteht für Kinder ab zwölf Jahren schon seit 2002 in den Niederlanden.

Auch was die Sterbehilfe bei schwer Demenzkranken betrifft, gehen die Niederlande voraus. 2020 bestätigte der Hohe Rat, die oberste Gerichtsinstanz des Landes, den Freispruch einer Ärztin, die einer schwer demenzkranken 74-jährigen Patientin aktiv zum Tod verholfen hat. Es lag eine Patientenverfügung vor, doch war die Frau nicht mehr ansprechbar. Das Gericht befand, die Patientenverfügung gelte auch in einem solchen Fall.

Die Zivilcourage eines jungen Schweizers und die Hartnäckigkeit einer Schweizerin im Rentenalter haben die humane und würdige Lösung eines Problems ermöglicht, das in der ganzen Welt besteht und nirgends gern bearbeitet wird: die Autonomie des Individuums in den letzten Stunden seines Lebens. Der begleitete Suizid. Oder, im gebräuchlicheren, aber ungenauen Ausdruck: die Sterbehilfe.

Die Fronten von Pro und Contra verlaufen hier wie überall in der Welt. Aber die direkte Demokratie in der Schweiz hat die Bürgerinnen und Bürger gelehrt, Selbstverantwortung zu übernehmen, wo andere Staaten Gesetze erlassen. Als sich nach einer unergiebigen, kurzen Debatte im Nationalrat im Jahr 2011 zeigte, dass eine einvernehmliche Lösung nicht möglich war, legte die zuständige Justizministerin das Dossier kurzerhand für mehr als ein Jahr zur Seite. Fortan war das Problem die Sache der Selbstbestimmungsorganisationen, der Ärzteschaft und der aufmerksamen Öffentlichkeit. Der Erfolg dieser freiheitlichen Konzeption überzeugt.

Die Schweiz hat das Rote Kreuz erfunden und die Bergrettung aus der Luft. Sie hat die steilsten Bergbahnen gebaut und die kompliziertesten Uhren der Welt. Schweizer erfanden die Kondensmilch, Nescafé, Valium, Librium, aber auch ultimative, personalisierte Krebsmedikamente. Schweizer sind führend in der Entwicklung von medizintechnischen Behelfen, vom Hörgerät über künstliche Gelenke bis zum Laborautomaten. Die Schweizer Maschinen- und Apparateindustrie hat vor zwei Jahrhunderten mit Webstühlen und Dampfmaschinen angefangen und steht heute ganz vorne im Spezialmaschinenbau und in der Automation.

Dass die Schweizer aber mehr sind als in sich gekehrte Tüftler und gefühlsarme Pedanten, wie sie oft dargestellt werden, sondern Menschen mit Herz und Verstand, hat die hier aufgezeichnete Geschichte der Freitodhilfe gezeigt. Das «Schweizer Modell» wird immer wieder als vorbildlich bezeichnet. Es hat vielen Tausend Menschen unnötige Qualen am Lebensende erspart und ist heute aus dem schweizerischen Gesundheitswesen nicht mehr wegzudenken.

296

Was den Staat angeht und was nicht

Von alt Regierungsrat Markus Notter

Es gibt die Verpflichtung des Staats zur Erhaltung des Lebens, eines würdigen Lebens! Dazu gehört auch das Angebot der Palliativpflege. Ich muss mich jedoch wundern, dass es Leute gibt, die denken, dass, einhergehend mit dem Fortschritt der Palliativpflege, der begleitete Suizid verboten werden solle, weil es ihn ja nicht mehr brauche. Da wird etwas Wesentliches übersehen:

Es geht doch darum, dass der Staat schlicht nicht einzugreifen hat, wenn jemand Urteilsfähiger sich wohlüberlegt und abschliessend entschieden hat, sein Leben zu beenden. Das geht den Staat nichts an. Deshalb ist die Gleichung «Verbesserung der Palliativmedizin = Verbot der Suizidhilfe» ein rechtsunlogischer Schluss.

Wir wissen aus der Moralgeschichte, dass es unterschiedliche Beurteilungen des Suizids gibt. Sogar bei Immanuel Kant ist unsicher, ob er ihn und in welcher Form er ihn abgelehnt hat oder nicht. Da will ich mich nicht einmischen. Jedermann hat das Recht, in dieser Frage eine Überzeugung zu haben. Und es ist auch Organisationen, Kirchen, Glaubensgemeinschaften unbenommen, solche Überzeugungen zu vertreten. Ich habe grossen Respekt vor ihnen. Mühe habe ich dann, wenn der Anspruch erhoben wird, dass die eigene moralische Überzeugung auch für alle anderen Menschen gelten soll und dass sogar der Staat diese durchsetzen müsse.

Der Jurist und Politiker Markus Notter (SP) war von 1996 bis 2010 Direktor der Justiz und des Inneren des Kantons Zürich. Am Weltkongress der Selbstbestimmungsorganisationen von 2012 in Zürich sprach er sich in einer berührenden Rede für die freiheitliche Regelung der Freitodhilfe aus. An der beschriebenen Situation hat sich seither nichts geändert.

Verschiedene Formen der Sterbehilfe

Glossar

Aktive Sterbehilfe	Direkte und aktive Tötung eines Menschen auf dessen eigenen Wunsch gesetzlich verboten, Art. 114 StGB
Altersfreitod	Besondere Kategorie einer Begleitung. Exit versteht darunter den assistierten Suizid eines betagten Menschen, der nicht an einer tödlichen Krankheit leidet, aber wegen der Summe seiner Beschwerden und Leiden seine Lebensqualität als beeinträchtigt empfindet. «Leiden» umfasst die Verminderung von körperlichen Funktionen, abnehmende Sinnesleistungen und Defizite in der Leistungsfähigkeit, ohne dass eine zum Tod führende Krankheit vorliegen muss. Zudem finden psychosoziale Faktoren und das Wissen um zu erwartendes Leiden ihren berechtigten Platz bei der Beurteilung des Leidens im und am Alter.

Bilanzsuizid	Lange abgewogene Entscheidung aus schwerwiegenden Gründen. Anerkannte Sterbehilfeorganisationen begleiten nur bei einem wohl überlegten Bilanzfreitod. Das Gegenteil sind gewaltsame Affektsuizide.
Einsamer Suizid	Ein Mensch beendet sein Leben durch eigene Hand (oft Affektsuizid; im Gegensatz zum wohlüberlegten Bilanzsuizid, bei dem anerkannte Sterbeorganisationen begleiten)
Freitodbegleitung	Mitmenschliche Begleitung durch Dritten beim Freitod (Freitodhilfe) bei autonomem, wohl erwogenem, konstantem Sterbewunsch Gesetzlich erlaubt, wenn nicht eigennütziges/ selbstsüchtiges Motiv, Art. 115 StGB
Indirekte aktive Sterbehilfe (durch Therapie am Lebensende)	Einsatz von Medikamenten zur Schmerz- und Symptombekämpfung in hoher Dosis Bedeutet zumeist die Verkürzung der Lebensdauer Gesetzlich nicht geregelt/grundsätzlich erlaubt *Beispiel:* Tumorpatient erhält im Endstadium eine hohe Dosis Morphium und stirbt daran
NaP	Natrium-Pentobarbital untersteht dem Betäubungsmittelgesetz Sanftes, sicheres und würdiges Sterbemittel – Tod erfolgt im Schlaf. Hohe Sicherheitskriterien erforderlich, die nur eine anerkannte Sterbehilfeorganisation gewährleisten kann
Palliative Care	Umfassende körperliche, psychologische, soziale und seelsorgerische Patientenbetreuung, insbesondere am Lebensende

Passive Sterbehilfe (Sterbenlassen)	Verzicht auf das Ergreifen oder das Fortführen lebenserhaltender Massnahmen Ethische, medizinische oder humane Gründe, gesetzlich im Erwachsenenschutzrecht geregelt und oft praktiziert, betrifft über 40 Prozent aller Todesfälle in der Schweiz *Beispiele:* Lungenentzündung wird nicht mit Antibiotika behandelt; künstliche Beatmung wird eingestellt
Patientenverfügung	Dokument über den Patientenwillen Handlungsanweisungen zuhanden von Ärzten und Medizinpersonal *Beispiel:* Verfügung des Verzichts auf lebensverlängernde Massnahmen bei aussichtsloser Prognose

Personenregister

Literatur- und Quellenverzeichnis

www.alzheimer-schweiz.ch

Améry, Jean: *Hand an sich legen. Diskurs über den Freitod*, Stuttgart 1976.

Arbeitsgruppe Sterbehilfe: *Sterbehilfe. Bericht der Arbeitsgruppe an das Eidg. Justiz- und Polizeidepartement*, Bern 1999.

Ariès, Philippe: *Geschichte des Todes*, München 1980.

Baechi, Walter (Hg.): *Fünf Jahre EXIT (Deutsche Schweiz)*, EXIT-Publikationen aus den ersten fünf Jahren, 2. Auflage, Zürich 1988.

Baechi, Walter (Hg.): *Sechs Jahre EXIT (Deutsche Schweiz)*, EXIT-Publikationen aus den ersten sechs Jahren, Zürich 1988.

Bieri-Brüning, Gabriela; Briner, David; Keller, Morten (Hg.): «Assistierter Suizid», Sonderausgabe von Intercura Newsletter, Zürich, 2016.

Bischof, Franz Xaver: «Katholische Kirche», in: *Historisches Lexikon der Schweiz (HLS)*, Version vom 26.11.2014. Online: https://hls-dhs-dss.ch/de/articles/011429/2014-11-26/, konsultiert am 5.2.2021.

Breiding, R. James; Gerhard, Schwarz: *Wirtschaftswunder Schweiz. Ursprung und Zukunft eines Erfolgsmodells*, Zürich 2016.

Burghartz, Susanna: «Sexualität», in: *Historisches Lexikon der Schweiz (HLS)*, Version vom 18.12.2012. Online: https://hls-dhs-dss.ch/de/articles/016111/2012-12-18/, konsultiert am 7.2.2021.

Cavalli, Franco: *Krebs, die grosse Herausforderung*, Lausanne 2009.

Düby, Muriel; Sutter, Bernhard: *Und dann schlief sie ganz friedlich ein. Erfahrungsberichte wie Angehörige die Freitodbegleitung erleben*, Zürich 2016.

Degen, Bernard: «Rationierung», in: *Historisches Lexikon der Schweiz (HLS)*, Version vom 2.8.2010. Online: https://hls-dhs-dss.ch/de/articles/013782/2010-08-02/, konsultiert am 5.2.2021.

www.dignitas.ch

Dubler, Anne-Marie: «Hospize», in: *Historisches Lexikon der Schweiz (HLS)*, Version vom 20.5.2010. Online: https://hls-dhs-dss.ch/de/articles/016580/2010-05-20/, konsultiert am 1.4.2021.

Eisinger, Angelus: «Urbanisierung», in: *Historisches Lexikon der Schweiz (HLS)*, Version vom 22.1.2015. Online: https://hls-dhs-dss.ch/de/articles/007876/2015-01-22/, konsultiert am 7.2.2021.

Friess, Michael (Hg.), unter Mitarbeit von Markus Reutlinger: *Wie sterben? Zur Selbstbestimmung am Lebensende. Eine Debatte*, Gütersloh 2012.

Gaillard, Ursula: «Abtreibung», in: *Historisches Lexikon der Schweiz (HLS)*, Version vom 13.10.2011, übersetzt aus dem Französischen. Online: https://hls-dhs-dss.ch/de/articles/007977/2011-10-13/, konsultiert am 6.2.2021.

Gilomen, Hans-Jörg; Fritzsche, Bruno: «Sozialtopografie», in: *Historisches Lexikon der Schweiz (HLS)*, Version vom 8.1.2013. Online: https://hls-dhs-dss.ch/de/articles/007945/2013-01-08/, konsultiert am 7.2.2021.

https://gruene.ch/geschichte-der-gruenen#k1

Head-König, Anne-Lise: «Mischehen», in: *Historisches Lexikon der Schweiz (HLS)*, Version vom 12.8.2019, übersetzt aus dem Französischen. Online: https://hls-dhs-dss.ch/de/articles/025621/2019-08-12/, konsultiert am 7.2.2021.

Holenstein, Peter: *Der Preis der Verzweiflung. Über die Kostenfolgen des Suizidgeschehens in der Schweiz*, Forch (ZH) 2003.

Illi, Martin. *Wohin die Toten gingen: Begräbnis und Kirchhof in der vorindustriellen Stadt*, Zürich 1992.

Jens, Walter; Küng, Hans, *Menschenwürdig sterben*, München 1995.

Johannes Paul II.: «Evangelium Vitae», Enzyklika. Online: http://
www.vatican.va/content/john-paul-ii/de/encyclicals/documents/
hf_jp-ii_enc_25031995_evangelium-vitae.html

Kehl-Zeller, Robert: *Halt! Es ist mein Leben!*, Schriftenreihe der
SGGP, No. 44, Muri (BE) 1995.

Kemp, Nick: *Merciful Release*, Manchester 2002.

Kongregation für die Glaubenslehre: Schreiben «Samaritanus bonus»
über die Sorge an Personen in kritischen Phasen und in der End-
phase des Lebens, Rom 2020; deutsche Fassung. Online: https://
www.dbk-shop.de/media/files_public/a2f1de89939a89c10b810a0
e9856efb3/DBK_2228.pdf

Kreis, Georg (Hg.): *Die Geschichte der Schweiz*, Basel 2014.

Küng, Hans: *Erlebte Menschlichkeit*, München/Zürich 2013.

Küng, Hans: *Glücklich sterben*, München/Zürich 2014.

Lüönd, Karl: *Für Kind und Familie. Der Weg des Kinderspitals Zürich
ins 21. Jahrhundert*, Zürich 2004.

Lüönd, Karl: *Ringier bei den Leuten. Die bewegte Geschichte eines
ungewöhnlichen Familienunternehmens*, Zürich 2008.

Minelli, Ludwig A.: *Vom Tabu zum Menschenrecht*, Sonderdruck aus
«Aufklärung und Kritik», Nürnberg 2020.

Minelli, Ludwig A.: «Praxis der Zürcher Staatsanwaltschaft bei Freitodbegleitungen», in: *Aktuelle Juristische Praxis*, Nr. 12/2020,
S. 1587–1597.

Minelli, Ludwig A.: vPraxis der Zürcher Staatsanwaltschaft bei Freitodbegleitungen», in *Aktuelle Juristische Praxis*, Nr. 12/2020,
S. 1587–1597.

Morgenthaler, Christoph; Plüss, David; Zeindler, Matthias: *Assistierter Suizid und kirchliches Handeln. Fallbeispiele, Kommentare,
Reflexionen*, Zürich 2017.

Nager, Frank: *Gesundheit, Krankheit, Heilung, Tod. Betrachtungen
eines Arztes*, Luzern 1998.

Oswald, Ueli: *Ausgang Das letzte Jahr mit meinem Vater*, Zürich
2009.

Panian, Rebecca; Ibelle, Elena (Hg.): *Zu Ende denken. Worte zum
Unausweichlichen*, Gockhausen 2015.

Perrenoud, Alfred: «Mortalität», in: *Historisches Lexikon der Schweiz (HLS)*, Version vom 26.1.2010, übersetzt aus dem Französischen. Online: https://hls-dhs-dss.ch/de/articles/007976/2010-01-26/, konsultiert am 7.2.2021.

https://publications.parliament.uk/pa/ld200405/ldselect/ldasdy/86/4090902.htm

Reutlinger, Markus: *In Würde selbstbestimmt sterben. Erfahrungen eines Freitodbegleiters*, Bülach o.J.

Ritzenthaler-Spielmann, Daniela: «25 Jahre Patientenverfügungen in der Schweiz. Wie hat sich die Patientenautonomie verändert?», in: Wiesemann, Claudia; Simon, Alfred (Hg.): *Patientenautonomie. Theoretische Grundlagen – Praktische Anwendungen*, Münster (D) 2013.

Ritzenthaler-Spielmann, Daniela: *Lebensentscheidungen bei Menschen mit einer kognitiven Beeinträchtigung: eine qualitative Studie*, Bad Heilbrunn (D) 2017.

Rüegger, Heinz; Kunz, Roland: *Über selbstbestimmtes Sterben. Zwischen Freiheit, Verantwortung und Überforderung*, Zürich 2020.

Rüegger, Heinz: *Patientenverfügungen in der deutschsprachigen Schweiz. Eine Dokumentation*, Bern 2021.

Sarbacher, Ariela: *Der Sommer im Garten meiner Mutter*, Zürich 2020.

Schäppi, Margrit; Ackeret, Matthias: *Die Glückssucherin. Warum Margrit Schäppi einen Lebensratgeber schrieb und trotzdem den Freitod wählte*, Basel 2018.

Schär, Markus: *Seelennöte der Untertanen. Selbstmord, Melancholie und Religion im Alten Zürich 1500–1800*, Zürich 1985.

Schäubli-Meyer, Ruth: *Alzheimer. Wie will ich noch leben – wie sterben?*, Zürich 2008.

Schirach von, Ferdinand: *Gott. Ein Theaterstück*, München 2020.

Schweizer Bischofskonferenz: Seelsorge und assistierter Suizid. Eine Orientierungshilfe für die Seelsorge, Freiburg 2019 https://www.bischoefe.ch/seelsorge-und-assistierter-suizid/ Zusammenfassung: https://www.bischoefe.ch/wp-content/uploads/sites/2/2019/12/191213_ao326_resumeattitudepastoralefaceàlapratiquedusuicideassisté_d.pdf

Schweizerische Akademie der Medizinischen Wissenschaften: https://
www.samw.ch/de/Ethik/Themen-A-bis-Z/Sterben-und-Tod.html,
Zugriff 8. Sept. 2021.

Sigg, Rolf: *Warum Menschen freiwillig aus dem Leben gehen. Eine
Dokumentation der Menschlichkeit*, Bad Sauerbrunn 1998.

Steinbrecher, Aline: «Selbstmord», in: *Historisches Lexikon der
Schweiz (HLS)*, Version vom 22.6.2016. Online: https://hls-dhs-
dss.ch/de/articles/017450/2016-06-22/, konsultiert am 16.2.2021.

Suizid-Prävention, aktuelle Link-Liste http://www.dignitas.ch/index.
php?option=com_content&view=article&id=18&Itemid=58&lang
=de

Suter, Daniel: *30 Jahre Einsatz für Selbstbestimmung. Exit deutsche
Schweiz 1982–2012, ein Überblick*, Zürich 2012.

https://www.swissinfo.ch/ger/standpunkt_die-sterbehilfe-in-der-
schweiz-ist-laengst-ausser-kontrolle/44599878

Thalmann, Rolf: «Kremation», in: *Historisches Lexikon der Schweiz
(HLS)*, Version vom 4.11.2008. Online: https://hls-dhs-dss.ch/de/
articles/028701/2008-11-04/, konsultiert am 7.2.2021.

Wehrli, Hans; Sutter, Bernhard; Kaufmann, Peter (Hg.): *Der organisierte Tod. Sterbehilfe und Selbstbestimmung am Lebensende –
Pro und Contra*, Zürich 2012.

Wehrli, Hans: «Suizid in der Philosophie», in: www.hanswehrli.ch

Wehrli, Hans: *Zeugnis eines liberalen Zürcher Querdenkers*, Zürich
2014.

Zimmermann, Markus; Felder, Stefan; Streckeisen, Ursula; Tag, Bri-
gitte: *Das Lebensende in der Schweiz. Individuelle und gesellschaftliche Perspektiven*, Basel 2019.

Dank

Ein Buch dieser Art kann nicht geschrieben werden ohne die uneigennützige Hilfe vieler gutgesinnter Gewährsleute. Der Verfasser dankt wie immer zuerst all den hilfreichen Fachleuten in Archiven und Bibliotheken, vor allem auch bei Exit (Deutsche Schweiz). Bernhard Sutter, Geschäftsführer, und Jürg Wiler, Vizepräsident und Leiter Kommunikation, waren die kundigen Lotsen in der komplexen und kurvenreichen Geschichte der Exit-Organisation. Die ebenfalls langjährigen Mitarbeitenden Claudia und Paul-David Borter schufen Klarheit in wichtigen, schriftlich nicht vollständig dokumentierten Fragen um die Patientenverfügung und die Freitodbegleitung von psychisch Kranken. Muriel Düby und Christina Pettersson leisteten unentbehrliche Dienste bei Dokumentation und Bildbeschaffung.

Meine Partnerin Esther Scheidegger Zbinden hat die Arbeit vom ersten bis zum letzten Tag als aufmerksame erste Leserin kritisch begleitet und verbessert.

Einen besonderen Dank schulde ich Ludwig A. Minelli, Präsident und Generalsekretär von Dignitas, für die gründliche und kritische Durchsicht des Manuskripts und für viele wesentliche Informationen und Ergänzungen.

Wertvolle Auskünfte und Hinweise verdanke ich sodann (in alphabetischer Reihenfolge) Dr. Nicola Behrens, Stadtarchiv Zürich, Dr. Esther Girsberger (Zürich), Dr. Karin Huser, Staatsarchiv Zürich, alt

313

Ständerat Andreas Iten (Unterägeri), Edi Iten (Oberägeri), Bruno Kammerer (Zürich), Peter Knechtli (Basel), Daniela Kuhn (Zürich), Dr. Yvonne-Denise Köchli (Zürich), Dr. Josef Laimbacher (St. Gallen), Urs Lauffer (Zürich), Michael Meier (Zürich), Dr. Daniela Ritzenthaler (Bern), Anton Rogenmoser (Oberägeri), Dr. Heinz Rüegger (Zürich), Rosann Waldvogel (Zürich) und vielen anderen, die vor allem aus Gründen des Quellenschutzes nicht namentlich in Erscheinung zu treten wünschen.

Ergänzende Hinweise und Informationen sind immer willkommen (karl.luond@tolhusen.ch).

Karl Lüönd, September 2021

Über den Autor

Karl Lüönd (*1945) Ausbildung in Werbung und PR; Lokalreporter in Luzern und Innerschweizer Korrespondent für bedeutende Tageszeitungen, 1972–1980 Mitglied der Chefredaktion des *Blick* (Nachrichtenchef, Chefreporter mit weltweiten Einsätzen), 1980–1982 Chefredaktor des *ZüriLeu*, 1982-1999 Mitbegründer, Chefredaktor, zeitweise Verleger der *Züri Woche*, seit 1999 freier Publizist, Berater, Dozent; Gründer von Spezialzeitschriften und Autor von ca. 70 Büchern über wirtschafts- und medienhistorische Themen.

Ebenfalls bei NZZ Libro erschienen:

Daniel Furrer
«Vor Pest, Hunger und Krieg bewahre uns, o Herr»
Die Geschichte der Seuchen in der Schweiz
272 Seiten, gebunden
1. Auflage 2022
ISBN 978-3-907291-66-5

«Vor Pest, Hunger und Krieg bewahre uns, o Herr» – mit diesen Worten beteten Menschen im Gebiet der heutigen Schweiz in der Frühen Neuzeit um göttlichen Beistand gegen die Geisseln ihrer Zeit. Die Reihenfolge – Pest, Hunger und Krieg – ist nicht zufällig und steht für die Grösse der Bedrohung. Hunger und Krieg wurden für die Menschen in der Schweiz jedoch zu Ereignissen der fernen Vergangenheit: Die letzte Hungersnot war im Jahr 1817, der letzte Krieg im Jahr 1847. Im Gefolge des Ersten Weltkriegs bekam die neutrale Schweiz indes die Auswirkungen der Spanischen Grippe zu spüren: Es starben nach 1918 rund 25 000 Menschen.

Krankheit und Tod sind mit der Covid-Pandemie wieder ins Bewusstsein gerückt. Doch ist sie tatsächlich die schlimmste Pandemie aller Zeiten, wie da und dort zu lesen war? Gab es früher überhaupt Infektionskrankheiten, die vergleichbar sind? Wie gingen die Menschen in der Schweiz damit um? Diese und weitere Fragen beantwortet Daniel Furrer in der ersten Gesamtdarstellung der Seuchengeschichte der Schweiz und stellt damit die gegenwärtige Pandemie in einen grösseren Zusammenhang.

Ebenfalls bei NZZ Libro erschienen:

Frank Rühli, Andreas Thier (Hg.)
Weissbuch Corona
Die Schweiz nach der Pandemie. Befunde –
Erkenntnisse – Perspektiven
296 Seiten, Broschur mit Klappen
1. Auflage 2021
ISBN 978-3-907291-54-2

Die Covid-19-Pandemie hat sich in rasantem Tempo ausgebreitet, sie hat die Welt vor umfassende Herausforderungen gestellt und tief in alle Bereiche des menschlichen Miteinanders eingegriffen. Das Gesundheitssystem, die Regierung, die Verwaltung und die Parteien, das Staatsverständnis und das Rechtswesen, die Wirtschaft, der Verkehr, die Wissenschaft, Forschung und Bildung, unser Sozialverhalten, Ethik und Religion – kein Bereich des öffentlichen Lebens blieb von der Krise unberührt. Und die Folgen dieser Umwälzungen sind noch längst nicht abschätzbar.

Hier setzt das Weissbuch Corona an: Erstmals in einem interdisziplinär angelegten Band zu diesem Thema versammelt, untersuchen 40 Expertinnen und Experten, Praktikerinnen und Praktiker aus allen Lebens- und Wissensbereichen die mittel- und langfristigen Auswirkungen von Corona für die Gesellschaft und das öffentliche Leben in der Schweiz. Fachliche Analysen und Erfahrungsberichte aus der Praxis vermitteln Erkenntnisse aus der Pandemie. Sie zeigen Perspektiven für die Zeit nach der Krise auf und treiben damit auch gesellschaftliche Debatten voran. Die so gewonnenen Lehren aus der Corona-Pandemie können helfen, die Widerstandsfähigkeit der Gesellschaft für künftige Krisen zu stärken.

Mit Beiträgen von Matthias Egger, Eva Maria Belser, Roger de Weck, Katrin Schneeberger, Volker Reinhardt und vielen weiteren.